Beate Flath, Ina Heinrich, Christoph Jacke,
Heinrich Klingmann, Maryam Momen Pour Tafreshi (Hg.)
Druckwellen

Transdisziplinäre Popkulturstudien | Band 1

Editorial

Die Reihe »Transdisziplinäre Popkulturstudien« ist der wissenschaftlichen Beobachtung, Analyse und Kritik populärer Kulturen gewidmet und versammelt
Forschungsbeiträge, die sich aus theoretischen und methodologischen sowie em-
pirischen, historischen und systematischen Perspektiven mit popkulturellen Themen, Phänomenen und Fragestellungen in Medien, Künsten, Gesellschaft, Politik
und Wirtschaft befassen. Dabei ist ein Pluralismus der Forschungsgegenstände,
Theorien, Methoden und disziplinären Hintergründe für diese Reihe program-
matisch, um die Vielfalt, Offenheit und Dynamiken dieser bedeutsamen kulturellen und mediengesellschaftlichen Bereiche adäquat multiperspektivisch und
transdisziplinär zu erfassen und zu verstehen.

Die Reihe wird herausgegeben von Beate Flath, Charis Goer, Christoph Jacke und
Martin Zierold.

Beate Flath (Prof.in Dr.in) ist Professorin für Eventmanagement mit den Schwer-
punkten Popmusikkulturen und digitale Medienkulturen an der Universität Pa-
derborn.
Ina Heinrich (M.A.) ist Eventmanagerin an der Universität Paderborn.
Christoph Jacke (Prof. Dr.) ist Professor für Theorie, Ästhetik und Geschichte der
Populären Musik und Studiengangsleiter »Populäre Musik und Medien (BA/MA)«
an der Universität Paderborn.
Heinrich Klingmann (Prof. Dr.) ist Professor für Musikdidaktik mit besonderer
Berücksichtigung von Inklusion an der Universität Paderborn.
Maryam Momen Pour Tafreshi (M.A.) ist wissenschaftliche Mitarbeiterin im
BMBF Projekt »kulturPreis - Steigerung der kulturellen Teilhabe mittels innovati-
ver und ökonomisch nachhaltiger Preiskonzepte« im Fach Musik / Populäre Musik
und Medien an der Universität Paderborn.

Beate Flath, Ina Heinrich, Christoph Jacke,
Heinrich Klingmann, Maryam Momen Pour Tafreshi (Hg.)

Druckwellen

Eskalationskulturen und Kultureskalationen in Pop, Gesellschaft und Politik

[transcript]

Die Herausgeber*innen danken an dieser Stelle sehr herzlich dem Präsidium der Universität Paderborn, das die vorliegende Publikation auf vielfältige Weise unterstützt hat!

Die Drucklegung dieses Sammelbandes wurde durch die freundliche Unterstützung des Präsidiums der Universität Paderborn ermöglicht.

Bibliografische Information der Deutschen Nationalbibliothek
Die Deutsche Nationalbibliothek verzeichnet diese Publikation in der Deutschen Nationalbibliografie; detaillierte bibliografische Daten sind im Internet über http://dnb.d-nb.de abrufbar.

© 2022 transcript Verlag, Bielefeld

Umschlaggestaltung: Maria Arndt, Bielefeld
Umschlagabbildung: Philip Kersting
Innenlayout: Katharina Schmecht, Diana Pfeile
Korrektorat: Sebastian Ostermann
Druck: Majuskel Medienproduktion GmbH, Wetzlar
Print-ISBN 978-3-8376-5323-6
PDF-ISBN 978-3-8394-5323-0
https://doi.org/10.14361/9783839453230
Buchreihen-ISSN: 2702-4342
Buchreihen-eISSN: 2747-3554

Gedruckt auf alterungsbeständigem Papier mit chlorfrei gebleichtem Zellstoff.
Besuchen Sie uns im Internet: *https://www.transcript-verlag.de*
Unsere aktuelle Vorschau finden Sie unter *www.transcript-verlag.de/vorschaudownload*

Inhalt

Vorwort

Birgitt Riegraf

Im vorliegenden Band wird ein hochaktueller Themenkomplex aus unterschiedlichen disziplinären Perspektiven ausgeleuchtet. Der Zugang über populäre Musik, Kultur und Medien eröffnet neue Verständnishorizonte für die Phänomene von »Eskalationskulturen« und »Kultureskalationen«, über die in besonderem Maße die dahinterliegenden gesellschaftlichen, kulturellen und politischen Dynamiken sichtbar werden.

Der Impuls, das Thema vertieft zu behandeln und schärfer zu konturieren, kam aus einer 2019 an der Universität Paderborn durchgeführten Veranstaltungsreihe, die unter dem Titel *Druckwellen. Fühlen & Denken* große Resonanz fand. Ausgangspunkt war die Beobachtung, dass sich in vielen Bereichen unserer Gesellschaft eine zunehmende »Verrohung« der Diskussionskultur beobachten lässt. Das gezielte Provozieren, das Brechen von Tabus, das Relativieren von bis dahin gültigen Werten mit dem Ziel der Grenzüberschreitungen und -verschiebung ist dabei keineswegs neu. Ein Blick in die Geschichte beispielsweise des Rock'n'Roll, Heavy Metal, Psychedelic Rock, Techno, Schlager oder Punk zeigt dies sehr eindrücklich. Wie aber ist die gegenwärtig zu beobachtende neue Qualität von Grenzüberschreitungen und -verschiebungen einzuordnen, wie sie sich beispielsweise im deutschsprachigen Gangsta Rap zeigt? Wie genau lässt sich die neue Qualität dieses Phänomens beschreiben und erklären?

Zunehmend werden in der Popkultur in offener und direkter Weise einzelne Menschen oder ganze Gruppen beleidigt, verletzt, erniedrigt und gar bedroht. Aber nicht nur dort: Insbesondere im Internet und in digitalen Öffentlichkeiten, wie bei Facebook, Twitter oder Foren in sozialen Netzwerken kann in politischen und gesellschaftlichen Debatten eine Häufung von diskriminierenden Äußerungen und Botschaften, von verbalen An- und Übergriffen beobachtet werden. Nicht selten sind es rassistische, antisemitische oder sexistische Kommentare.

Ein Blick in die Geschichte zeigt, dass menschenverachtende Einstellungen, verletzende und gewaltverherrlichende Äußerungen gerade in Phasen schnellen gesellschaftlichen Wandels vermehrt auftreten. Durch die Reichweite des Internets und der digitalen Medien haben sie allerdings eine neue Dimension gewonnen, die eine demokratische und offene Diskussionskultur grundlegend zu gefährden droht. Eine offene Diskussionskultur, die Widerspruch und abweichende Positionen nicht nur zulässt, sondern von ihnen lebt, ist für das gesellschaftliche Zusammenleben in Demokratien geradezu essenziell. Die derzeit zu beobachtende Verrohung von Sprache und Diskussionskultur, in der einzelne Personen oder Gruppen herabgewürdigt werden, bedroht sowohl das gesellschaftliche Zusammenleben als auch demokratische Grundwerte, zumal es häufig nicht bei verbalen Angriffen und Gewaltandrohungen bleibt, sondern diesen nicht selten auch Gewalthandlungen folgen.

Wodurch wird diese Verrohung der Sprache und Diskussionskultur ausgelöst? Sozioökonomische Veränderungen, wie etwa die Auswirkungen der Globalisierung, scheinen in Teilen der Gesellschaft massive Ängste vor Kontrollverlust zu wecken und zu starken Unsicherheitsgefühlen zu führen. In Kombination mit der Angst vor sozialem Abstieg, sozialer Benachteiligung und dem Gefühl, keine Handlungsoptionen zu haben, also nicht gehört und gesehen zu werden, scheint diese Gemengelage von Ohnmachtsgefühlen die Bereitschaft zur sprachlichen Gewalt zu stärken. Gleichzeitig sinkt dabei offenbar auch die Bereitschaft, der eigenen Position zuwiderlaufende Meinungen zu akzeptieren.

Das Internet und die sozialen Medien können die Verrohung von Sprache und der Diskussionskultur vor allem aufgrund von zwei Aspekten stärken: Erstens ist es im Netz möglich, sich lediglich auf einen eigenen Resonanzraum, die sogenannte »Echoblase« zurückzuziehen. Dadurch wird die eigene Position durch entsprechende Follower immer wieder neu bestärkt. Gegenpositionen können einfach ausgeblendet werden, beziehungsweise werden einem gar nicht mehr angezeigt. Zweitens sind die Reaktionen des Gegenübers auf ungefilterte Beschimpfungen und Gewaltandrohungen durch das Medium nicht unmittelbar erlebbar. Die fehlende »face-to-face«-Interaktion erleichtert Gewaltsprache, da sich die Agressor*innen der emotionalen Reaktionen ihres Gegenübers entziehen können. Herabwürdigungen und Gewaltandrohungen richten sich in aller der Regel gegen Personen und Gruppen, deren Positionen der eigenen Position widersprechen oder – allgemeiner formuliert –, die sich gegenüber dem Eigenen durch ein hohes Maß an Andersartigkeit abgrenzen lassen.

Personen oder Gruppen, die auf diese Art von Gewaltsprache betroffen sind, werden häufig mit körperlicher Gewalt, mit Vergewaltigung oder Gewaltakten gegen ihre Person, ihre Angehörigen oder Freunde bedroht. Da nur schwer einzuschätzen ist, ob überhaupt und wann diese Drohungen in Gewalthandlungen übergehen, ist dies zumeist mit massiven Verunsicherungen verbunden und kann zu erheblichen Einschränkungen und Veränderungen von persönlichen Lebensumständen führen. Derartige Gewaltandrohungen, verbale Angriffe und Beleidigungen können für die Betroffenen gravierende physische und psychische Folgen haben, etwa im Hinblick auf die persönlichen und beruflichen Biografien. Opfer solcher Angriffe sind daher auf tragfähige Unterstützungsstrukturen angewiesen. Sie benötigen im beruflichen Kontext uneingeschränkte Rückendeckung, etwa durch rechtlichen Beistand, kompetente Beratungsstellen, die psychologische Unterstützung bieten; Pressestellen, die gemeinsam mit den Betroffenen die nächsten Schritte, wie beispielsweise den weiteren Umgang mit sozialen Medien und den Öffentlichkeiten besprechen.

Mit der Gewaltsprache im Internet ist freilich nur ein Aspekt aus dem weiten Feld von »Eskalationskulturen« und »Kultureskalationen« herausgegriffen. Das Phänomen sprachlicher Verrohung, die damit verbundenen »Nebenwirkungen« wie auch die gesellschaftlichen Weiterungen sind erheblich vielfältiger und zeigen ihre Facetten in ganz unterschiedlichen Kontexten. Der Rückzug in »Echoblasen« und die damit vielfach einhergehende Diskursverweigerung etwa, sind nicht nur in diesem Umfeld konstatierbar, sondern spielen auch im Umfeld der Diskussion zu *Cancel Culture* eine tragende Rolle. Aber das ist eine andere Geschichte ...

Die in dem vorliegenden Band feinsinnig unter dem Titel *Druckwellen* versammelten Arbeiten loten die Tiefen und Untiefen des hier nur sehr exemplarisch angerissenen Themenfeldes aus und leisten damit einen wichtigen Beitrag zu einer gesellschaftlich zentralen Debatte, die uns noch lange beschäftigen wird und eine intensive Auseinandersetzung verdient hat.

Druckwellen. Eskalationskulturen und Kultureskalationen in Pop, Gesellschaft und Politik
Einleitung

Beate Flath, Ina Heinrich, Christoph Jacke, Heinrich Klingmann, Maryam Momen Pour Tafreshi

In medial vermittelten, breitenwirksamen Popmusikkulturen, die uns in unserem Alltag ständig begegnen und zunehmend etabliert und historisiert werden, sind Druckwellen, Eskalationskulturen und Kultureskalationen seit jeher zu beobachten. Dabei scheint jedes Genre seine eigenen Extreme als gesellschaftliches Experimentallabor zwischen gezieltem Tabubruch und gesellschaftlich-kommunikativem Schmiermittel vorweisen zu können. In Lyrics, Sounds, Images, Konzepten und Szenen wird mal homöopathisch provoziert, mal mit voller Wucht ein Tabu gebrochen, wird mal ernsthaft inkludiert, mal spielerisch exkludiert – und umgekehrt. Einen vorläufigen Höhepunkt in Sachen notorisch auch politisch unkorrektem Umgang mit Sprache und Klang bildet in den letzten Jahrzehnten der deutschsprachige Gangsta Rap. Dieser mittlerweile auch wieder sehr in feinste Nischen und gröbste Erfolge ausdifferenzierte Bereich erscheint bis heute in der öffentlichen Wahrnehmung und vorrangig bei Jüngeren besonders auffallend, sei es durch Medienskandale oder extreme und extremistische Songtexte oder Aussagen und Auftritte, sei es vergnüglich populär oder grenzüberschreitend populistisch.

Vor diesem Hintergrund drängen sich gesellschafts- und kulturpolitisch komplexe Fragen auf: Spiegeln solcherlei Entwicklungen die gesellschaftlichen Wirklichkeiten wider oder prägen sie diese? Wie wirken Popmusikkulturen zwischen künstlerischer Freiheit und industriell-aufmerksamkeitsökonomischer Verwertung? Wie bedienen sich Autokrat*innen und Populist*innen einstmals subversiver Pop-Strategien? Welche Möglichkeiten gibt es, sich mit ihnen angemessen und profund dicht beschreibend und dennoch auch vermittelnd auseinanderzusetzen? Und nicht zuletzt: Wie können Wege aus aktuellen Kulturkonflikten zu einer neuen, kommunikativen Konfliktkultur führen? Fragen wie diese bildeten den konzeptionellen Ausgangspunkt der dreiteiligen Veranstaltungsreihe *Druckwellen. Fühlen & Denken*, die im Mai und Juni 2019 in Paderborn stattfand. Konzipiert, organisiert und durchgeführt wurde sie von Prof.[in] Dr.[in] Beate Flath, Ina Heinrich, Prof. Dr. Christoph Jacke, Prof. Dr. Heinrich Klingmann, Ulrich Lettermann und Maryam Momen Pour Tafreshi – Vertreter*innen des Fachs Musik an der Universität Paderborn – mit dem Ziel, jenseits erregter und überhitzter Kommunikation nachhaltig und besonnen, multiperspektivisch und transdisziplinär Zusammenhänge dieser Kultureskalationen auf Grundlage von Eskalationskulturen zu analysieren – und zwar nicht nur zwischen unterschiedlichsten wissenschaftlichen Zugängen, sondern auch im Verbund und Abgleich mit künstlerischen, journalistischen, politischen und allgemeingesellschaftlichen Positionen. Ein besonderes Format im Kontext der Veranstaltungsreihe bildete der allen Interessierten zugängliche Workshop »Das sagt man nicht. Rap, Grenzüberschreitung und die politische Konsequenz« der Rapperin Sookee.

Diese Veranstaltungsreihe ist inhaltliches Gravitationsfeld des vorliegenden Sammelbandes, der Beiträge von Wissenschaftler*innen, Künstler*innen, Journalist*innen und politischen Aktivist*innen vereint und die Metapher der Druckwellen in Hinblick auf Pop, Kultur, Gesellschaft und Politik auf unterschiedlichste Weise perspektiviert und ausleuchtet. In drei Teilen wird dabei ein Bogen von den Bezügen zwischen Pop, Populismus, Politik und gesellschaftlichen Transformationen über die Grenzen und deren bewusste (künstlerische) Überschreitungen im Rap bis hin zu populistischer Rhetorik und Debatten über *Cancel Culture* gespannt. Gerahmt werden diese drei Teile durch die Veranstaltungsplakate, die auf ihre je eigene Art Einblicke in die inhaltliche Konzeption der gesamten Reihe sowie in die Programmierung und Dramaturgie der drei einzelnen Veranstaltungen geben.

Eröffnet wird der Sammelband mit dem Beitrag »Pop, Politik und Populismus als Massenkultur« von Melanie Schiller. Die Autorin führt in ihrem Beitrag Walter Benjamins Argument der Ästhetisierung des politischen Lebens durch den Faschismus weiter und entwickelt ein Konzept von Populismus als Pop-Spektakel im Sinne einer »Popifizierung« der Politik. Sie plädiert für einen analytischen Blick auf Populismus als Teil des popkulturellen Diskurses und argumentiert, dass Populismus nicht das Ende von Pop sei, sondern (auch) Pop – wichtig sei es demnach, genau hinzuschauen.

In seinem Beitrag »Die Heimat ist die Heimat, aber wem gilt die Liebe? Über einige Motive des Heimatverhältnisses bei Andreas Gabalier, Freiwild und Rammstein« bricht Jens Balzer den Begriff der »Heimat« auf. Er verdeutlicht Motive und Lesarten des Begriffs in den Lyrics, der Musik und den Videos der Musiker Andreas Gabalier, Freiwild sowie Rammstein und wie sich diese Begriffsverwendung an den Grenzen zwischen (Rechts-)Populismus und Heimatliebe bewegt.

Ausgehend von gesellschaftlichen Transformationen und damit zusammenhängenden Druckwellen erläutert Christoph Jacke im Beitrag »Unter Druck: Kommunikationen, Medien und Kulturen als Seismographen gesellschaftlicher Transformationen« die grundlegend gesellschaftsrelevante Bedeutung von Kommunikationen, Medien und Kulturen. Die daher dringend auch in (Aus-)Bildungen zu erlernenden Kompetenzen dienen der alltäglichen Komplexitäts- und Kontingenzreduktion und zeigen sich frühzeitig geradezu seismographisch in Popmusikkulturen. Druckwellen-Kompetenz wird hier offenbar niedrigschwellig vermittelt. Der essayistische Beitrag wird schlaglichtartig von subjektiven Druckwellenerlebnissen des Autors garniert.

Der künstlerische Beitrag »PAINT IT BLACK« stammt von der in Kenia geborenen und in Deutschland aufgewachsenen sowie lebenden Musikerin Onejiru. Der Text greift Themen der Veranstaltungsreihe »Druckwellen. Fühlen & Denken« in künstlerischer Weise auf. Im Rahmen der dritten Veranstaltung dieser Reihe – »MACHT Musik – »Ich rappe also bin ich!« – war sie als Podiumsgast geladen und diskutierte über Rassismus, Sexismus und Grenzüberschreitungen in der Musik. Ihre Ausführungen und persönlichen Erlebnisse spiegelte sie am Ende der Veranstaltung durch eine musikalische Performance mit Matthias Arfmann.

Heinrich Klingmann analysiert in seinem Beitrag »POPulismus, POPkultur und Pop-Didaktik« Strategien der Neuen Rechten sowie ihre faschistoide Agenda und reflektiert sowohl damit in Verbindung stehende Beziehungen zu popkulturellen Praktiken als auch bildungsbezogene Konsequenzen.

In »Transdisziplinäre Eventforschung als Möglichkeitswissenschaft: Überlegungen zum Vermittlungs- und Moderationspotenzial von Events« erörtert Beate Flath – ausgehend von der Veranstaltungsreihe *Druckwellen. Fühlen & Denken* – die Eventisierung gesellschaftlicher Aushandlungsprozesse. Basierend auf einem Verständnis von Transdisziplinarität, in dem Moderation und Vermittlung von und durch Wissenschaft zentrale Querschnittsaufgaben sind, werden Events als »Tools« begriffen, die im Zusammenhang mit breiten gesellschaftlichen Aushandlungsprozessen dazu einladen, über außeralltägliches sinnliches und ästhetisches Erleben Möglichkeitsräume zu erdenken und zu erfühlen.

Der Beitrag der Schauspielerin Tatjana Poloczek »Sprachen des Hasses – Eine szenische Performance von und mit Max Rohland und Tatjana Poloczek« reflektiert die Kraft und Macht von Sprache anhand von drei Performances, die als Auftragswerke für die Veranstaltung »LAUT-Sprecher*in: Das wird man wohl noch sagen dürfen« entstanden. Im Rahmen dieser zweiten Veranstaltung der Reihe *Druckwellen. Fühlen & Denken* leuchteten die beiden Schauspieler*innen das Phänomen *Hate Speech* künstlerisch performativ aus.

Im Artikel »Grenzgang: Wo hören Kunst- und Meinungsfreiheit auf und wo fängt Diskriminierung an? Das Druckwellen-Publikum fragt nach« rekapitulieren die Autorinnen Ina Heinrich und Maryam Momen Pour Tafreshi die zentralen Themen der Veranstaltungsreihe *Druckwellen. Fühlen & Denken* in Anlehnung an die während der Veranstaltungen gestellten Publikumsfragen. So geht es um die fortwährenden Aushandlungsprozesse zwischen Meinungsfreiheit und Meinungsmache, Kunstfreiheit und Diskriminierung und um die Frage wie derlei politische Diskurse durch die Echokammern (sozialer) Medien verstärkt werden.

»Rap im Kontext gesellschaftlicher Spannungsfelder« von Ayla Güler Saied verhandelt anhand aktueller Rap-Diskurse, wie mit überspitzten Inszenierungen urbaner Lebenswirklichkeiten, die mitunter diskriminierende Praktiken reproduzieren, im gesellschaftlichen Diskurs umgegangen werden kann. Hierzu werden künstlerische Inszenierungen, politische Spannungsfelder sowie zivilgesellschaftliche und mediale Reaktionen miteinander in Beziehung gesetzt.

Der Beitrag »Bitchfresse – Ich rappe also bin ich« des Theaterregisseurs Robert Teufel bietet Einblicke in die Entstehung des gleichnamigen Theaterstücks, das im März 2011 am Nationaltheater Mannheim uraufgeführt wurde. Ausschnitte daraus wurden von Sascha Tuxhorn und Matthias Thömmes im Rahmen von »MASSE Macht (Ohn)Macht – ›Power to the People!?‹«, der ersten Veranstaltung von *Druckwellen. Fühlen & Denken*, performt. Im Zentrum steht dabei die Erschließung eines erlebnisorientierten Zugangs zu dem gesellschaftlichen Beziehungsgeflecht, in dem Rap Druckwellen produzieren kann und Gelegenheiten bietet, soziale Verbindlichkeiten zu (re-)aktualisieren.

»Feminist Battle Rap – kein Genre, eine Querschnittsaufgabe« der Rapperin und Aktivistin Sookee widmet sich einer Bestimmung Queerfeministischen Raps in Abgrenzung zu patriarchal strukturierten Hip-Hop-Kulturen. Die Abgrenzung erfolgt anhand einer Charakterisierung der Praktik des Battling, die im Queerfeministischen Rap Ermächtigung durch Solidarität anstelle von Erniedrigung durch Aggression vorsieht.

Simone Jung diskutiert in ihrem Text »(Pop)Kulturelle Öffentlichkeiten im Kontext der Neuen Rechten« am Beispiel von kritischen Kommentaren, die insbesondere aus dem linksliberal ausgerichteten und popkulturaffinen Feuilleton auf die Absage eines Konzerts der Punkband Feine Sahne Fischfilet im Dessauer Bauhaus folgten, inwieweit Popkultur einen Möglichkeitsraum für politische Auseinandersetzungen bietet. Unter Bezug auf Ernesto Laclau, Chantal Mouffe und Andreas Reckwitz eröffnet sie eine Perspektive, aus der eine Links-Rechts-Polarisierung im popkulturellen Kontext die unvermeidliche Verhandlung der Frage, was unter »Kultur« in einer offenen und pluralistischen Gesellschaft verstanden wird, auf der Höhe der Zeit zu initiieren vermag.

Ein wahres Füllhorn an Verantwortlichen für Druckwellen von Rechts präsentiert Ingo Zander, der kurz vor Drucklegung dieses Sammelbandes unerwartet verstorben ist. In seinem Essay »Streite nicht mit einem Deutschen über seine Identität« findet sich eine Vielfalt an O-Tönen, die sich in seinem von einer persönlichen Ansprache geprägten Text zu einem erstaunlich umfangreichen und dichten, von verblüffender Gestrig- und Skrupellosigkeit geprägten Netz verweben.

In »Welche Öffentlichkeit? Von PC-Diskursen zur Cancel-Culture-Debatte« erörtert Sonja Eismann die verschiedenen Mechanismen von *Cancel Culture*, welche den systematischen sozialen Ausschluss von Personen, hier vor allem Stars, meint. Dabei reflektiert sie diese vor dem Hintergrund der Problematik und der Effektivität von *Cancel Culture*.

Der Beitrag »Amerikanische Nachtmeerfahrten. Eine kulturelle Erkenntnisreise durch die Seelenlandschaft der Vereinigten Staaten« von André Leipold widmet sich vor dem Hintergrund seiner Arbeit im *Zentrum für Politische Schönheit* dem so genannten »American Dream«. Die Erkenntnisreise durch die amerikanische Seelenlandschaft verbindet dabei Unterhaltung, Politik, Poesie und Philosophie mit amerikanischen Mythen, Archetypen und kollektiven Träumen.

Der Sammelband wird durch den Beitrag »I warmly smile (or breathe) under this mask« von Bianca Hauda abgeschlossen. Darin kontrastiert und reflektiert die Autorin essayistisch aus musikjournalistischer Perspektive das Tragen von Masken als künstlerisch-ästhetisches Mittel und als

Hygienemaßnahme im Zusammenhang mit der Eindämmung der COVID-19-Pandemie – und greift somit eine der größten aktuellen Druckwellen unserer Zeit auf.

An dieser Stelle möchten die Herausgeber*innen den folgenden Personen sehr herzlich danken: Allen voran geht unser Dank an Prof.[in] Dr.[in] Birgitt Riegraf, Präsidentin der Universität Paderborn, sowie an Simone Probst, Vizepräsidentin für Wirtschafts- und Personalverwaltung der Universität Paderborn – sie haben die Realisierung dieser Veranstaltungsreihe durch die finanzielle und organisatorische Unterstützung von Seiten der Universität erst möglich gemacht. Wir danken den Mitarbeiter*innen der zentralen Hochschulverwaltung, die die Organisation und Umsetzung mit großer Hilfsbereitschaft administrativ unterstützt haben. Ein großer Dank geht an die Autor*innen dieses Sammelbandes, die mit ihren inspirierenden Beiträgen zu einer besonnenen, profunden und multiperspektivischen Auseinandersetzung mit »Druckwellen« unterschiedlichster Art beitragen. Zudem danken wir sehr herzlich Sebastian Ostermann, der die einzelnen Beiträge mit Umsicht und Fachkenntnis lektoriert hat, Katharina Schmecht und Diana Pfeifle, die mit Sorgfalt und Engagement den vorliegenden Sammelband formatiert haben und nicht zuletzt Philip Kersting, der unsere Ideen mit Kreativität und Sachkenntnis in ein ansprechendes Design überführt hat! Schließlich danken wir Uli Lettermann für seinen unermüdlichen Einsatz vor, während und nach der Veranstaltungsreihe, den zahlreichen interessierten und sich einmischenden Besucher*innen und Gäst*innen und – last but not least – den vielen helfenden Händen.

UNIVERSITÄT
PADERBORN

**DO, 23. MAI 2019
ZENTRALSTATION PADERBORN
BEGINN 18:00 UHR**

DRUCK WELLEN

Fühlen & Denken

MASSE

Macht (Ohn) Macht

„POWER TO THE PEOPLE!?"

**Druckwellen können (ohn-)mächtig überwäl-
tigen und manipulativ mitreißen.
Ein Podium zu Masse in Popkulturen, Medien
und Politik mit künstlerischen Performances
von MATTHIAS THÖMMES und SASCHA
TUXHORN mit Auszügen aus dem Theaterstück BITCHFRESSE.**

Eintritt frei.

Organisator*innen: Jun.-Prof.* Dr.* Beate Flath, Ina Heinrich, Prof. Dr. Christoph Jacke,
Prof. Dr. Heinrich Klingmann, Ulrich Leitermann, Maryam Momen Pour Tafreshi

PODIUMSGÄSTE:

JENS BALZER
Musikjournalist, Autor u.a. „Die Zeit",
„Rolling Stone", „Spex"

ANDRÉ LEIPOLD
Geheimrat des Zentrums
für politische Schönheit

DR.ᴵᴺ KATHY MEßMER
Soziologin, Publizistin

**ASS.-PROF.ᴵᴺ DR.ᴵᴺ
MELANIE SCHILLER**
Dept. of Arts, Culture and Media
Universität Groningen

MODERATION:

PROF. DR. CHRISTOPH JACKE
Universität Paderborn

MEHR INFOS:

Pop, Politik und Populismus als Massenkultur

Melanie Schiller

Zwei Jahre nach Hitlers Machtergreifung und vier Jahre vor Ausbruch des zweiten Weltkrieges, schrieb Walter Benjamin 1935 im Pariser Exil seinen berühmten Aufsatz *Das Kunstwerk im Zeitalter seiner technischen Reproduzierbarkeit*. Darin beschäftigt er sich mit den neuen Medien seiner Zeit, insbesondere Photographie und Film, und reflektiert darüber, wie diese sich zur Entstehung einer neuen Massenkultur verhalten. Dabei untersucht Benjamin, welche Auswirkungen eine umfassende Veränderung der neuen Massenkommunikationsmedien für die industrielle Massengesellschaft haben kann. Eine durch Reproduzierbarkeit entstehende kollektive Ästhetik biete Benjamin zufolge zwar einerseits die Möglichkeit der Entwicklung hin zu gesellschaftlicher Emanzipation, da Massenmedien eine anti-elitäre Verbreitung von Inhalten und Partizipation ermögliche, berge aber andererseits auch die Gefahr der politischen Vereinnahmung, wie zeitgenössisch am schnellen Aufstieg des Faschismus deutlich wurde. Letztlich wären es die Massenmedien, welche die von den Faschisten betriebene Ästhetisierung des politischen Lebens ermöglichen, und damit auch deren Darstellung der Massen, ohne ihnen tatsächliche Rechte zuzugestehen; Denn der Faschismus »sieht sein Heil darin, die Massen zu ihrem Ausdruck (beileibe nicht zu ihrem Recht) kommen zu lassen,« so Benjamin (1963, 42). Diese Ästhetisierung von Politik, so schlussfolgert er, müsse zwangsläufig im Krieg gipfeln.

Obwohl Benjamins Aufsatz vor nunmehr 85 Jahren verfasst wurde, resonieren seine Argumente stark mit dem gesellschaftlichen, politischen und medialen Kontext der heutigen Zeit und insbesondere im Jahr 2020. Der Topos der Massen scheint (wieder) aktueller denn je. In Deutschland sowie international wurden Massenproteste gegen die von den jeweiligen Regierungen erlassenen Corona-Einschränkungen organisiert, die *Black Lives Matter*-Demonstranten protestieren gegen rassistisch motivierte Polizeigewalt, in Belarus finden monatelang Massenproteste mit hunderttausenden

Teilnehmer*innen gegen den autoritären Staatschef Alexander Lukaschenko statt, und in Polen gehen ebenso viele Menschen auf die Straße, um gegen die von der Regierung neu verabschiedeten Abtreibungsgesetze zu protestieren. Zuletzt besteht der dann noch amtierende US-Präsident Donald Trump im Herbst 2020 – Mitten in der globalen Covid-19-Pandemie – auch nach einer eigenen, noch nicht ganz überstandenen Corona-Infektion weiterhin beharrlich darauf, medienwirksame Massenkundgebungen im amerikanischen Wahlkampf abzuhalten und nach seiner vermeintlichen Abwahl ruft er seine *follower* zum »Million MAGA March« auf. Mediale Inszenierungen der Masse sind eindeutig ein kennzeichnendes Phänomen der Gegenwart.

Insbesondere mit Blick auf den »populistischen Zeitgeist« (Mudde 2004) der letzten Jahre lässt sich festhalten, dass sich autoritär-nationalistische Populisten wie Donald Trump, Recep Tayyip Erdogan, Jair Bolsonaro, Boris Johnson oder Viktor Orbán als Repräsentanten der sich auflehnenden Massen gegen die kulturellen, politischen und medialen Eliten inszenieren. Denn der Kern des gegenwärtigen Populismus, egal ob konzeptualisiert als politischer Stil, Strategie oder Ideologie, ist der inszenierte Kampf der vermeintlich rechtschaffenden, gewöhnlichen und »guten« Massen gegen die angeblich ruchlose und korrupte Elite. Gleichzeitig wird diese populistische Inszenierung der Masse oft als fundamentale Gefahr für die Demokratie verstanden; in einem jüngsten Essay nennt Arjun Appaduari (2020) dabei die Leute dieser inszenierten Massen »electoral tools for a mass exit from democracy« (Appaduari 2020). Donald Trumps anti-demokratische Reaktion nach der verlorenen Präsidentschaftswahl 2020 ist in diesem Sinne ein gutes Beispiel dafür, wie die dargestellte Masse auf Trumps Kundgebungen primär seiner Inszenierung als populistischem Führer dient, und nicht als Ausdruck eines demokratischen Volkswillens.

Dabei ist die mediale Inszenierung der Massen von Trump und Konsorten elementarer Bestandteil des populistischen Raison D'être, und für seinen Wahlkampf damit unerlässlich. Ohne das Kredo der Massenrepräsentanz würde Trump (ebenso wie in Deutschland beispielsweise die populistische Anti-Corona-Bewegung oder zuvor PEGIDA) ihre Daseinsberechtigung verlieren. So kann das als »Laut, ungestüm und groß« (Zeit Online 2020) orchestrierte Massenspektakel des Trumpschen Populismus, besonders im Kontext der Corona-Pandemie und der damit verbundenen ernsten gesundheitlichen Gefahren für die Teilnehmer*innen dieser Veranstaltungen, sehr gut verstanden werden im Sinne Benjamins Feststellung, dass der Faschismus seiner Zeit die Darstellung der Massen herausstelle, ohne diese jedoch zu ihrem Recht kommen zu lassen. Diese scheinbare Ästhetisierung der Politik und damit verbundene Entmachtung der Massen, dessen Ausdruck sie vorgibt zu sein, weist somit deutliche Parallelen mit Benjamins historischem Kontext auf. Die Nähe von Trump zum Faschismus wird derweil wissenschaftlich sowie journalistisch immer wieder hervorgehoben (wenn auch nicht unumstritten) und nicht zuletzt dadurch unterstrichen, dass Trumps Rhetorik einige Parallelen mit der Hitlers nach dessen Machtergreifung aufzeigt (vgl. Soboczynski 2017; Connolly 2017; McLaren 2020; Rosenfeld 2019).

Während Benjamins Bezeichnung der Ästhetisierung des politischen Lebens sich vor allem auf die kunstvolle Inszenierung von Massenaufmärschen und Parteiveranstaltungen der NSDAP, nächtlichen Fackelzügen, Leni Riefenstahls »Triumph des Willens« sowie die Gestaltung von Parteiuniformen und Symbolen bezieht, meint Benjamin mit Ästhetisierung doch auch die systematische Untergrabung politisch inhaltlicher Diskurse hin zu einer zunehmenden Symbolpolitik, die dennoch eine kollektive Zielvorgabe zu etablieren versucht. Im Gegensatz zu Benjamins Auffassung von Ästhetisierung als kunstvolle Inszenierung, lassen sich gegenwärtige Medienauftritte von Trump allerdings weniger als ästhetische Inszenierung in diesem Sinne verstehen, dagegen wohl mehr als massenkulturelles Spektakel. Im gegenwärtigen Populismus von Trump und Konsorten lassen sich dabei zweifelsfrei Parallelen zur Ästhetisierung als Symbolpolitik ohne inhaltlichen stringenten Diskurs erkennen, verbunden mit einer kollektiven Zielvorgabe und der Figur eines charismatischen und autoritären populistischen *leaders*.

Dass Populismus und populäre Kultur – ganz besonders anschaulich im Falle Trumps – eng miteinander verbunden sind, ist derweil offensichtlich. Doch was wenn man Populismus nicht als »sich beziehend auf« populäre Massenkultur versteht, also populäre Massenkultur für seine Zwecke nutzend, sondern Populismus an sich *als* Massenkultur begreift? Im Folgenden möchte ich einige Parallelen in Diskursen zu Massenkultur und Populismus aufzeigen, um hervorzuheben, inwiefern Populismus nicht nur mit den Mitteln des Pop versucht, seine Ideologien gesellschaftlich zu verankern, sondern wie Populismus selbst als populäre Kultur verstanden werden kann (und sollte). Walter Benjamin spricht in seinem Text davon, dass Politik in den 1930er Jahren – unter anderem im Zusammenhang mit dem schnellen Aufkommen neuer Massenmedien – unter der faschistischen Führung zum ästhetischen Spektakel wird. In diesem Text möchte ich Benjamins Argument der Ästhetisierung des politischen Lebens durch den Faschismus weiterdenken und von Populismus als Pop-Spektakel sprechen und damit der Popifizierung der Politik. Populismus als Massenkultur in diesem Sinne zu verstehen zwingt uns nämlich nicht nur dazu, solch weit verbreitete Grundannahmen wie »Pop ist immer subversiv« neu zu überdenken – sondern vor allem auch diese ernst zu nehmen.

Massenkultur und Populismus

Mit der aufkommenden Moderne und der Industrialisierung, Urbanisierung, und Demokratisierung sowie Nationalisierung entstand seit dem (frühen) neunzehnten Jahrhundert eine zunehmende Angst vor der Entstehung einer Massengesellschaft. So eine Gesellschaft, so fürchtete man, würde zu einer radikalen Individualisierung und sozialen Atomisierung sowie sozialer Entfremdung führen, welche durch die Schwächung des gesellschaftlichen Zusammenhalts die neu entstandene Masse anfällig mache für kommerzielle sowie vor allem politische Manipulation (vgl. Durkheim 1897; Kornhauser 1959). Durch eine mit der Massengesellschaft verbundene Massenkultur würde man sich dieser Einschätzung nach auf den niedrigsten gemeinsamen Nenner sowie auf einfachste Botschaften beschränken. Das Entstehen einer solchen Massenkultur und der damit verbundenen Homogenisierung der Gesellschaft, so die Folgerung, würde fast unvermeidlich im Totalitarismus enden (vgl. Mills 1956, 304).

In dieser Tradition werden Diskurse um Massenkultur spätestens seit den 1930er Jahren und der Arbeit der Frankfurter Schule also kritisch gesehen. Auch beeinflusst von ihren Erfahrungen mit dem Faschismus in Deutschland und anschließend der amerikanischen populären Kultur, die sie im Exil kennenlernten, verfassten Max Horkheimer und Theodor Adorno ihr einflussreiches Buch *Dialektik der Aufklärung*. Darin beschreiben sie kritisch, wie Massenkultur als Unterhaltung zur Verblendung, Standardisierung und Passivmachung des Publikums beitrage. Produkte der Kulturindustrie ermöglichten bzw. bedingten in dieser Argumentation dabei erst die Entstehung ebendieser Massen. In Adornos Denken sind die Massen also »nicht das primäre, sondern ein sekundäres, Einkalkuliertes; Anhängsel der Maschinerie der Kulturindustrie« (Adorno 1967, 60). Die Massen seien ihm nach »nicht das Maß, sondern die Ideologie« (ebd., 61) ebendieser. Die Kulturindustrie macht die Menschen somit »von oben her« zu den Massen, »die sie dann verachte« (ebd., 70). Laut Adorno ist eine wesentliche Motivation der kulturindustriell betriebenen »Vermassung« durch Massenmedien die der ideologischen

Gleichschaltung der Individuen zu gehorsamen Konsumenten und Untertanen. Wie Thomas Hecken zusammenfassend festhält, gehörten zu den Merkmalen einer solchen Massenkultur eben »Schlichtheit, Vulgarität, Konditio-
nierung, Schematismus, Seichtheit, Effekthascherei, Kitsch und eine bornier-
te sowie leicht manipulierbare Rezeption« (Hecken 2019, 156).

Erst mit Entstehung der Popkultur in den 1950er Jahren und insbesondere mit der Pop Art in den 1960ern wurden diese rigiden Hierarchien
durch Kunst, Kultur, Kritik und Wissenschaften herausgefordert und sys-
tematischer hinterfragt. Mit Popkultur als selbstreflexiver Künstlichkeit,
die Wertunterschiede und Hierarchien der *high* und *low culture* in Frage
stellte, wurden der Massenkultur zunehmend auch kritisch subversive und
emanzipatorische Möglichkeiten zugesprochen – Potentiale, die Benjamin in
seinem Werk schon vorweggenommen hatte. Denn insbesondere durch das
Durchbrechen der elitären Kulturordnung durch die neuen Massenmedien
ginge der exklusive Charakter von Kultur und Kunst verloren, und bekämen
die Massen auch die Möglichkeit der Teilhabe an Kulturdiskursen und der
Selbstbestimmung. Diese Denkweise wurde seit den 1970ern besonders von
den britischen Cultural Studies weiter vorangetrieben. Stuart Hall als einer
dessen wichtigsten Vertreter hob dabei allerdings ähnlich wie schon Adorno
hervor, dass die Masse bzw. »die Leute« [»the people«] in populärer Kultur
als hegemonialem »battleground« erst konstituiert würden. Im Gegensatz
zu Adorno wird die Masse in Halls Konzeptualisierung allerdings nicht
als zwangsweise ideologisch verblendet verstanden, sondern spricht Hall
den Leuten gleichzeitig Handlungsfähigkeit und *agency* zu. Hall beschreibt
Massenkultur dann auch als eine »Arena von Zustimmung und Widerstand«
(Hall 1981, 237), in der »der Kampf für und gegen die Kultur der Mächtigen
ausgefochten wird« (ebd., 239). Zuletzt heben die Cultural Studies, und insbesondere John Fiske, hervor, dass Massenkultur immer durchzogen ist von
Bedeutungen, die versuchen, den Status Quo der hegemonialen, ökonomischen und ideologischen Dominanzkultur aufrechtzuerhalten (vornehmlich
durch die Strategie der Naturalisierung). Gleichzeitig bietet dieselbe Massenkultur aber auch Möglichkeiten des Widerstandes und der populären
Gegenentwürfe (vgl. Glenzer 2020). Besonders durch kreative Konsumprak-
tiken und aktive Aneignungen sahen die Cultural Studies kritische und
anti-elitäre Potentiale der Selbstdarstellung und -Konstituierung sowie der
Möglichkeit von gegenhegemonischen Entwürfen, des Widerstandes durch
Rituale und Symbolpraktiken in Form von subkulturellen Bedeutungsum-

deutungen – in marxistischer Tradition besonders für die Arbeiterklasse gegen die kapitalistischen Eliten (vgl. Hall & Jefferson 2003; Hebdige 1979).

Diskurse um Populismus und Pop(ulärer)- oder Massenkultur haben in diesem Sinne viel gemein, wie ich im Folgenden kurz aufzeigen möchte. Ähnlich wie Ängste vor der Entstehung einer Massengesellschaft und -kultur, der Entstehung von Nationalismus und damit Nationalstaaten hat auch Populismus seine Wurzeln im 19ten Jahrhundert und der aufkommenden Moderne, verbunden mit Industrialisierung und Demokratisierung. Populismus wird von Cas Mudde und Cristóbal Rovira Kaltwasser (2017) definiert als »dünne« Ideologie (»thin-centred ideology«), »die davon ausgeht, dass die Gesellschaft in zwei homogene, antagonistische Gruppen getrennt ist, das ›reine Volk‹ und die ›korrupte Elite‹, und die geltend macht, dass Politik ein Ausdruck der volonté générale oder des allgemeinen Volkswillens sein soll« (Mudde & Kaltwasser 2017, 6). Ähnlich, wenn auch mit weniger Nachdruck auf den ideologischen und dafür mehr auf den diskursiven Charakter, bezeichnet Ernesto Laclau Populismus als »a discursive strategy of constructing a political frontier dividing society into two camps and calling for the mobilisation of the ›underdog‹ against ›those in power‹« (Mouffe 2019, 10). Dabei berufen Populisten sich darauf, die (schweigende) Mehrheit der Gesellschaft zu repräsentieren und damit auch den ›gesunden Menschenverstand‹ (*common sense*), der den Ideologien der Elite diametral entgegengesetzt ist. Dieses angeblich moralisch reine Volk ist jedoch keine a priori existierende Kategorie und Populismus damit nicht ein politischer Ausdruck eines vorgegebenen Kollektivs, sondern Populismus muss laut Laclau (2005) vielmehr als ein performativ wirksamer Diskurs verstanden werden, der die politische Einheit, die er rhetorisch imaginiert, durch diskursive Praktiken erst konstruiert. Genau wie Stuart Hall (1981) in Bezug auf populäre Kultur hervorhebt, dass diese »die Leute« (»the people«) diskursiv begründet, so argumentiert auch Laclau (2005), dass Populismus nie Ausdruck einer populären Identität (»popular identity«) sein kann, sondern diese immer selbst erschafft.

Genau wie populäre Kultur präsentiert sich beispielsweise der Populismus eines Trump einerseits als hegemoniales Projekt, das systemkonforme Bedeutungen von Selbst, Identität, Gesellschaft, Geschlecht, Kultur, Nation, Heimat, Natur etc. transportiert, und andererseits als subversiver Gegenentwurf zum Status Quo. Populismuskritiker bedienen sich auch sehr ähnlicher Argumente wie die der Massengesellschaft und der Massenkultur. Genau wie die durch Massenkultur vermeintlich entstehende gesellschaftliche Homogenisierung und Uniformität (im globalen Maßstab) die Vielfalt kultureller

Traditionen bedrohe (vgl. Maase 2018), so wird auch durch Populismus aus dieser Sicht eine Gesellschaft der homogenen Masse angestrebt. Populismus richte sich damit inhärent gegen Heterogenität und eine pluralistische Gesellschaft; oft werden die durch Populismus mobilisierten Massen (ähnlich derer, die durch Massenkultur verblendet würden) auch als Opfer demagogischer Rattenfänger konzeptualisiert – als Objekte totalitärer Manipulation. Ganz besonders populäre Kultur, *low culture*, leichte Zugänglichkeit von Slogans, Einfachheit der angebotenen Lösungen und vor allem die emotionale Anziehungskraft von populistischen Botschaften würden dazu beitragen, diese Massen zu manipulieren und ideologisch gleichzuschalten. Denn, um noch einmal auf Benjamin zurückzukommen: Populisten geben sich als Repräsentanten des angeblich wahren Volkswillens, des sogenannten *common sense*, der mehrheitlichen Masse aus – ohne dieser eben tatsächliche Rechte zuzugestehen. Die populistische Masse wäre aus Sicht dieser Kritik begründet im niedrigsten gemeinsamen Nenner, und die einfache Manipulierung des Volkes wäre ein Ergebnis der zunehmenden Atomisierung und Individualisierung der Gesellschaft – genau wie die gefürchtete Massenkultur – zum Beispiel durch das Brechen sozialer Bänder (*de-alignment*) und des Abnehmens kollektiver Identifikationen (vgl. Eatwell & Goodwin 2018, xxiii), sowie Prekarisierung als Folge jahrzehntelanger Politik des Neoliberalismus (vgl. Mouffe 2019).

Die populistisch diskursiv-performative Konstituierung der Leute oder des (homogenen) Volkes bzw. der Masse findet dabei – aus gutem Grund – nicht zuletzt in, durch und als populäre (Massen-)Kultur statt. Denn diese haben sich als besonders ergiebig erwiesen, wenn es darum geht, Gemeinschaftsgefühle und damit implizierte Ein- und Ausschlussverfahren zu ermöglichen. Andererseits präsentiert sich beispielsweise ein Trumpistischer Populismus selbst vor allem als Gegenstimme zur angeblichen gesellschaftlichen Homogenisierung und »ideologischen Gleichschaltung«, als Widerstandskultur, die sich der Macht der politischen und gesellschaftlichen Eliten (die wiederum durch Massenmedien unterbaut werden würde) entgegenstellt. Da Populisten für die Masse zu sprechen vorgeben, beziehen sie sich dabei oft auf eben diese anti-elitäre *low culture*, die die Dominanz und Macht des Elitismus in Frage stellt. Die Mittel der populären Kultur bieten Populisten dabei eine Teilhabe an politischen sowie gesellschaftlichen Diskursen – eine Möglichkeit des »speaking back to power« im de Certeau'schen Sinne (vgl. De Certeau 1984). Wie wir von der Pop Art und den Cultural Studies gelernt haben, ist populäre – oder Massenkultur – ein (anti-)hierarchisches, (anti-)elitäres diskursives Feld, in dem ausgefochten wird, wer die gesellschaftliche Hegemonie für sich in Anspruch nehmen kann. Denn Massenkultur und deren kritische Nutzung ermöglichen den »semiotischen Guerillakrieg« (Eco 1997) der Aushandlungen von Bedeutungsprozessen und der damit einhergehenden gesellschaftlichen Strukturen sowie das Performen einer subversiven Gegen-Hegemonie als »bottom up« Macht (Fiske 2002).

Sowohl in populärer Massenkultur als auch in Populismen wird »das Volk« also konstituiert und Hegemonie sedimentiert, herausgefordert oder neu verhandelt. Was also, wenn wir Populismus als Massenkultur – nicht nur im Sinne von »weit verbreitet« (Balzer 2019) – verstehen, sondern im Sinne von Popkultur? Populistische Politik ist, wie Massenkultur, leicht verständlich und konsumierbar, präsentiert sich vielfach als affektives Entertainment und agiert dabei oft ausdrücklich in der Absicht »ein (homogenes) Volk« zu artikulieren (und damit diskursiv zu konstituieren). Populismus inszeniert sich dabei als Gegen-Hegemonie und *Underdog*, der die bestehenden Machtverhältnisse herausfordern möchte, gleichzeitig aber auch als hegemoniales Projekt – dass die angebliche Mehrheit des Volkes vertritt und damit den wahren Machanspruch repräsentiert. Dabei setzt Populismus einerseits auf das Oberflächige, Reizvolle, Sinnliche (vgl. Penke & Schaffrick 2018), genau wie Massenkultur, andererseits bietet Populismus als Massenkultur aber auch Möglichkeiten des oppositionellen Empowerments, der gesellschaftspolitischen Teilhabe an Diskursen und damit an Bedeutungsaushandlungen im Gramsci'schen gesellschaftlichen »Krieg der Positionen« (»*war of positions*«) (Gramsci 1971). Mit den Ausdrucksmitteln des Pop wie beispielsweise semiotische Aneignung, Umdeutung und kreative Interpretationen als antielitäre Außenseiter funktioniert Populismus somit als Massenkultur im doppelten Sinne: Als potentiell ideologische Manipulation im Namen unterschiedlicher Ideologien, die mit der »dünnen Ideologie« des Populismus artikuliert werden (wie z.B. Autoritarismus, Nationalismus, Rassismus, Antisemitismus etc.), aber auch als potentielle gesellschaftliche Ermächtigung der unterdrückten Leute als Gegenhegemonie.

Populismus als Massenkultur

Trump ist zweifellos einer der medial wirksamsten Populisten der Gegenwart, und damit stellt er ein besonders gutes Beispiel für die enge Verflechtung von Populismus und Massenkultur oder, wie ich meine: Populismus *als* Massenkultur dar. Konkret verdankt Trump seinen Ruhm bekanntlich erst in zweiter Linie seiner Präsidentschaft und primär seiner Auftritte als Reality-TV Star (»The Apprentice«) und als Produzent von Professional Wrestling Shows, Schönheitswettbewerben (»Miss Universe«) sowie als *Celebrity* und Popphänomen im Allgemeinen, mit seit 2007 einem eigenen Stern auf dem berühmten Hollywood *Walk of Fame*. Trumps Politik zwischen 2016 und 2020 hat sich dementsprechend kontinuierlich als »Reality Show« aus dem Weißen Haus präsentiert (vgl. Brandt 2020). Politisch basiert Trumps Populismus, wie eingangs bereits erwähnt, auf der angeblich anti-Elitären Repräsentation der Masse, welche er dementsprechend im Wahlkampf auch Mitten in einer globalen Pandemie ins Bild bringen muss. Außer der großen Ansammlung seiner Wählerschaft für die medienwirksame Inszenierung der Masse funktionieren diese Wahlveranstaltungen aber auch als Massenunterhaltungsshows für seine Fans, die sich als Fangemeinschaft ihrer kollektiven Identifizierung vergewissern können. Auch können Trump-Fans sich vor Ort mit Merchandise wie den ikonischen roten »Make America great again«- (MAGA) Caps eindecken, wenn sie das nicht schon in den zahlreichen Online- und Offline-Fans-Stores getan haben. Trump selbst präsentiert sich auf seinen Massenkundgebungen dabei quasi als Rockstar (vgl. Reynolds 2016). Sein wohlbekannter MAGA-Slogan funktioniert derweil als populistischer leerer Signifikant – als Artikulation unterschiedlichster Interessen, aber auch als Handelsware und Konsumgut. Trumps berüchtigte Twitter-Aktivitäten sind unterdessen ein klarer Ausdruck der gegenwärtigen digitalen Massenkultur als *participatory culture* (vgl. Jenkins 2006) auf sozialen Netzwerken: basierend auf Einfachheit, Zugänglichkeit und kulturellen Aneignungen sowie Humor, Ironie wie verbreiten populärer Memes (vgl. DeCook 2000). Trump und seine Fans haben sich beispielsweise die Cartoon-Figur und das weit verbreitete Internet-Meme Pepe the Frog (ursprünglich bekannt aus dem Matt Furies Comic *Boy's Club*) angeeignet, und Trump hat diverse Internet-Memes auf Twitter geteilt: Ein gephotoshoptes Bild seines Gesichts auf Rocky Balboas Körper in Machtpose, ein Video von Trump als Superman sowie ein Video mit Trump als Marvel-Bösewicht Thanos (vgl. The Week 2002; O'Neil 2019). Trumps Selbstinszenierung als Pop-Ikone folgt dabei dem zentralen Motto der gegenwärtigen Konvergenz- und Netzwerkkultur: »If it doesn't spread it's dead« (Jenkins 2013).

Trump mag als besonders eindrückliches Fallbeispiel verstanden werden, doch das Zusammenfallen von Politik und Massenkultur im Populismus ist ein breiteres Phänomen. Tatsächlich inszenieren sich viele populistische Parteien, Bewegungen und Anführer als Massenkultur. Boris Johnsons 2019er Brexit-Kampagne hat beispielsweise ein 70-minütiges »Boriswave«-Musikvideo auf Youtube gepostet: Unter dem Titel »lo fi boriswave beats to relax/get brexit done to« sehen wir in post-ironischer Ästhetik einem lesenden Johnson im Zug zu einem Vaporwave-Soundtack. In ähnlich popkultureller Sprache und offenkundig inspiriert von Vogues berühmten »73 Questions« hat die Kampagne ein Interviewvideo veröffentlicht, in dem Johnson sich als lockerer und authentischer Ottonormalverbraucher präsentiert, der Marmite und die Rolling Stones mag. Zuletzt haben die Conservatives auch eine Parodie der berühmten Szene des Films *Love Actually* mit Johnson als Hauptdarsteller produziert – eine Szene die in typisch selbstreferentieller Popmanier an sich schon eine popkulturelle Intertextualität mit Bob Dylan's ikonischem »Subterranean Homesick Blues«-Musikvideo ist (vgl. Street 2019). Auch andere populistische Parteien inszenieren sich als popkulturelle Phänomene: Die Schwedendemokraten organisieren ein jährliches Sommerfestival mit Popsoundtrack (vgl. Ginkel et al. 2021), auf dem der Parteivorsitzende mit seiner Rockband Headliner ist, beim *Meet & Great* Autogramme am Merchandise-Stand verteilt und Selfies mit seinen Fans macht (vgl. Schiller 2019). Ähnlich wie die Schwedendemokraten organisieren die polnische Partei Recht und Gerechtigkeit (»Prawo i Sprawiedliwość«) und Fidesz in Ungarn Familienpicknicke und Pop-Festivals (vgl. Patakfalvi-Czirják & Barna 2020), um »the people« als hegemonielle Macht zu inszenieren, und ist der Handel mit Recep Tayyip Erdogan- und Vladimir Putin-Fanmerchandise und -memorabilia ein lukrativer Geschäftszweig. Auch extrem und neurechte Parteien mit populistischer Agenda inszenieren sich als massenkultureller Pop: In Israel hat die Kampagne der »Neuen Rechten« ein selbstironisches Partei-Werbevideo für ein Parfum namens »Faschismus« herausgebracht, mit dem Slogan: »Für mich riecht das eigentlich wie Demokratie« (vgl. Holmes 2019). Auch die rechtsextreme Identitäre Bewegung bedient sich derweil popkultureller Ausdrucksformen wie die Intertextualität und Aneignung von popkulturellen Zeichen (vgl. Mrozek 2017) und namentlich inszenieren sich deren ideologischer Anführer Martin Sellner und seine Frau Brittany Pettibone erfolgreich als Nipster (»Nazi Hipster«) und Instagram-Influencer in der Sprache der Massenkultur (vgl. Maly 2020).

Das Funktionieren von Populismus als Massenkultur ist also nicht nur auf Trump und die USA beschränkt, wobei es wichtig ist anzumerken, dass nicht ausschließlich Populist*innen sich als »Celebrities« und Akteure der populäre Kultur inszenieren. Doch auch wenn die *celebritisation* der Politik (vgl. Street 2019) sich nicht ausschließlich auf Populismus beschränkt, so stechen diese doch als außerordentliche Pop-Performer und dessen Vorreiter heraus. Insbesondere vor dem Hintergrund, dass Populismus sich in den meisten Fällen explizit auf eine starke Führungsfigur konzentriert, die stellvertretend für das »gute Volk« stünde (vgl. Mudde & Kaltwasser 2017). So verstärken sich massenkulturelle Berühmtheit und das repräsentieren populistischer Ideologien gegenseitig im Zusammenfallen von Pop und Politik. So hebt Benjamin Moffitt z. B. hervor, dass »[P]opulist leaders can become quasi-celebrities, known as much – or sometimes more – for their media performances and stylistic outbursts than the ›content‹ of their politics« (Moffitt 2016, 85). Kurzum, populistische *leader* funktionieren gesellschaftlich als Stars und ihre Politik als Massenkultur.

Fazit

Welche neuen Erkenntnisse lassen sich also generieren, wenn wir Populismus als Massenkultur begreifen – eben nicht nur im Sinne von »weit verbreitet«, sondern auch *als* Popkultur *an sich*? Einerseits hilft uns diese Betrachtung dabei, die Popularität und Anziehungskraft von populistischen Akteur*innen besser nachvollziehen zu können, denn wenn wir Populist*innen auch als Popstars und Entertainer*innen verstehen – und damit nicht »nur« als Politiker*innen – dann ermöglicht uns das andere Fragen an ein kulturelles und gesellschaftliches Phänomen zu stellen, das über politische und ökonomische Aspekte hinausgeht. Welche kulturellen und Identifikationsangebote werden gemacht, mit welchen popkulturellen Ausdrucksformen, und wie konsumieren Leute Populismus im Kontext ihrer konkreten Lebenswelten? Welche Rolle spielen Spaß und Unterhaltung im Erfolg von Populismus über die oft beachteten Affekte von Wut und Angst hinaus. Ein solches Verständnis von Populismus birgt aber auch neue Herausforderungen: Wenn wir Populismus als massenkulturellen politischen Diskurs verstehen, dann wird deutlich, dass Populismus beide Elemente der Massenkultur innehat: Eben jenes Potential der hegemonialen Identitätsdiskurse (und der damit einhergehenden Sedimentierung und Normalisierung der damit artikulierten Ideologien), aber *auch* das der gesellschaftlichen Ermächtigung als Gegenhegemonie gegen den historischen »Machtblock« (Gramsci 1971). Wie wir spätestens seit den Cultural Studies wissen, ist Massenkultur an sich nicht das Problem, da Massenkultur im »Kampf um Macht und Deutung« (Hall 1981) in der Gesellschaft sowohl hegemoniale als auch gegenhegemoniale Potentiale beinhaltet. Wenn wir Populismus also als Massenkultur verstehen, dann müssen wir auch das subversive Potential von Pop, *unabhängig von einer politischen Ausrichtung*, ernstnehmen: Denn hier wird mit den Mitteln der selbstreflexiven Künstlichkeit, der kritischen Aneignung von Zeichen und durch kreative Praktiken sowie Meinungsumdeutungen eine hegemoniale Machtstruktur herausgefordert und es werden alternative Weltbilder angeboten. Wichtig ist dabei also, genau hinzuschauen, da es auf die jeweiligen Inhalte, Bedeutungen, Interpretationen und Nutzungen ankommt. So ist auch Populismus *an sich* nicht das Problem, sondern die damit artikulierten »dicken« Ideologien wie Nationalismus, Nativismus, Rechtsextremismus, Faschismus, Autoritarismus, Rassismus, Antisemitismus, Sexismus, Misogynie, Homophobie usw., welche es selbstverständlich auf das Schärfste zu verurteilen gilt. Um besser zu verstehen, wie diese (gefährlichen) Ideologien im Populismus als Massenkultur artikuliert werden, also wie politische und gesellschaftliche Aushandlungen um Identität, Zugehörigkeit, Ein- und Ausschlussprozesse sowie soziale Strukturen und Hierarchien konstituiert werden, ist ein analytischer Blick auf Populismus als popkulturellem Diskurs zwingend nötig. Genau wie Benjamin ein komplexes Argument der Massenmedien und der Massenkultur präsentiert, so birgt Populismus als Massenkultur anti-elitäre, demokratisierende und subversive Potentiale der gesellschaftlichen Teilhabe und der Selbstkonstituierung. Andererseits bieten Massenmedien Populismus auch die erweiterte Möglichkeit der ideologischen Unterminierung und Entmachtung der Massen. Letzteres hat Benjamin bekanntermaßen als die Ästhetisierung der Politik beschrieben. Bezogen auf den heutigen Kontext ließe sich dieser Prozess allerdings wohl besser als Popifizierung der Politik durch Populismus beschreiben. Damit ist Populismus nicht das Ende von Pop – Populismus ist (auch) Pop. Ob wir es mögen oder nicht.

Literaturverzeichnis

Adorno, Theodor. 1967. »Résumé über Kulturindustrie.« In *Ohne Leitbild. Parva Aestetica*, herausgegeben von Theodor Adorno, 60-70. Frankfurt a.M.: Suhrkamp.

Appaduari, Arjun. 2020. »We Are Witnessing the Revolt of the Elites.« *The Wire*, 22.04.2020. https://thewire.in/politics/populism-elite-narendra-modi-donald-trump.

Balzer, Jens. 2019. *Pop und Populismus*. Hamburg: Edition Körber.

Benjamin, Walter. 1963. *Das Kunstwerk im Zeitalter seiner technischen Reproduzierbarkeit*. Frankfurt a.M.: Suhrkamp.

Brandt, Stefan. 2020. »Donald Trump, the Reality Show: Populism as Performance and Spectacle.« *Zeitschrift für Literaturwissenschaft und Linguistik* 50: 303-21. https://doi-org.proxy-ub.rug.nl/10.1007/s41244-020-00170-3.

Connolly, William E. 2017. »Trump, the Working Class, and Fascist Rhetoric.« *Theory & Event* 20, no. 1: 23-37.

De Certeau, Michel. 1984. *The Practice of Everyday Life*. Berkeley, CA: University of California Press.

DeCook, Julia Rose. 2020. »Trust Me, I'm Trolling: Irony and the Alt-Right's Political Aesthetic.« *M/C Journal*, 23 (3). https://doi.org/10.5204/mcj.1655.

Durkheim, Emile. 1897. *Suicide*. New York: Free Press.

Eatwell, Roger & Matthew Goodwin. 2018. *National Populism*. London: Pelican Books.

Eco, Umberto. 1997. »Towards a Semiological Guerrilla Warfare.« In *Travels in Hyperreality*, herausgegeben von Umberto Eco, 135-44. New York: Picador.

Fiske, John. 2002. *Television Culture*. London: Routledge.

Ginkel, Kai, Anna Schwenck, Melanie Schiller, André Doehring & Mario Dunkel. 2021. »Pop als Ressource für Nationalismus«. In »*Pop the Nation!*« *Das Nationale als Ressource und Argument in Kulturen populärer Unterhaltung und Vergnügung* herausgegeben von Marketa Spiritova & Manuel Trummer. (Im Erscheinen)

Glenzer, Luca. 2020. »»Und ich wollte noch Abschied nehmen‹ – Pop, Populismus und Politik«. *Kaput*. 29.09.2020. https://kaput-mag.com/kolumne_de/und-ich-wollte-noch-abschied-nehmen/.

Gramsci, Antonio. 1971. *Selections from the prison notebooks*. New York: International Publishers.

Hall, Stuart. 1981. »Notes on Deconstructing ›the Popular‹.« In *People's History and Socialist Theory*, herausgegeben von Raphael Samuel, 227-40. London: Routledge.

Hall, Stuart & Tony Jefferson. 2003. *Resistance through Rituals*. London: Routledge.

Hebdige, Dick. 1979. *Subculture. The Meaning of Style*. London: Routledge.

Hecken, Thomas. 2019. »›Populismus‹ und ›Populäre Kultur‹.« *POP: Kultur & Kritik* (Jg. 8, 1/2019): 150-77.

Holms, Oliver. 2019. »Far-right Israeli campaign ad jokes of ›fascism‹ perfume.« *The Guardian*, 19.3.2019. https://www.theguardian.com/world/2019/mar/19/far-right-israeli-campaign-ad-jokes-of-fascism-perfume-ayelet-shaked, zuletzt abgerufen am 31.08.2021.

Horkheimer, Max & Theodor Adorno. [1944] 2003. *Dialektik der Aufklärung*. Frankfurt a.M.: Fischer.

Jenkins, Henry. 2006. *Convergence Culture*. New York: New York University Press.

Jenkins, Henry. 2013. *Spreadable Media: Creating Value and Meaning in a Networked Culture*. New York: New York University Press.

Kornhauser, William. 1959. *The Politics of Mass Society*. New York: Free Press.

Laclau, Ernesto. 2005. *On Populist Reason*. London: Verso.

Maase, Kaspar. 2018. »Massenkultur.« In *Historisch-Kritisches Wörterbuch des Marxismus, Bd. 9/I: Maschinerie bis Mitbestimmung*, herausgegeben von Wolfgang Fritz Haug, Frigga Haug, Peter Jehle & Wolfgang Küttler, 66-79. Hamburg: Argument.

Maly, Ico. 2020. »Metapolitical New Right Influencers: The Case of Brittany Pettibone.« *Social Sciences* 9.7: 113-35.

McLaren, Peter. 2020. »Pandemic abandonment, panoramic displays and fascist propaganda: The month the earth stood still.« *Educational Philosophy and Theory*. https://doi-org.proxy-ub.rug.nl/10.1080/00131857.2020.1781787.

Mills, C. Wright. 1956. *The Power Elite*. Oxford: Oxford University Press.

Moffitt, Benjamin. 2016. *The Global Rise of Populism: Performance, Political Style, and Representation*. Stanford, CA: Stanford University Press.

Mouffe, Chantal. 2019. *For a left populism*. London: Verso.

Mrozek, Bodo. 2017. »Unter falscher Flagge. Rechte ›Identitäre‹ setzen auf Antiken-Pop. Die Geschichte ihrer Symbole dürfte ihnen kaum gefallen.« *Pop History*, 20.12.2017. https://pophistory.hypotheses.org/2561.

Mudde, Cas. 2004. »The Populist Zeitgeist.« *Government and Opposition*, 39 (4): 541-63. doi:10.1111/j.1477-7053.2004.00135.x.

Mudde, Cas & Cristóbal Rovira Kaltwasser. 2017. *Populism: A Very Short Introduction*. New York: Oxford University Press.

O'Neil, Luke. 2019. »›I'm inevitable‹: Trump campaign ad shows president as Avengers villain Thanos.« *The Guardian*. 11.12.2019. https://www.theguardian.com/us-news/2019/dec/11/trump-thanos-ad-marvel-video, zuletzt abgerufen am 31.08.2021.

Patakfalvi-Czirják, Ágnes & Emilia Barner. 2020. »›You are a star from 15 million‹ – Popular culture and the politization of national identity.« Paperpräsentation, *Back to the Future? European Progressions and Retrogressions* ESA 2020 conference 28.-30.10.2020: 28.10.2020.

Penke, Niels & Matthias Schaffrick. 2018. *Populäre Kulturen*. Hamburg: Junius.

Reynolds, Simon. 2016. »Is politics the new glam rock?« *The Guardian*, 15.10.2016. https://www.theguardian.com/books/2016/oct/14/politics-new-glam-rock-power-brand-simon-reynolds, zuletzt abgerufen am 31.08.2021.

Rosenfeld, Gavriel. 2019. »An American Führer? Nazi Analogies and the Struggle to Explain Donald Trump.« *Central European History*, 52 (4): 554-87. https://doi-org.proxy-ub.rug.nl/10.1017/S0008938919000840.

Schiller, Melanie. 2019. »The Poppification of Nationalism«. Paperpräsentation, *One Nation Under a Groove*, GfPM-Tagung, Mainz, 1.-3.11.: 2.11.2019.

Soboczynski, Adam. 2017. »Wir werden unsere Nation mit amerikanischen Händen wieder aufbauen.« *Die Zeit* 5/2017, 26.1.2017. https://www.zeit.de/2017/05/donald-trump-politische-kommunikation-rhetorik-sprache, zuletzt abgerufen am 31.08.2021.

Street, John. 2019. »What is Boris Johnson?« In *UK Election Analysis 2019: Media, Voters and the Campaign. Project Report. Poole: Centre for Comparative Politics and Media Research*, herausgegeben von Daniel Jackson et al. http://www.electionanalysis.uk/uk-election-analysis-2019/section-8-personality-politics-and-popular-culture/what-is-boris-johnson/, zuletzt abgerufen am 31.08.2021.

The Week. 2020. »Months after ›Rocky‹ image, Trump posts video of himself as Superman.« 08.2.2020. https://www.theweek.in/news/world/2020/02/08/months-after-rocky-image-trump-posts-video-of-himself-as-superman.html, zuletzt abgerufen am 31.08.2021.

Zeit Online. 2020. »Donald Trumps Wahlkampfteam plant neue Massenver-
anstaltungen.« 11.6.2020. https://www.zeit.de/politik/ausland/2020-06/t
rump-wahlkampf-juni-coronavirus, zuletzt abgerufen am 31.08.2021.

Die Heimat ist die Heimat, aber wem gilt die Liebe?[1]
Über einige Motive des Heimatverhältnisses bei Andreas Gabalier, Freiwild und Rammstein

Jens Balzer

»Des is dahoam des is dahoam/Ja do nur do bin I dahoam/I mag die musi und den kaiserschmarren/Ja, da nur da bin I dahoam«. So heißt es bei einem der erfolgreichsten deutschsprachigen Rockmusiker der letzten Jahre in einem seiner beliebtesten Songs; auf Hochdeutsch lauten die Zeilen in etwa: Das ist daheim, das ist daheim, ich mag die Musik und den Kaiserschmarren, ja nur da bin ich daheim. Das Lied heißt »Dahoam« und wurde von Andreas Gabalier komponiert. Von seinen bisher sechs Alben hat der österreichische »Volks-Rock'n'Roller« Millionen von Exemplaren verkauft, und vor dem Corona-Lockdown füllte er bei seinen Konzerten die ganz großen Hallen und Freiluftarenen. Nicht nur in seiner Heimat, der Steiermark, sondern in ganz Österreich und in ganz Deutschland. Wenn er in München auftrat, war das Olympiastadion voll. Und in Berlin spielte er stets mehrmals nacheinander in der Waldbühne; auch diese war dann immer bis auf den letzten Platz ausverkauft.

Heimat gehört zu den großen politischen Themen der letzten Jahre; dass die rechten Populisten dieses zurück auf die Agenda gebracht haben, zeitigt zweifellos wesentlichen Anteil an ihrem Erfolg. Alle anderen Parteien hätten die Heimat vernachlässigt, ist ihre Behauptung; außer ihnen selbst besäße niemand mehr ein Gefühl für die wahren Bedürfnisse der einfachen, anständigen, normalen, ehrlich arbeitenden Menschen. Diese lieben ihre Heimat, ihre Herkunft und ihre kulturellen Traditionen, und weil es den »urbanen

1 Danke für Diskussionen, Anregungen und Hinweise an: Martin Zeyn, Rabea Weihser, Hannes Rossacher, Kathy Meßmer und Bodo Mrozek.

Eliten« an Heimatliebe mangelt, laufen ihnen die Wählerinnen und Wähler in Scharen davon: So lautet etwa das Credo von Alexander Gauland, bis 2019 einer der beiden Bundessprecher der AfD. Diese These hat er in diversen Parteitagsreden immer wieder variiert und auch in Besinnungsaufsätzen zum Beispiel in der FAZ oder in dem neurechten Diskursorgan »Sezession« (Gauland 2019). Die heimatliebenden Menschen, so Gauland, bilden eine »schweigende Mehrheit«, die lange Zeit keine Stimme mehr hatte. Und jetzt eine findet.

Das erste Album von Andreas Gabalier ist im Jahr 2009 erschienen; er hat mit seinem Volks-Rock'n'Roll schon die großen Arenen gefüllt, als es die AfD noch gar nicht gab beziehungsweise auch lange vor deren Verwandlung von einer neoliberalen Wirtschaftspartei in ihre aktuelle Gestalt. Nun hat der rechte Populismus in Österreich eine ältere Tradition, man denke an Jörg Haider und die Erfolge der FPÖ seit den neunziger Jahren. Aber das erklärt noch nicht die ungeheuren Erfolge von Gabalier auch in Deutschland. Durch diese kann tatsächlich der Eindruck entstehen, dass er früh schon eine Stimmung oder ein kulturelles Bedürfnis getroffen hat, das dann erst ein paar Jahre später bei der AfD zu einem politischen Ausdruck gelangte. Denn ob Gauland damit Recht hat oder nicht, dass die »schweigende Mehrheit« sich in ihrer Heimatliebe vernachlässigt fühlt – mit der Wiederentdeckung des Heimatbegriffs haben die politischen Strategen der AfD die politische Debatte der letzten Jahre deutlich bestimmt. Plötzlich haben alle möglichen Leute ihr Interesse an der Heimat wiederentdeckt. Sogar die Grünen wollten zuletzt eine Debatte darüber anfangen, was Heimat für uns heute bedeutet. Und Horst Seehofer hat sich nach der letzten Bundestagswahl gleich ein eigenes Heimatministerium zugelegt.

Bei Gabalier jedenfalls ist Heimat stets ein durchgehendes Thema gewesen. Eigentlich singt er über fast nichts anderes als darüber, wie schön es »dahoam« ist. »Da komm' ich her« heißt gleich sein erstes Album aus dem Jahr 2009. Ein Stück auf seiner »Volks-Rock'n'Roller«-LP aus dem Jahr 2011 trägt den Titel »Vergiss die Heimat nicht«. Und auf seinem bislang letzten Album »Vergiss mein nicht« aus dem Jahr 2018 hat er seine Heimatliebe in dem Stück »Kleine heile steile Welt« noch einmal zusammengefasst:

»Ich glaube an mein Land und an die ewige Liebe/nichts ist mehr Heimat als ein Schnitzel aus der Pfanne/Ich glaub an Leute, die sich geben, wie sie sind/in einem christlichen Land hängt ein Kreuz an der Wand/Vaterunser beten, Holzscheitelknien.« (Letzteres ist eine in den guten alten Zeiten verbreitete Züchtigungsmethode für österreichische Schüler, bei der diese gezwungen wurden, für längere Zeit auf der scharfen Kante eines Holzscheits zu knien.)

Bei seinen Konzerten trägt Gabalier rustikale kurze krachlederne Hosen, aber auch eine scharf rasierte und gegelte Tollenfrisur nach Rockabilly-Manier: Luis Trenker trifft Bill Haley. So wird Volkstümlichkeit, das Lob der Heimat und Herkunft, mit scheinbar moderneren Einflüssen gekreuzt – wobei »modern« in diesem Fall natürlich relativ ist; denn auch der Rockabilly kommt ja aus den fünfziger Jahren des letzten Jahrhunderts. Insofern könnte man sagen, dass sich hier zwei Arten von Nostalgie treffen: Die eine gilt der Rockmusik aus der guten alten Zeit, wie sie sonst nur noch im Oldie-Radio läuft; die andere richtet sich auf idyllische Berglandschaften, in denen man ein übersichtliches, patriarchalisches Leben führt. In den Videos von Gabalier gibt es fast immer bukolische Alpenpanoramen zu sehen und Menschen in Jankern und Dirndln, und genauso sind die Leute in seinen Konzerten auch kostümiert. Nicht nur Gabalier pflegt sich anzuziehen, als ob er gerade von der Alm heruntergestiegen ist. Auch sein Publikum kommt in krachledernen Hosen und Dirndln; egal, ob er in Wien oder in München auftritt oder in Berlin oder Hamburg oder sonstwo in Deutschland.

Vielleicht könnte man diese Kostümierung als »ethnic drag« titulieren: Diesen Begriff hat die Kulturhistorikerin Katrin Sieg 2002 in ihrer gleichnamigen Studie geprägt (vgl. Sieg 2003). Darin behandelt sie unterschiedliche Phänomene aus der westdeutschen Nachkriegsgeschichte, in der ganz normale Bürger sich immer wieder als Angehörige anderer Ethnien, Stämme, kultureller Minderheiten verkleidet haben – wobei es sich stets um Ethnien handelte, die etwas besaßen, was der sich kostümierende normale Bürger vermisste. Katrin Siegs prominentestes Beispiel kommt aus dem Theater, und zwar aus den erfolgreichsten Inszenierungen im Westdeutschland der ersten Nachkriegsjahrzehnte. Das waren nicht etwa Goethe, Schiller oder Brecht – sondern die Karl-May-Spiele in Bad Segeberg.

In diesem Ort etwas nördlich von Hamburg werden seit Anfang der Fünfzigerjahre bis heute in jährlichen Freiluft-Theater-Aufführungen die Winnetou- und Old-Shatterhand-Romane von Karl May nachgespielt: »Der Schatz im Silbersee«, »Winnetou I – III«, »Unter Geiern« und so fort. Dabei verkleiden sich nicht nur die Schauspieler und Schauspielerinnen als Cowboys und Indianer. Während der Sommersaison beteiligen sämtliche Dorfbewohner sich als Komparsen, und das Publikum kommt zu großen Teilen auch in den entsprechenden Looks. Dieser Western-Stil liegt scheinbar weiter weg von den heimischen Kulturtraditionen als die Krachleder- und

Dirndl-Kostümierungen von Andreas Gabalier. Aber in Wahrheit gibt es natürlich nichts Deutscheres als Karl May.

Katrin Sieg deutet »ethnic drag« als Strategie der Übertragung und Projektion; immer geht es darum, eine empfundene Unzulänglichkeit der eigenen kulturellen Disposition zu überwinden oder gar ein kulturelles Trauma. Wer sich im Westdeutschland der ersten Nachkriegsjahrzehnte im Sinne Karl Mays als Indianer verkleidet, der schlüpft in die Rolle eines Volkes, das authentisch und naturverbunden und von allen entfremdenden Tendenzen der modernen Zivilisation noch völlig unbeeinflusst ist. Darin drückt sich erstens das generelle Unbehagen der »normalen«, heimatverbundenen Menschen mit den Zumutungen der Nachkriegsmoderne aus. Zweitens erscheinen die Indianer als ethnische Gemeinschaft, die von einem Genozid bedroht ist. So wollen die Deutschen, die selbst gerade erst einen Genozid vollzogen haben, im »ethnic drag« gewissermaßen aus der Rolle der Täter in jene der Opfer hinüberwechseln. Wobei – drittens – die guten Cowboys und »Westmänner« bei Karl May ja immer Deutsche im Ausland sind, die hier nun als strahlende Helden den bedrängten Indianern beistehen. Eine Win-Win-Situation: Man befindet sich, egal in welche Kostüme man schlüpft, auf der richtigen Seite der Geschichte und kann sich von der eigenen historischen Verantwortung exkulpieren.

Auch bei der Selbstinszenierung der Gabalier-Fans haben wir es mit einer Übertragung zu tun. Die Kostüme, in welche die Menschen hier schlüpfen, gehören zwar im weitesten Sinne zu ihrem eigenen Kulturkreis. Doch gibt es einen wesentlichen Unterschied zu dem, was ihren Alltag charakterisiert: Es handelt sich um Kostüme aus einer Kultur, die – wenigstens in der Fantasie – in idyllischen, entlegenen Bergtälern beheimatet ist, auf naturbelassenen Almen oberhalb und jenseits der entfremdeten Zivilisation; in überschaubaren Zusammenhängen, in denen noch die Riten und Bräuche aus früheren Jahrhunderten gepflegt werden.

Der ideologische Kern des »ethnic drag«, den die Gabalier-Fans pflegen, ist also seine Anti-Modernität. Er scheint einer Welt zu entspringen, an der die modernen Zeitläufte vorübergegangen sind; aus einer Welt, die unverändert und unschuldig ist, und vor allem: nicht urban, sondern in einem positiven Sinne ländlich, abgeschieden und provinziell. Insofern wiederholt sein Erfolg den Boom der Heimatfilme, von denen das westdeutsche Nachkriegskino geprägt gewesen ist, etwa mit »Schwarzwaldmädel« oder »Der Förster vom Silberwald«. Letzterer ist mit 28 Millionen Zuschauern seit seiner Premiere 1954 bis heute der erfolgreichste deutschsprachige Film, und auch dieser spielte schon – Gabalier lässt grüßen – in den steirischen Bergen.

Die Heimatfilme der Nachkriegszeit – darauf hat der Filmhistoriker Willi Höfig in seinem Standardwerk »Der deutsche Heimatfilm 1947 – 1960« hingewiesen (vgl. Höfig 1973) – sind gerade auch deswegen so erfolgreich gewesen, weil sie in Landschaften spielten, die vom Zweiten Weltkrieg und von der Urbanisierung weitgehend verschont geblieben sind, und das waren eben vor allem Hochgebirgswelten: Niederbayern und das Alpenvorland, das Salzburger Land und das Salzkammergut, der Bodensee und der Schwarzwald. Hier konnte man die Idyllen scheinbar naturbelassener kultureller Gemeinschaften besichtigen; die Konflikte in diesen Filmen wurden stets durch Städter in die ländliche Idylle hineingetragen – und am Ende verlässlich dergestalt gelöst, dass die Städter erkannten, dass ein wahrhaft authentisches, glückliches Leben nur auf dem Land möglich sei.

Die Fantasie, die sich damit verbindet, ist also: Man kann in eine Welt zurückkehren, in der sich seit Jahrzehnten und Jahrhunderten nichts geändert hat, in der die Moderne nicht stattfand und vor allem auch der Zweite Weltkrieg und der Holocaust nicht. Die »Heimat« im Heimatfilm ist eine Welt jenseits der Geschichte. Wer sich in diese Art von phantasmatischer Heimat hineinversetzt, dem geht es also gar nicht darum, zu etwas »Eigenem« zurückzufinden. Sondern vielmehr darum, sich in einen Zustand hineinzuversetzen, in dem das »Eigene« mit all seinen negativen Seiten, seinen Traumata keine Rolle spielt. Es ist ein bereinigtes Eigenes, eine bereinigte Tradition, ein ahistorisches Idyll.

Womit wir dann wieder bei Andreas Gabalier sind: Denn sein ungeheurer Erfolg gerade auch bei einem Publikum, das mit der kulturellen Tradition irgendwelcher steirischer Bergbauernstämme ja in Wahrheit überhaupt gar nichts zu tun hat, gründet vor allem darin, dass er als Projektionsfläche für den Wunsch taugt, nicht in der Gegenwart und nicht in der realen Geschichte leben zu müssen. Sondern in einer Welt, die mit alldem nichts zu tun hat, in einem ländlichen Idyll außerhalb unserer Zeit. Das heißt also: Der Reiz für die Leute, die sich für seine Konzerte in den österreichischen »ethnic drag« kleiden, liegt weniger darin, zur eigenen Heimat, zu einer eigenen kulturellen Tradition zurückzufinden. Sondern darin, sich in eine kulturelle Tradition hineinzuversetzen, die anders als die eigene überhaupt noch etwas »Eigenes« besitzt. Man schlüpft in die Kostüme einer Heimat, die man selbst gar nicht besitzt, aber gern besitzen würde.

Das passt wiederum gut zu den Ideologemen der neuen Rechtspopulisten. Bei denen geht es ja nicht nur darum, dass man die eigene Heimat gegen all das verteidigen soll, was von außen dort hineindringen will. Sondern auch um den überfälligen Aufstand der Provinz gegen die urbanen Zentren – das Land gegen die Stadt, die authentisch gebliebenen Bewohner von Dörfern und kleinen Städten gegen die entfremdeten urbanen Menschen. Ein wesentlicher Grund für die aktuelle Misere der Politik – so heißt es wiederum bei Alexander Gauland – liegt in dem Umstand, dass die politische und kulturelle Macht in den Händen entwurzelter »kosmopolitischer« Eliten liegt, die für die Bedürfnisse der normalen Bürger kein Verständnis mehr aufbringen können.

Gauland bezieht sich dabei auf den britischen Soziologen David Goodhart, der die Bevölkerung in »somewheres« und »anywheres« unterteilt (Goodhart 2017). Die einen sind überall und nirgendwo zuhause – das sind die »anywheres«, oder eben: die »kosmopolitischen Eliten« –; und deswegen haben sie auch für die Bewahrung regionaler Traditionen und Identitäten keinen Sinn. Hingegen sind die »somewheres« all jene, die an einem bestimmten Ort leben, den sie nicht verlassen möchten; und die sich die Bewegungsfreiheit der »anywheres«, selbst wenn sie es wollten, auch gar nicht leisten können. Die generelle Benachteiligung dieses Teils der Bevölkerung, so David Goodhart, hat wesentlich zum Aufschwung der rechtspopulistischen Parteien beigetragen.

Könnte es also sein, dass das den Erfolg von Andreas Gabalier miterklärt? Dass er Musik für die »somewheres« macht; für die einfachen, heimatverbundenen Menschen, die sich in der Politik und der sonstigen Kultur nicht mehr repräsentiert fühlen? Dazu passt jedenfalls ein weiterer Song, der sich in seinem Repertoire findet. Er heißt »A Meinung haben«, und seine zentralen Zeilen lauten: »Wie kann das sein/dass ein paar Leute glauben zu wissen/was ein Land so will/ist das der Sinn einer Demokratie/dass einer etwas sagt/und die anderen sind still«.

Will sagen: Wir leben nicht in einer Demokratie, sondern in einer Meinungsdiktatur, die unbequeme Ansichten verhindert. Und wer ist schuld an diesem Zustand? Das sind eben die »linken«, »grünen«, »liberalen«, »kosmopolitischen« oder sonst wie »entwurzelten« Eliten – früher hätte man »vaterlandslose Gesellen« gesagt –, die einem vorschreiben, was man zu sagen und zu denken hat. Darum ist es der eigentliche Ausdruck des Heldentums in dieser Zeit, dass man eine Meinung hat, die sich vom Meinungs-Mainstream unterscheidet; und dass man zu dieser Meinung steht wie ein Bergwanderer, der ganz allein den Gipfel der Wahrheit erklimmt und von dort oben auf die falsche Welt niederblickt. »Eine Meinung haben, dahinter stehen/den Weg vom Anfang zu Ende gehen/wenn es sein muss, ganz alleine dort oben stehen«.

Was uns wiederum zu dem Song einer anderen Band führt, die auch aus den Bergen kommt. In »Gutmenschen und Moralapostel« von der südtiroler Gruppe Freiwild heißt es: »Journalisten, Priester, die einfach immer alles wissen/die nur schreiben, die nur richten, und die Wahrheit finden sie beschissen/sie sind Propheten, glaub ihnen blind, ihr müsst sie lieben/Zweifler, Hinterfrager sollen jetzt Peitschenhiebe kriegen«. Und im Refrain: »Ich scheiß auf Gutmenschen, Moralapostel/selbsternannt, political correct/die Übermenschen des Jahrtausends/ich hasse sie wie die Pest«.

Freiwild sind gröber, maskuliner und aggressiver als Gabalier; volkstümliche und schlagerartige Elemente findet man bei ihnen nicht, eher stammt ihre Musik aus einer Oi-Punk- und Deutschrock-Tradition. Doch stößt man auch bei ihnen auf die für Gabalier typische Kombination aus der Verachtung der kosmopolitischen Mainstream-Meinung – also dem, was den Menschen angeblich von den »Journalisten und Priestern«, von den »Gutmenschen und Moralaposteln« oktroyiert wird – und dem Lob der »wahren Werte«, die sich eben nur in der ländlichen »Heimat« finden. »Wahre Werte« heißt ein Stück von Freiwild aus dem Jahr 2010: »Sprache, Brauchtum und Glaube sind Werte der Heimat«, singt ihr Frontmann Philipp Burger darin, »ohne sie gehen wir unter, stirbt unser kleines Volk«.

Anders als Gabalier, kleiden sich freilich weder Freiwild noch ihre Fans in Trachten. Eher kommen sie in schlichter schwarzer Deutsch-Punk-Arbeitsbekleidung daher, und ihre Anhänger tragen meist T-Shirts mit dem Namen der Gruppe, ihrem Logo – einem Hirschgeweih – und mindestens einem Sinnspruch aus dem Song-Repertoire. Zum Beispiel »Ich scheiß auf Gutmenschen und Moralapostel«, »Euer Hass ist unser Lohn«, »Eure Lügen Euer Hassen Unser Antrieb Weiterzumachen« oder besonders gern auch »Opposition«. So scheinen sie größeren Wert auf ihr Rebellentum zu legen als auf die Pflege heimatlicher Traditionen. Aber beides hängt natürlich miteinander zusammen, auch bei Gabalier ist die ländliche Heimat schließlich der Ort, an dem man in der Wahrheit lebt, jenseits der entfremdeten Urbanität und der vorgefertigten Mainstream-Meinungen. Der Landbewohner ist ein »normaler« Mensch – und als solcher ein Rebell gegen die moderne Welt und jemand, der von den herrschenden Verhältnissen in dieser Welt unterdrückt wird und sich dagegen wehrt. Bei Freiwild tritt diese rebellische Geste noch stärker hervor, weil auch das Gefühl des Unterdrücktwerdens und der

Diskriminierung bei ihnen dominanter ist. Ihre Liebe für Südtirol erklären sie wesentlich aus dem Umstand, dass die deutschsprachigen Südtiroler als Minderheit in einem italienisch beherrschten Staat leben müssen. Umso wichtiger ist darum das Festhalten an den »wahren Werten«.

»Sprache, Brauchtum und Glaube sind Werte der Heimat/ohne sie gehen wir unter, stirbt unser kleines Volk«: Damit können sich nicht nur die Freunde des südtiroler Brauchtums identifizieren, sondern generell jeder, der daran glaubt, dass seine eigene Heimat, seine eigene Kultur von Überfremdung bedroht ist. Da ist der »ethnic drag« gewissermaßen schon inbegriffen, ohne dass sich irgendjemand in irgendein Kostüm kleiden muss. Und darum kommen die Leute zwar nicht in regionaltypischen Trachten zu den Konzerten, aber gerne mit großen Südtirol-Flaggen. So konnte man es etwa bei den Freiwild-Auftritten in Berlin schon erleben, wo man eher nicht erwartet, dass das Publikum eine große Südtirol-Affinität besitzt.

»Südtirol, wir tragen deine Fahne/denn du bist das schönste Land der Welt«:

Wenn tausende von Berlinern und Brandenburgern hier mitsingen und viele von ihnen eifrig auch die dazugehörigen Fahnen schwenken – da fragt man sich allerdings, wie viele von diesen Zuschauern und Zuschauerinnen jemals in Südtirol gewesen sind und was sie mit diesem Landstrich verbindet. Nicht allzu viel, so steht zu vermuten. Aber offenkundig dient die beschworene Region als Platzhalter oder als Symbol für eine Heimat, die in ihrem Bestand bedroht ist. So lässt sich das Hegen von Heimatgefühlen gut mit der Inszenierung als Opfer einer vermeintlichen Unterdrückung verbinden und die aggressive Männlichkeit, die das Auftreten von Freiwild charakterisiert, aus einem gerechten Zorn gegen diese Diskriminierung erklären.

Wer immer diese politischen Einstellungen nicht teilt, wird zu vaterlandslosen Vollidioten erklärt. »Ihr seid dumm, dumm und naiv/wenn ihr denkt, Heimatliebe ist gleich Politik«, heißt es in dem Freiwild-Song »Das Land der Vollidioten«: »Das ist das Land der Vollidioten,/die denken, Heimatliebe ist gleich Staatsverrat«. Freiwild und Andreas Gabalier bedienen ein Bedürfnis nach Heimat, Ländlichkeit, nach einem Gegensatz zu einer modernen Welt, in der manche Menschen überall und nirgends zuhause sind; und in der es andere Menschen gibt, die mit dieser »kosmopolitischen« Entwurzelung nichts anfangen können. Beide machen Musik für die »somewheres«, und sie laden das in unterschiedlicher Weise politisch auf.

Dabei hatte man doch eigentlich immer gedacht, dass Popmusik prinzipiell ein Medium des Internationalismus und des Kosmopolitismus ist, eine

Musik, in der sich die unterschiedlichsten Traditionen unentwegt miteinander verbinden und miteinander vermischen. Kulturelle Hybridität, der ständige Austausch zwischen den Traditionen, war immer ein wichtiger Impuls des Pop; doch beim Blick in die deutschen Hitparaden kann man den Eindruck gewinnen, dass dieser Impuls verloren gegangen ist. Hier tummeln sich ja nicht nur Freiwild und Andreas Gabalier, sondern auch viele andere Bands, die sich mit der Pflege heimischen Traditionsguts befassen – selbst wenn viele von diesen das in ganz unpolitischer Weise betreiben. Zum Beispiel die norddeutschen »Shantyrocker« Santiano – oder die sogenannten Mittelalter-Rock-Bands wie In Extremo und Schandmaul, die bei der Suche nach dem Eigenen noch weiter in die Vergangenheit zurückgehen und dann bei Sackpfeifen und Drehleiern landen.

Und das meistverkaufte Album des Jahres 2019 wurde – erwartbarer Weise – von der Berliner Rockgruppe Rammstein aufgenommen; dessen erste Single-Auskopplung beschäftigt sich in geradezu exemplarischer Weise mit dem hier angesprochenen Themenkomplex. Die Single heißt »Deutschland«, und in dem dazugehörigen Video sieht man zunächst eine Frau mit schwarzer Hautfarbe und güldenem Geschmeide über der Stirn, der von der Band in geselliger Runde der Leib ausgeweidet wird. Man schlabbert in Gedärmen und knurpselt an Knochen, und die jedenfalls oberhalb der Halswirbel noch recht lebendig wirkende Frau blickt wohlwollend lächelnd auf das Spektakel hernieder. Die schwarze Frau ist ein Symbol für die Heimat; sie ist als Personifikation der deutschen Geschichte zu verstehen. Sie tritt im Video in den verschiedensten Variationen der Nationalallegorie Germania auf, mal als wackere Reckin, die im Teutoburger Wald bei der Hermannsschlacht gegen römische Usurpatoren kämpft; mal als sexuell unberührte und entsprechend unschuldige Nonne mit Flügelhaube wie in einem Gemälde von Rogier van der Weyden (ein Hauptstück der Gemäldegalerie in Berlin); oder als wehrloses Opfer einer westdeutschen Terroristengruppe mit dem Rammstein-Sänger Till Lindemann als maschinenbewehrter Dragqueen-Variante von Ulrike Meinhof.

Deutschland, die Heimat, ist eine Frau: Das ist die zentrale Botschaft dieses neunminütigen Kurzfilms. Und diese Frau versetzt Generationen, Epochen und Genealogien, Sippschaften, Stämme und Reiche von Männern in den Zustand einer unauflösbaren erotischen Spannung. Sie alle würden am liebsten nichts anderes tun, als mit Deutschland zu kopulieren; von vorne, von hinten; in jede Öffnung, die sich ihnen so bietet. Doch sind die deutschen Männer dafür sexuell zu verklemmt. Sie haben zu viel Angst vor der Frau, die ihnen mal gewalttätig und gebieterisch, mal unschuldig und unberührbar entgegentritt. Darum müssen sie ihre Energien und ihre Rohheit, ihre Libido und ihre Kraft aufeinander richten im endlosen Kampf Mann gegen Mann: mit Schwertern und Lanzen in den germanischen Wäldern, in den feuchten Katakomben des Mittelalters oder mit schlagringbewehrten Fäusten im Hinterzimmer einer Ganovenkneipe des Franz-Biberkopf-Berlins.

Anders als bei Andreas Gabalier und bei Freiwild, ist bei Rammstein in der Liebe zur Heimat immer auch das gespaltene Verhältnis zu ihr, die Hassliebe, inbegriffen. Das macht ihre Verklammerung in dieses Thema aber nur umso zwanghafter und verklemmter. Vielleicht – so denkt man sich beim Betrachten des »Deutschland«-Videos – könnte es schon helfen, wenn die deutschen Männer mal auf eine andere Frau treffen würden als eben bloß auf Frau Deutschland. Dann könnten sie küssen und kuscheln und sich über das verschmierte Haar streichen lassen oder erfahren, wie schön es ist, wenn jemand ihnen mit feingliedrigen Fingern die blutigen Narben bezärtelt. Aber andere Frauen sind im Video nicht in Sicht, es gibt keine Geliebten und keine Begehrten; es gibt nicht mal Mütter oder wenigstens Huren; es gibt nur maskuline Kriege und Kämpfe, Täter und Opfer, Triumphe und Niederlagen. In dieser sexuell amputierten und darum vor ziellos versprühtem Testosteron nur so stinkenden Welt kann der Mann gar nicht anders, als triebhaft, todessehnsüchtig und wahnsinnig zu werden.

»Ich liebe keine Staaten, ich liebe meine Frau«, hat der westdeutsche Bundespräsident Gustav Heinemann im Jahr 1969 einmal gesagt. Vielleicht lässt sich die Ästhetik von Rammstein im Lichte ihrer jüngsten Entäußerung als Antithese zu Heinemanns Bekenntnis begreifen oder als Einblick in die psychische Verfassung von Männern, die keine Frau finden, die sie zu lieben vermögen. In diesem Fall bleibt ihnen offenbar keine andere Wahl, als ihre Liebe auf ihre Heimat, ihre Nation, ihre Volksgemeinschaft zu wenden, der sie dann ihrerseits die Gestalt einer Frau leihen. An dieser Liebe müssen sie notwendig verzweifeln, weil sie nicht erwidert wird – welche Nation liebt schon ihre Untertanen? – und weil sich in der deutschen Geschichte so viel Scheußliches findet, das sie wenig liebenswert macht. »Deutschland, mein Herz in Flammen,/will dich lieben und verdammen«, heißt es im Song, und später: »Deutschland, deine Liebe ist Fluch und Segen,/Deutschland, meine Liebe kann ich dir nicht geben«. Dazu lassen sich einige Mitglieder von Rammstein in KZ-Uniformen sehen. Sie sollen in eher KZ-untypischer Weise an Galgen gehenkt werden, während ein anderes Mitglied der Band in der Uniform eines SS-Kommandanten die Exekution beaufsichtigt. In einer späteren Szene sind die Häftlinge zu Gewehren gekommen und erschießen ihren Aufseher, also mithin: sich selbst.

So werden hier Täterschaft und Opferschaft, Mitleidlosigkeit und Empathie, zynisch ausgekostete Kälte und momenthafte Demut, das Spiel mit Zitaten faschistischer und antifaschistischer Haltung so lange und konsequent ineinandergeblendet, bis sich beim Betrachten nichts anderes einstellt als ein schwirrender Kopf. Man hat mancherorts versucht, die dieser ästhetischen Strategie zugrundeliegende Haltung als Ironie zu bezeichnen. Freilich beinhaltet der Begriff der Ironie auch die Fähigkeit zur geistigen Lockerung und Reflexion; beides lässt sich bei Rammstein eher nicht finden. Stattdessen bieten sie ein getreues Abbild einer Gesellschaft, die im Kampf aller gegen alle immer weiter zerfasert und die sich gleichzeitig nach einer überindividuellen Kollektividentität sehnt, die diese Kämpfe zumindest zu rahmen und ihnen einen Sinn zu geben versteht. Insofern ist ihre Inszenierung komplexer und wahrer als jene von Freiwild und Gabalier. Sie bringt die gesellschaftliche Zerrissenheit zur Erscheinung, aus der die phantasmatischen Wünsche nach Heilung im Homogenen, in Heimat, Herkunft und Tradition erst entspringen.

Freilich könnte man auch zu der Erkenntnis gelangen, dass ein glückliches und erfülltes Leben unbedingt möglich ist ohne die unentwegte Spiegelung des Ichs in einer wie auch immer popkulturell aufgeplusterten Liebe oder Hassliebe zur Heimat. Man kann leben, ohne Deutschland zu lieben oder an Deutschland zu leiden; man kann ganz ohne Deutschland leben, und zwar gut. Man kann ein Bewusstsein für Geschichte besitzen, ohne diese in die Schematik von Nationalgeschichten pressen zu müssen. Man kann sich aus all diesen Prägungen und Panzern befreien, auch wenn dies in der Welt von Rammstein – und von Andreas Gabalier, Freiwild und ihren unzähligen Fans – keine Perspektive zu sein scheint. Doch versteht man das Wort richtig, so entbirgt sich erst in einem von der Liebe zur Heimat, zur Nation und zu allen anderen Arten der kollektiven Identität befreiten Verhältnis zu sich selbst und zu den Menschen um einen herum die Möglichkeit zur Liebe als solcher, in ihrer einzig wahrhaftigen, nicht entfremdeten Form.

Literaturverzeichnis

Gauland, Alexander. 2019. »Populismus und Demokratie.« *Sezession* Nr. 88, Februar 2019: 14-20.

Goodhart, David. 2017. *The Road to Somewhere. The Populist Revolt and the Future of Politics*. London: Hurst & Company.

Höfig, Willi. 1973. *Der deutsche Heimatfilm 1947–1960*. Stuttgart: Ferdinand Enke Verlag.

Hornuff, Daniel. 2019. »Kann dich lieben, will dich hassen.« *Die Zeit*, 28. 03.2019. https://www.zeit.de/kultur/musik/2019-03/rammstein-video-deutschland-holocaust, zuletzt abgerufen am 18.10.2020.

Sieg, Katrin. 2002. *Ethnic drag. Performing race, nation, sexuality in West Germany*. Ann Arbor: University of Michigan Press.

Unter Druck[1]
Kommunikationen, Medien und Kulturen als Seismographen gesellschaftlicher Transformationen

Christoph Jacke

Einleitung

> »Die Populisten sind nicht das Problem der repräsentativen Demokratie. Sie zeigen nur an, dass sie eines hat.«
> *(Manow 2020, 22-23)*

Das Bahn-Erlebnis 1: Seit den frühen nuller und zehner Jahren fällt mir als Vielpendler vor allem im Nahverkehr immer deutlicher und häufiger auf, dass die Leute zunehmend von den Bahnsteigen aus hinein in die Züge drängeln, ohne die Aussteigewilligen überhaupt erst einmal herauszulassen.

Die Welt ist übersichtlich und unübersichtlich geworden – erst recht seitdem Computer-, Internettechnologien, Digitalisierung, Globalisierung und nunmehr seit 2020 die weltweite Pandemie unsere kompletten Leben durchziehen und fulminant umwälzen; permanente glokale Transformationen. Diese Erkenntnis scheint trivial. Ist sie aber nicht. Sie ist fundamental und muss zuallererst einmal verstanden und dann vollzogen werden. Dinge werden sichtbarer und unsichtbarer. Erreichbarkeiten werden kommunikativ in ihren Er-

---

[1] Dieser Beitrag ist eine erweiterte und veränderte Überarbeitung meines Essays (Jacke 2021) für die Festschrift für meinen geschätzten Kollegen Rainer Winter. Ich danke den Herausgebenden Matthias Wieser und Elena Pilipets ausdrücklich für die Freigabe des originalen Textes.

möglichungen vervielfältigt und verbessert. Gleichzeitig frage ich mich oft, ob ich mein Gegenüber kognitiv noch erreiche. Die Möglichkeiten der Verständigung haben sich vervielfacht und sind immer einfacher und schneller geworden. Aber verstehen wir uns selbst und andere tatsächlich? Ist das Liebesgeständnis per Whatsapp-Nachricht nachhaltig? Höre ich das neue Pop-Album intensiv und oft oder flüchtig oder nebenbei oder habe ich es nur verfügbar?

Kommunikationen, Medien und Kulturen scheinen nicht nur in Pop im Sinne von Popmusikkulturen auf der einen Seite immer vernetzter, fließender und identifizierbarer geworden zu sein. Auf der anderen Seite überfordern wir uns mit dem ständigen Wahrnehmen und Organisieren dieser. Genau genommen haben selbst Forschende zu Medien-, Kommunikations-, Kultur- und insbesondere Popmusikkulturen meiner oder älterer Generationen selten professionell und in Anwendungen geschulte adäquate Umgänge mit diesen und kritische Reflexionen dieser gelernt. D.I.Y. ist hier angeraten gewesen, mit all seinen Vor- und Nachteilen. Das alles freilich ist nichts Neues. Und doch erscheint mir ein destabilisierender und problematisierender Zwischenstopp im Sinne Stuart Halls (2018, 56) an dieser Stelle geeignet, um nach einigen Jahrzehnten fundierter popmusikkultureller Praktiken von Management über Journalismus bis hin zur Wissenschaft und ihrem Theoretisieren, Empirisieren und Historisieren durchzuatmen, inne zu halten, bei sich zu sein und dennoch wieder einmal raus, auf und rein zu schauen, zu horchen und zu spüren in diese faszinierenden verwobenen, dynamischen und fluiden gesellschaftlichen Bereiche und sich zudem wieder einmal bewusst zu sein, dass aus je eigenen Erfahrungen mit Kommunikationen, Medien und Kulturen heraus in diese geschaut wird, eine Beobachtung, die trivialer nicht klingen, aber komplexer und voraussetzungsvoller nicht sein kann und die sowohl in den großen politischen als auch den popmusikkulturellen sowie den kleinen beruflichen oder privaten Konflikten und Eskalationen den Blick, das Gehör und das Gefühl enorm schärft. Im Bewusstsein darum beginnt erst die kritische Auseinandersetzung damit.

Kommunikationen

Das Bahn-Erlebnis 2: Ein Schutzmasken-Verweigerer steigt protestierend aus dem ICE aus und wird dabei von einigen Fahrgästen mit anerkennendem Applaus begleitet.

Gibt es eigentlich eine Mitte der Kommunikation? Jedenfalls sollte das Individuum sich niemals in diese begeben, so verlockend Begriffe der Vermittlung oder des Kommunizierens sind. Vermittlungen finden zumeist eben gerade nicht ›in der Mitte‹ und zwischen auf Macht bezogenen egalitären Parteien statt. Kommunikation als wechselseitige Aktualisierung von Sinn zu begreifen, erleichtert es, Kommunikationsprobleme und Kommunikationsarten (z. B. Kommunikationsinstrumente, Kommunikationsangebote und Kommunikationserfolge) besser zu verstehen und wie sich diese Kommunikationen in den letzten Jahrzehnten und angesichts der gesellschaftlichen und hier vor allem technologischen Veränderungen, besser gesagt als einer der Motoren – neben Medien und Kulturen – der grundlegenden Transformationen unserer Welten entwickelt haben. Das Netzwerk Gesellschaft beginnt auf Ebenen der Kommunikationen zu transformieren. Denn auf allen Ebenen von Kommunikation zwischen Formen und Inhalten und somit vor allem in den kommunikativen Praktiken sind diese Aspekte untrennbar und immer miteinander verbunden und haben sich diese Aspekte fundamental geändert. Zeitgleich haben sich oftmals die kommunikativen Kompetenzen der Einzelnen und Gruppen, um es diplomatisch zu formulieren, anscheinend nicht mitentwickelt. In Gesellschaften derart ausdifferenzierter Kommunikationen scheint häufig bestenfalls ein »learning by doing«, häufig gar kein institutionalisiertes oder zumindest reflektiertes Lernen auf diesen Ebenen stattzufinden, was sich dann an so unterschiedlichen Phänomenen wie *Hate Speech* im Netz oder nur marginaler Beachtung kommunikativer, sozialer oder emotionaler Fähigkeiten in Bewerbungsverfahren nicht nur an Universitäten zeigt. Missverständnisse oder gar keine Verständnisse sind an der Tagesordnung, Kommunikation im oben beschriebenen Sinn läuft eventuell ab, gelingen tut sie immer wieder nicht. Auch das ist keine neue Erkenntnis, aber auch hier haben Vielfalt, Möglichkeiten, Geschwindigkeiten und Unüberprüfbarkeiten nicht eben gerade zur Klarheit und zum Vertrauen beigetragen. Das Gewimmel und die Taktung der Kommunikationsangebote ist einerseits hoch geordnet, systematisch und kalkuliert bis hinein in Algorithmen und Künstliche

Intelligenz. Alles scheint geplant. Hier trifft offenbar zu, was schon lange für die Werbekommunikation gilt: Bedürfnisse sollen erzeugt werden, von denen wir gar nicht wussten, dass wir sie hatten. Anschlusskommunikationen sind leichter denn je; und schwieriger. Die technische Ermöglichung, Angebote anzubieten ist immens verbessert worden, solange es Strom, Netz und Speicherplatz in Hirn, Rechner und Cloud gibt. Aber der Anschluss an den Anschluss, die Folge aus diesen Kommunikationen ist unvorhersehbar wie eh und je. Sowohl Werbe- als auch Popmusikkulturkommunikationen haben das begriffen, weswegen das Umschalten vom Erzeugen im wahrsten Sinn des Wortes offensichtlicher Kaufbereitschaft zu unbekümmerter Datenbereitstellungsbereitschaft derart gut und unheimlich funktioniert. Hier verschieben sich mit den Kommunikationsformen und -inhalten ganze gesellschaftliche Bereiche wie z.B. die der Musik- und Medienindustrien. In privateren Formen von Kommunikation haben sich die Kommunikationen offenbar ebenfalls verändert: Die Wege sind vervielfacht, die Geduld dementsprechend verkürzt und die Herangehensweisen im Wandel. Und auch hier gilt es, genauer hinzuschauen und zu hören: Früher war weder alles kommunikativ besser noch schlechter, es war einfacher, weil geregelter, und selbst vermeintlich ungeregelte Bereiche waren oftmals organisiert und von Gesellschaft toleriert als kommunikative Freiräume. Und schwieriger, weil viele Formate zunächst kostenaufwendig oder technisch nicht leicht zu handhaben waren. Kultürlich, ich werde darauf zurückkommen, trat Pop im subversiven Sinn als »niedrigschwellige« Erneuerung und Störung an, wurden neue Formate und Inhalte für Kommunikation, also Angebote und Anlässe geschaffen, wie z.B. Themen, Ereignisse, Räume und Medien. Aber auch dort hielten Regelungen der Kommunikationen schnell Einzug, waren sie gewissermaßen vorausgesetzt, ob als Hierarchien, Machtverhältnisse, zwangloser Zwang, unausgesprochene Gesetze oder eben auch Selbstermächtigungen nicht nur von Fans. Im großen Land des Ausprobierens konnte eben jeweils auch nur ausprobiert werden, was möglich war. (Vgl. Jacke 2009) Es soll freilich nicht vergessen werden, dass mal am Rande, mal jenseits dieser Labore sehr wohl ernsthafte und alles andere als vergnüglich-subversive Versuche entstanden und entstehen, kommunikative und gesellschaftliche Zusammenhänge zu zerstören, paradoxerweise auch wieder über Kommunikationen und Anschlüsse zu Ausschlüssen, die wiederum einschließen, wie etwa Populismen, Fundamentalismen oder Terrorismen (vgl. Jacke 2017).

Im Kommunikationsgewimmel transformationsintensiver und dementsprechend nervöser Zeiten sollte ein professionelles Kommunikationsmanagement im Sinne von Einschätzen, und das heißt übrigens m.E. auch zwingend emotional intelligent, empathisch und emphatisch, Organisieren und Anwenden viel stärker gelehrt und gelernt werden. Denn längst haben die Möglichkeiten Druckwellen erzeugt, die kaum noch zu bewältigen sind, einerlei, in welcher Generation oder mit welchen Medienerfahrungen. Im Chaos der Hyper-Kommunikationen, also der in ihren Ursprüngen kaum noch erfass- und verortbaren, schnellen, ständig weiterlaufenden und dann auch noch vernetzten bzw. verlinkten Kommunikationsangebote verwundert es nicht, wenn mittlerweile für Schulen und Hochschulen und generell im Berufsleben neben Supervisionen auch Meditationen als ständige Begleitungen gefordert und noch viel zu selten eingerichtet und etabliert werden. Sowohl Psycho- als auch Physiotherapeuten können die Folgen der mobilen Hyper-Kommunikationen bereits spüren, nur mit abarbeiten. Hilfreicher für die Einzelnen oder die Gruppe ist ein frühzeitiges Reflektieren, ob nun als jeweiliger *Immigrant* oder *Native*. Hierarchien und Machtverhältnisse sind Kommunikationen und ihren Akteur*innen inhärent und können nicht ignoriert werden, so gut auch immer sie maskiert sind. Radikalität erscheint im Hinblick auf die Unbedingheit einer schnellen Berücksichtigung solcher Überlegungen angebracht, um einem sorglosen »Weiter so« eine Reflexions- und Kritikfähigkeit zumindest an die Seite zu stellen – bei aller Sympathie für Unfähigkeiten. Hyper-Kommunikativität sollte fortan als Modus popmusikkultureller sowie vor allem gesellschaftlicher Analyse noch viel stärker berücksichtigt werden.

Medien

Das Bahn-Erlebnis 3: Eine große Gruppe in Fußballtrikots gekleideter, nach Mittelschicht ausschauender Reisender trinkt Bier im Zug auf dem Weg zum Bundesligaspiel und beschwert sich über die Überfülle im Waggon in Zeiten der Pandemie. Es fielen Begriffe wie »alles Idioten da oben«, »Deutschland war mal Spitze in der Welt« und »wir in Deutschland sind abgehängt, Entwicklungsland und nur noch Dritte Welt«.

Die Transformationen von Kommunikationen werden stark verursacht durch Transformationen von Medien im weiten Sinn. Ob nun als Zusammenhang aus Zeichensystemen, Organisationen, Technologien und Angeboten oder noch weiter gefasst: Medien in allen Dimensionen haben einen enormen Einfluss auf kommunikative Transformationen und werden durch diese wiederum selbst transformiert. Bekanntlich sind viele neue Medientechnologien auch nicht durchgesetzt worden oder sogar wieder verschwunden, mal, weil sie nicht organisierbar waren, mal, weil sie nicht finanzierbar für Jedermannfraudivers waren und mal, weil sie in den Anwendungen nicht funktioniert haben. Um nicht missverstanden zu werden: »Die Medien«, egal auf welcher Dimensionsebene, sind an gar nichts »Schuld«. Aber sie formen und prägen individuelle und soziale Kommunikationen, je stärker kultürlich, desto vermehrter sie über Medien im oben genannten Sinn erfolgen. Medialisierung oder – noch umfassender und direktionaler – Mediatisierung sind längst eigene Phänomene bestimmter Transformationen von Gesellschaft. Auf allen Ebenen eines derartigen Medienbegriffs können diese auch wieder frühzeitig in popmusikkulturellen Texten und Kontexten beobachtet werden, einem Bereich der im weiten Sinn außer-medialisiert kaum denkbar ist. Denn selbst die abgeschottete Kellerband wird medial beeinflusst musizieren. Die Unterscheidung von Medienwirklichkeiten und Wirklichkeiten scheint immer weniger praktizierbar, wenn sie auch konstruktivistisch gewendet weiterhin große Potenziale für Kritik ermöglicht. Der Begriff der Wahrheit, der jüngst wieder in Konjunktur kommt, ist freilich, dass sei nur peripher angemerkt, ein anderer. Und das hat Konsequenzen.

In seinem Essay fasste der Filmkritiker Georg Seeßlen (2021) jüngst die Spezifika eines neuen, schnellen Mediums am Beispiel Instagram und dessen Bedeutung für Geschichtskonstruktionen pointiert zusammen: Niedrigschwelligkeit, Erreichbarkeit (auch bis dato Uninteressierter), Mittel zwischen Kommerz und Populismus, Neujustierung von Konvention, Ritual und oftmals damit einhergehender Entleerung, Vereinfachung und damit Loslösung von Gefahren der Ikonografie und des opulenten *Make-believe*, neuen Grammatiken zwischen Distanz und Nähe, Autoritätsverlust und Teilhabe sowie neue Formen der ästhetischen Vermittlung lassen sich positiv hervorheben. Eher problematisch stehen laut Seeßlen demgegenüber: »Instagramisierung des Transportierten« (Seeßlen 2021, 17), Verlust von Identifikationen und Verortungen, negative Gamification, Entpolitisierung. Es bleiben auch hier Bildung und Medienkompetenz als Qualifikationen für die vor- und gegen die Nachteile dieses Mediums.

Letztlich lassen sich historisch und systematisch in den Popmusikkulturen besonders gut und früh seismographisch etwa Ver-/Entnetzungen und Ver-/Entgemeinschaftungen ebenso wie Individualisierungen und Monadisierungen beobachten wie dies später häufig auch für andere gesellschaftliche Bereiche gilt. Da Popmusikkulturen sozusagen quer zu anderen Bereichen liegen, sind sie ähnlich wie Medienkulturen gelagert, überschneiden sich mit diesen und sind immer wieder sehr anschlussfähig – und sei es durch vermeintlichen Ausschluss. Popmusikkulturen sind die Unterhaltung der Kommunikation. Unterhaltung heißt hier Anschluss, im Idealfall mit Vergnügen. Unterhaltung heißt auch in den Medien nicht zwingend Trivialität oder Leichtigkeit, sondern leichte Zugänglichkeit bei gleichzeitiger Komplexität, wenn nur genau genug hingeschaut wird bzw. werden möchte. Diese Zugänglichkeit wurde u.a. durch mediale Transformationen geschaffen wie etwa mediale Räume und Orte oder mediale Technologien der Transportabilität und Mobilität. Zudem haben Popmusikkulturen frühzeitig und umfassend die Bedeutung von Medien erkannt, sich diese, soweit es ging und im Sinne der Cultural Studies emanzipatorisch angeeignet und auch mit ihnen gespielt, wenn sie etwa den vermeintlichen Ausstieg oder die Verweigerung gegenüber Medien praktiziert und auch inszeniert haben – über Medien. Ähnlich wie im analytischen Hinblick auf Kommunikationen sind auch Medien nicht hoch genug einzuschätzen in ihrer fundamentalen Motorik für gesellschaftliche Transformationen. In der scheinbaren Schlichtheit solcher Beobachtungen liegt oftmals ein »Trick« kommunikativer und medialer Invisibilisierungen, auch das haben wir aus Pop gelernt, nur dass er dort erwartbarer und vergnüglicher, gerne glamourös, augenzwinkernd und übertrieben geschieht (schlimmstenfalls wird dieses nicht erkannt) als auf zunächst einmal wert- und emotionsloser aufgefassten Ebenen von Kommunikationen und Medien: Alles scheint so klar, auch die Unklarheit des Verständnisses der »Hardware« und Vernetzungen jenseits einfacher Benutzungsoberflächen und wird in den Anwendungen auf den kommunikativ-medialen Ebenen von Produktion, Distribution, Rezeption/Nutzung und Weiterverarbeitung nicht weiter reflektiert. Deswegen sind m.E. Medien- oder Kommunikationskulturen auch nicht identisch mit Popkulturen, letztere sind ein besonderer und besonders quer gelagerter kultürlicher Fall der ersten beiden, der sich kulturgemäß ständig verfestig und verändert zugleich, der sich von Medien beeinflusst zeigt, über diese verständigt oder nicht verständigt und diese prägt. Man stelle sich vor, die aktuellen Streamingdienste hätten keine Musik. Dort und generell sollte nicht zuletzt durch die immer unübersichtlichen Verhältnisse, in denen seit Jahrzehnten Nischen sichtbarer und Machtzentren unsichtbarer werden, allerdings stärker berücksichtigt werden: Hierarchien und Machtverhältnisse sind, wie schon erwähnt, Medien und ihren Akteur*innen inhärent und können nicht ignoriert werden, so gut auch immer sie maskiert sind. Medien sind derart miteinander aber auch mit Wirtschaft und Politik verflochten, dass es oft schwer einzuschätzen ist, wer hier für wen berichtet. Fähigkeiten der Überblicke und Analysen von Medienkonzentrationen und -vernetzungen sind zwingend notwendig. Das wirkt besonders in illiberalen Demokratien oder populistischen Politiken, wobei zynischerweise genau diese meistens vorgeben, gegen solche Verflechtungen und »das Establishment« oder gegen »den Mainstream« (der Medien, Politik, Gesellschaft etc.) anzugehen, um dann den eigenen viel extremeren Filz und die radikal-antidemokratischen Sichtweisen durchzusetzen. Es bleibt kompliziert: Nicht nur in Popmusikkulturen, sondern gesamtgesellschaftlich brauchen wir Medien und hier vor allem unabhängigen Qualitätsjournalismus, um informiert und aufgeklärt zu werden. Ebenso lernen wir ständig, behutsam und kritisch mit Medienangeboten auch »des Journalismus« umzugehen. Vertrauen als Im Sinne Niklas Luhmanns (2000) Komplexität und Kontingenz reduzierendes Schmiermittel von Kommunikation, Medien und auch Kulturen kann durch Journalist*innen und ihre Institutionen geschaffen und erhalten, aber auch immer wieder spielerisch in Pop, Literatur und Künsten in Frage gestellt werden.[2]

Spätestens inmitten des Dschungels der Hyper-Medialität verlieren wir gerne einmal den Überblick und neigen dazu, Gegner*innen auszurufen und uns mit der rhetorischen oder argumentativen Machete den Weg frei zu schlagen. Oder aber wir geben auf und lassen uns erst treiben, um dann hedonistisch im Cyberspace verloren zu gehen. Hyper-Medialität sollte fortan als Modus popmusikkultureller sowie vor allem gesellschaftlicher Analyse noch viel stärker berücksichtigt werden.

Kulturen

Das Auslagerungserlebnis: Der Chef eines Umzugsunternehmens regelt die komplette Auslagerung meiner Mietwohnung zwecks einer Sanierung souverän und mit trockenem Humor. Doch dann beginnt er über die gesteuerten »Mainstream-Medien« und aufgezwungenen Unfreiheiten durch »die Regierung« zu schimpfen, einhergehend mit kruden Überlegungen zur Corona-

---

2   Vgl. die Beiträge in Jacke/Flath 2017 und hier vor allem Schmidt 2017.

Pandemie, zu Impf-Chips und zum 11. September 2001. Er schaut mich an und
sagt, »Das finden Sie bestimmt dünn jetzt«. Ich antworte »Ja«.

Kommen wir zum schwierigsten und umfassendsten Begriff, dem der Kultur. Nichts weniger als die Zukunft unserer Gesellschaften entscheidet sich
am Verständnis von Kultur oder Kulturen. Anders formuliert: Unsere Kulturbegriffe lenken nicht nur die zentralen Transformationen, sondern transformieren selbst. Transformation bezeichnet für Thomas Düllo einen »gesellschaftlichen und kulturellen Wandlungstyp von unterschiedlicher Stärke und
Radikalität« (Düllo 2011, 53). Damit rückt Transformation als Beschreibungs-
kategorie für den Wandel in kulturellen Feldern und Praktiken unmittelbar
ins Zentrum – als Schlüsselbegriff eines,

> »performativen Transformationsmodells des Crossover, des Umdeutens und
> Eigenschaftsaustauschs, das seinen Fokus auf den Einspruch der Kultur ge-
> gen das Binäre und ein Entweder-Oder richtet, also auf die Artikulation und
> Möglichkeit eines Dritten und Nicht-Binären und die dazu nötige und mög-
> liche Kompetenz der Akteure« (Düllo 2011, 53).

Ein weiter, dehnbarer und integrativer Kulturbegriff und eine dementspre-
chende Begriffskultur zeigen Auswirkungen nicht nur in der (pop-)kul-
turanalytischen Praxis. Derartige Verständnisse bereiten einen auf eben die
Vielfalt von aktuellen Transformationen (z. B. intendiert/nicht-intendiert) wie
Ökonomisierung, Digitalisierung, Globalisierung, Migration und politischen
Wandel zunächst einmal besser vor. Zwischen Kosmopolit*innen und Essen-
tialist*innen ist nicht nur im Pop noch sehr viel Platz. Gleichzeitig erstaunt
immer wieder, welche veralteten Kulturbegriffe in öffentlichen Diskursen
immer noch und wieder eine Rolle spielen: Dort wird Kultur tatsächlich
noch als Kunst verstanden. Kultur ist weit mehr als Kunst. Selbst wenn man
oftmals Unterscheidungen neu einführt, in dem man zum einen die Künste
selbst wieder unterteilt oder sie als Teil von Kultur begreift, geschieht eben
genau dieses auf Grundlage von Kultur. Soll heißen: An dieser Stelle sollen
nicht etwa Kunst und Popkultur gegeneinander ausgespielt werden, zumal
diese seit Jahrzehnten teilweise kaum unterscheidbar und aus beiden schwer
identifizierbaren Richtungen verwoben und längst Hyperkulturen geworden
sind. Wichtiger für die großen gesellschaftlichen Umwälzungen, aber auch
schon früh in Pop gelernt, ist die integrative Kraft der Kulturen, wenn sie
weit und als gelernte und partizipative, als automatisch ablaufende und auch

immer wieder analytisch anzuhaltende, als sozial orientierte und kognitiv autonome und als prozessual-dynamische und auch immer wieder tradierte Interpretation von Wirklichkeit formuliert wird. Dann zeigt sich die ganze Stärke von Kultur auch als Transformationsplafonds oder -raum im Sinne Düllos. In ihrer Beweglichkeit eröffnet sie selbst wieder Möglichkeiten, zentrale Kategorien oder Unterscheidungen zu transformieren, kultürlich dauert es offenbar Jahrzehnte oder Jahrhunderte, bis die Unterscheidung männlich/weiblich ent- oder umhierarchisiert wurde. Noch länger wird es dauern, bis die Kategorie Geschlecht dynamisiert wird oder eventuell ganz verschwindet, was zumindest aktuell noch kaum vorstellbar erscheint. Auch das ist operativ-fiktionaler Teil der Mechanik und Motorik von Kulturen: Tradition, Bewahren und Stabilisieren. Eine zentrale Kategorie unserer Kulturen wie Geschlecht lässt sich immer – ob nun subkulturell progressiv oder regressiv – angehen und in Bewegung versetzen, aufgelöst wird sie deswegen noch lange nicht.

Und so gilt es, als Wissenschaftler, Journalist und auch Privatmensch, alle Elemente, Phänomene und Bewegungen von Kultur weiter sorgsam mitzuverfolgen, welches durch eine auch wissenschaftliche Sensibilität für Modi von Kulturalität gefördert wird: Multi-, Inter-, Trans-, Hyper- und auch Popkulturalität gewissermaßen als Sondermodus der Hyper-Kulturalität (vgl. Burkhalter et al. 2012). Am anschaulichsten finden Kommunikationen und Medien in Kulturen statt, ob nun konflikthaft oder konsensuell, affirmativ, kritisch, traditionell, innovativ, progressiv, regressiv, von unten, von oben, dagegen oder dafür. Insbesondere für die professionalisierte und institutionalisierte Beschreibungskultur von Kulturbeschreibungen (vgl. Schmidt 2014) entscheidend bleibt: Hierarchien und Machtverhältnisse sind Kulturen und ihren Akteur*innen inhärent und können nicht ignoriert werden, so gut auch immer sie maskiert sind. Damit ist sicherlich noch nicht alles geordnet oder erfasst, aber ein kleines bisschen Ordnung ins kulturelle Chaos gebracht. Auch hier bleibt festzuhalten: Hyper-Kulturalität sollte fortan als Modus popmusikkultureller sowie vor allem gesellschaftlicher Analyse noch viel stärker berücksichtigt werden.

Fazit

Das Taxi-Erlebnis: Als ich mich sehr emotionalisiert von einem Besuch bei meiner Mutter auf der Intensivstation in ein Taxi zum Hauptbahnhof setze, spricht mich der Taxifahrer über den Rückspiegel an (»Arbeiten Sie hier im Krankenhaus?«»Nein, an der Uni.«) und zeigt sich interessiert ob meines Interesses. Wir unterhalten uns bei ausgeschaltetem Taxometer eine ganze Weile über seine kurdische Herkunft aus Syrien, wo er laut eigener Beschreibung hoher Beamter und Ingenieur, kritischer Akademiker war, bieten uns das »Du« an und wünschen uns und unseren Müttern alles Gute, das sei das Wichtigste, sagt er. Ich gehe lächelnd zum Zug.

»Fortschritt heißt für mich auch, dass es eines Tages so viele Weltanschauungen wie Personen gibt.« (Dath zit. in Berg & Dath 2021, 76)

Nur wer Kommunikationen, Medien und Kulturen sowie deren Vernetzungen und Hyper-Modi und ihre Prägungen von und durch Machtverhältnisse begreift, kann die manchmal angenehmen, meistens irritierenden und manchmal sogar verstörenden Druckwellen der gesellschaftlichen Transformationen besser einschätzen und aushalten, ja gegebenenfalls sogar auf ihnen mal übend, mal kunstvoll surfend. Auch dafür lässt sich immer noch und immer wieder ungemein viel aus bestimmten Überlegungen mit Haltung der Cultural Studies, der Konstruktivismen und der Popular Music Studies lernen. Lassen wir den von Robert Misik (2019, 83) beschriebenen neuen Snobismus im Sinne einer Ignoranz gegenüber anderen kulturellen Praktiken nicht zu. Überlassen wir im Sinne Larry Grossbergs (2010) die Kulturschutzgebiete des Pop und ihre Reflexion nicht sich selbst, der institutionalisierten Politik oder den konservativen Wirtschaftswissenschaften. Die ausgeruhte und finanzierte Konstitution und Reflexion von Kulturanalysen und Analysekulturen ist eine prädestinierte gesellschaftliche Position, die es einzunehmen gilt, wann immer möglich.

Druckwellen-Kompetenz ist von Nöten, die sich als kritische Reflexion aus Kommunikations-, Medien- und Kultur-Kompetenz zusammensetzt und letztlich für eine verschärfte Handhabung von Komplexitäten und Dynamiken sorgen kann, wie wir sie einst in Pop spielerisch, utopisch und doch nicht unbedingt vorausahnend erfahren haben, weswegen ich schon an anderen Stellen vom Seismographen Pop(musikkulturen) schrieb (vgl. u.a. Jacke 2005;

2006). Druckwellen-Kompetenz ist das unaufgeregte, »mittige« Aushalten von kommunikativen, medialen und kulturellen (De-)Eskalationswellen vor allem von extremistischen Positionen – das ergab sich bereits aus den zahlreichen Gesprächen vor, auf und hinter dem Podium der »Druckwellen: Fühlen & Denken. Über gesellschaftliche Eskalationen«-Veranstaltung, so auch des Teils »MASSE. Macht. (Ohn-)Macht. ›Power to the people‹?« mit Jens Balzer, Kathy Meßmer, André Leipold und Melanie Schiller, den ich moderieren durfte.[3]

Analyse, Synthese und Reflexion von Kommunikationen, Medien und Kulturen schaffen Vertrauen als zentrale Möglichkeit der Reduktion von (überfordernder) Komplexität und Kontingenz und sind damit grundlegend »systemrelevant« oder besser gesellschaftsrelevant und ein unverzichtbarer integraler Bestandteil jeglicher (Aus-)Bildung, um auch zukünftige Druckwellen aushalten und verhandelbar zu machen.

»An die Stelle möglichst demokratischer Deliberation der politischen Frage, wie wir gemeinsam leben oder auch sterben wollen, darf nicht länger die Unterwerfung der Exekutive unter das szientistische Diktat weniger, politisch unreflektierter Naturwissenschaften treten. Umgekehrt sollten sich die gefeierten Disziplinen wieder etwas Abstand zur Macht gönnen – auch um den kritischen Wissenschaften etwas Platz zu machen, die derzeit ›gesilenced‹ werden. Oder will man die Kritik weiter der Querdenkerei überlassen? Es geht bei Corona nicht nur um ›Naturforschung‹, sondern um das Zusammenleben. Auch in dieser Hinsicht wäre es ermutigend, wenn sich die derzeit gehypten Wissenschaften als lernfähig erweisen würden.« (Pollmann 2021, 15)

Persönliche Anmerkung: Die meisten zitierten und erwähnten Personen sind Männer, auch das wird sich kultürlich ändern.

Literatur

Berg, Sybille & Dietmar Dath. 2021. *Zahlen sind Waffen. Gespräche über die Zukunft mit Jens Balzer, Maja Beckers, Thomas Vasek, Lars Weisbrod.* Berlin: Matthes & Seitz.

---

3   Website unter: https://kw.uni-paderborn.de/fach-musik/aktivitaeten/druckwellen (Abrufdatum: 28. August 2021).

Burkhalter, Thomas, Christoph Jacke & Sandra Passaro. 2012. »Das Stück ›Wanabni‹ der Palästinenserin Kamilya Jubran und des Schweizers Werner Hasler im multilokalen Hörtest. Eine multiperspektivische Analyse.« In *Black Box Pop. Analysen populärer Musik. Beiträge zur Popularmusikforschung* 38, herausgegeben von Dietrich Helms & Thomas Phleps, 227-56. Bielefeld: transcript.

Düllo, Thomas. 2011. *Kultur als Transformation: eine Kulturwissenschaft des Performativen und des Crossover*. Bielefeld: transcript.

Grossberg, Lawrence. 2010. *Cultural Studies in the Future Tense*. Durham: Duke University Press.

Hall, Stuart. 2018. *Das verhängnisvolle Dreieck. Rasse, Ethnie, Nation*. Berlin: Suhrkamp.

Jacke, Christoph. 2021. »›Keine Gefangenen‹ oder ›Hyper Hyper‹ – Kommunikationen, Medien und Kulturen als Motoren gesellschaftlicher Transformationen.« In *Medienkultur als kritische Gesellschaftsanalyse. Festschrift für Rainer Winter*, herausgegeben von Matthias Wieser & Elena Pilipets, 615-24. Köln: Herbert von Halem.

Jacke, Christoph. 2017. »›Zu Tode betrübt‹ oder ›Immer lustig und vergnügt‹? Pop, Agonistik, Postdemokratie und Trumpismus. Essayistische Einwürfe.« In *Was ist Popmusik? Konzepte – Kategorien- Kulturen*, herausgegeben von Timo Hoyer, Carsten Kries & Dirk Stederoth, 177-83. Darmstadt: WBG.

Jacke, Christoph. 2006. »Popmusik als Seismograph. Über den Nutzen wissenschaftlicher Beobachtung von Pop.« In *Kulturschutt. Über das Recycling von Theorien und Kulturen*, herausgegeben von Christoph Jacke, Eva Kimminich & Siegfried J. Schmidt, 114-23. Bielefeld: transcript.

Jacke, Christoph. 2005. »Gesamtgesellschaftlicher Seismograph. Dichte Beschreibungen, die aus der Praxis so nicht geleistet werden: Umrisse einer universitär verankerten Popkulturwissenschaft.« *Frankfurter Rundschau*, Nr. 248: 26, 25.10.2005.

Jacke, Christoph. 2009. »›Rektales Reinigungserlebnis‹. Unterhaltung und Medienkritik in Zeiten des latenten Als-ob.« In *Konstruktion von Kommunikation in der Mediengesellschaft. Festschrift für Joachim Westerbarkey*, herausgegeben von Klaus Merten, 175-194. Wiesbaden: VS.

Jacke, Christoph & Beate Flath. Hgg. 2017. *Fakt – Fake – Pop. Kulturelle Dynamiken, Spiele und Brüche. Medien & Zeit. Kommunikation in Vergangenheit und Gegenwart*, 32. Jahrgang, Nr. 04/2017.

Luhmann, Niklas. 2000. *Vertrauen. Ein Mechanismus der Reduktion sozialer Komplexität*, 4. Auflage. Stuttgart: Lucius & Lucius/UTB.

Manow, Philip. 2020. *(Ent-)Demokratisierung der Demokratie. Ein Essay*. Berlin: Suhrkamp.

Misik, Robert. 2019. *Die falschen Freunde der einfachen Leute*. Berlin: Suhrkamp.

Pollmann, Arndt. 2021. »Theorien sind nicht Fakten. Szientismus. Auch die Politik muss genug Abstand halten – zur Wissenschaft. Kritik sollte man nicht der Querdenkerei überlassen.« *Der Freitag*, Nr. 08: 15, 25.02.2021.

Schmidt, Malte G. 2017. »Back to the Future. (Popmusik-)Journalismus im neuen faktischen Zeitalter.« *Medien & Zeit. Kommunikation in Vergangenheit und Gegenwart* 32 (4): 34-47.

Schmidt, Siegfried J. 2014. *Kulturbeschreibung – Beschreibungskultur. Umrisse einer Prozess-orientierten Kulturtheorie*. Weilerswist: Velbrück Wissenschaft.

Seeßlen, Georg. 2021. »Sophies Insta-Welt. Weiße Rose. Taugen soziale Medien zur Aufbereitung von Erinnerungskultur? Das Projekt @ichbinsophiescholl ist zu Recht umstritten.« *Der Freitag*, Nr. 20: 17, 20.05.2021.

PAINT IT BLACK

Onejiru

Für mich ist der Herbst wie Calipo
Eis in der Tüte
Halb gefroren, halb aufgetaut
Industrieller Monsterdiamant
Kristalle funkeln im Gegenlicht
Wie Aufschneider
Oder ein Punkrocker im Schottenkleid
Und irgendwo dazwischen
Wird ein Tagtraum zum Rausch
Silberkleid auf Felgen mit Aluhut
Noch auf Abstand steht Generation Wut
Auch Kraut im Garten wird rigoros geklärt
Ausgeschaltet, Nerven liegen blank
Genau da passt ein Gag
Ein Mann, eine Frau, ganz groß
Im Kleinen sind sich die zwei sympathisch
Irgendwo im Nirgendwo
Nirgendwo im Irgendwo
Wohnt einer ganz glücklich
Raucht Kraut an, schaut in den Bauch
Wie kann das gehen?
Wo bleibt der Pastor?
Er sitzt hoch oben auf ihrem Schoß
Letzte Ölung gemeinsam ganz zart
Da brennt die Hoffnung
Da brennt das Los
Kollektiver Alptraum schneit wie Asche
Richtung hoffnungslos

2. 3. 4.
Jetzt geht es los
Im nächsten Universum wird abgerechnet
Wer ist noch wach?
Sind wir zwei auf Abstand genauso groß?
Oder noch am Anfang im Gegenverkehr?
Wie ist Deine Zeit?
Bist Du soweit?
Haare raufen im Fahrtwind
Musik am Start
Calipo halb aufgetaut tropft, vertrocknet
auf Deiner Haut
Die Boxen flirren, biegen sich dem Bass
geschuldet
Du schaust in den Horizont
Mit David Bowies zwei Augenfarben
Ein Regenbogen, am Ende ein Topf voll
Gold
Oder malst Du es doch schwarz an?
Do you want to paint it black?
Do you want to paint it black?
Do you want to paint it black?
Paint it!

POPulismus, POPkultur und Pop-Didaktik

Heinrich Klingmann

Einführung

Sichtlich erregt verlas Campino anlässlich der Echoverleihung im Jahr 2018, an einem Tag, an dem in Israel des Holocausts gedacht wurde, eine Stellungnahme. Ein YouTube-Handy-Video, in dem diese Szene vollständig dokumentiert ist, hat 1545 likes und 2044 dislikes (Fun-Parc Trittau 2018, Stand August 2021). Auslöser dieses Ereignisses war die Verleihung des ECHO in der Kategorie »Hip-Hop/Urban national« an das Rap Duo Kollegah & Farid Bang für das Album »Jung Brutal Gutaussehend 3«. Der ECHO wurde unter dem Titel »ECHO Deutscher Musikpreis« von 1992 bis 2018 vom Bundesverband Musikindustrie e.V. (BVMI) verliehen.

Es war insbesondere eine Textstelle[1] in dem Song *0815*, die intensive öffentliche Auseinandersetzungen auslöste, welche letztlich dazu führten, dass der BVMI als Interessenvertretung der Musikindustrie in Deutschland am 25.04.2018 das »Ende des ECHO« verkündete (Herrenbrück 2018). Campino positioniert sich bereits anlässlich der Preisverleihung am 12.04.2018 unmissverständlich:

> »[...] Aber es geht doch nicht nur um einen Gangsterrap-Song, davon gibt's doch hunderte. Es geht doch vielmehr um einen Geist, der zurzeit überall präsent ist. Nicht nur in der Musik, sondern auch in den sozialen Medien, im täglichen Fernsehtrash und in der Politik. Wann ist die moralische Schmerzgrenze erreicht? Diese Debatte, die ist nötig, wichtig, sie betrifft uns alle, und sie muss von uns allen geführt werden, und die darf auch nicht aufhören. Ich spreche jetzt als Musiker zu anderen Musikern. Jeder von uns muss sich eine Linie ziehen, wo für ihn eine Grenze der Toleranz erreicht ist. Im Prinzip halte ich Provokation für gut und richtig. Die kann konstruktiv sein,

---

1 Vgl. den Beitrag von Ina Heinrich & Maryam Momen Pour Tafreshi in diesem Band.

Denkprozesse auslösen, und aus ihr heraus können verdammt gute Sachen entstehen. Aber man muss unterscheiden zwischen dieser Art als Stilmittel oder einer Form von Provokation, die nur dazu da ist um zu zerstören und andere auszugrenzen. Für mich persönlich ist diese Grenze überschritten, wenn es um frauenverachtende, homophobe, rechtsextreme, antisemitische Beleidigungen geht und auch um die Diskriminierung jeder anderen Religionsform. […].« (Campino zit. in Benninghoff 2018)

Zwei Aspekte dieses Abschnitts der Stellungnahme, die mir besonders bemerkenswert erscheinen, sollen im Folgenden aus je spezifischen Blickwinkeln erörtert werden. Zum einen geht es dabei um die »Debatte« und um den »Geist«, von dem die in einer pluralistisch und rechtsstaatlich verfassten Gesellschaft unausweichlichen und notwendigen Auseinandersetzungen und Konflikte geprägt werden (sollten). Im Zentrum der Betrachtung stehen hierbei (neu-)rechte Aktivitäten, Interventionen und Attacken im öffentlichen Raum, die aktuell von Polarisierungsversuchen über den Angriff auf demokratische Institutionen bis zu Terror reichen.

Zum anderen werde ich die »Grenzen der Toleranz« diskutieren, wobei weniger gesellschaftliche Umgangsformen als vielmehr musikalische und musikbezogene Umgangsformen aus einer popkulturellen Perspektive und damit die »ungeschriebenen Spielregeln« (Diederichsen 2014, XXV), die diesen kulturellen Praktiken zu Grunde liegen, in den Blick genommen werden.

Die Ergebnisse dieser Erörterungen dienen als Ausgangs- und Bezugspunkte, um abschließend zu reflektieren, welche Beziehungen zwischen dem von Campino angesprochenen gesellschaftlichen Klima und dem musikbezogenen Bildungspotential von Pop bestehen und hergestellt werden können.

Quer zu den genannten Themenfeldern liegt die Bearbeitung der Frage, ob die auch mich selbst beunruhigende und mit den Schreibungen der Überschriften meines Beitrags nahegelegte Annahme zutrifft, dass zwei so unterschiedliche kulturelle Manifestationen wie Populismus und Popkultur eine Schnittmenge und damit Gemeinsamkeiten teilen.

POPulismus

>»Der Ur-Faschismus kann in den un-
schuldigsten Gewändern daherkom-
men. Es ist unsere Pflicht, ihn zu
entlarven und mit dem Finger auf jede
seiner neuen Formen zu zeigen – jeden
Tag, überall in der Welt.«
>
> *(Eco 2020, 40)*

In seinem Polittheater *Alles kann passieren* zitiert Doron Rabinovici aus dem
Werk *Über das Verbrennen von Büchern* von Erich Kästner u.a. wie folgt:

> »Die Ereignisse von 1938 bis 1945 hätten spätestens 1928 bekämpft werden
> müssen. [...] Man darf nicht warten, bis der Freiheitskampf Landesverrat ge-
> nannt wird. [...] Drohende Diktaturen lassen sich nur bekämpfen, ehe sie die
> Macht übernommen haben. Es ist eine Angelegenheit des Terminkalenders.
> Nicht des Heroismus.« (Kästner zit. in Rabinovici 2018, 31)

Totalitäre Systeme entstehen nicht über Nacht. Sie entwickeln sich. Für Günther Frankenberg stellt der Totalitarismus eine »Steigerungsform des Autoritarismus« dar, wobei die autoritäre Machtausübung, die sich u.a. in einer
Unterdrückung, Suspendierung und Sanktionierung der öffentlichen Debatte äußert, zunehmend ergänzt wird durch gewaltförmige »Gleichschaltung«
und eine »nahezu alle und alles ergreifende[n] soziale Kontrolle« (vgl. Frankenberg 2020, 67, 71-72). Ein Ansatzpunkt zur Erlangung dieser Kontrolle ist
ein erzieherischer Übergriff auf die »Gesinnung« des Individuums. In der
Musikpädagogik steht hierfür die an einem »musischen Menschenbild« orientierte Musische Erziehung, deren Anfänge zu Beginn des 20. Jahrhunderts
im Umfeld der Jugendbewegung und der Jugendmusikbewegung liegen (vgl.
Jank 2021, 30). Exemplarisch kann hierzu Fritz Jöde zitiert werden:

> »Wenn der Wille zur Musik nicht aus dem Willen zur Gesinnung, d.h. zum
> Menschen, d.h. zur Gemeinschaft erwächst, so geht sie uns nichts an.« (Jöde
> 1919, 10)

Diese grundlegende Orientierung eignete sich zur Instrumentalisierung für
die Zwecke der nationalsozialistischen Diktatur.

»Der einzelne galt nichts mehr, er ging in der Gemeinschaft auf, war als Person entmündigt und beliebig manipulierbar. Die Musische Erziehung, Leitidee der NS-Pädagogik, wurde zum Fundament auch der Musikarbeit in der Hitler-Jugend und sollte es auch für die Musikerziehung werden, [...].« (Günther 1986, 94)

Nach 1945 folgte in der Musikpädagogik in Deutschland eine Neomusische Phase, deren Kontinuität in Bezug auf die musische »Erziehung durch Musik« zur »Gemeinschaft« in den 1950er von Theodor W. Adorno verschiedentlich einer grundsätzlichen Kritik unterzogen wurde. In seinen »Thesen gegen die musikpädagogische Musik« formuliert er hierzu beispielhaft und pointiert:

»Der Kultus der Gemeinschaft als Selbstzweck gehört den Nationalsozialisten und Volksdemokratien russischen Stils an. Er ist wesentlich totalitär: stets schwingt in ihm die Tendenz zur Unterdrückung des Einzelnen mit. Eine wirkliche Gemeinschaft aber wäre eine von freien Menschen.« (Adorno 1973, 438)

Populismus und Faschismus

Für Umberto Eco (2020, 37) ist ein »selektiver oder qualitativer Populismus« eines von 14 Merkmalen des Faschismus, die in keiner systematischen Beziehung zueinander stehen. Es handle sich bei diesen Merkmalen vielmehr um »Kristallisationspunkte« des Ur-Faschismus, die, jeder für sich, als Ausgangs- und Bezugspunkt der im Einzelnen vielgestaltigen Entwicklung des Faschismus dienen können. Zentrales Charakteristikum dieses Populismus ist es, dass politische Entscheidungen nicht durch Mehrheitsentscheidungen legitimiert werden, die sich daraus ergeben, dass eine Mehrheit autonom entscheidender Individuen sich für eine politische Option ausspricht. Ausschlaggebend ist stattdessen das »Volksganze«, das als hermetisch geschlossenes Ganzes mit einer spezifischen Qualität den Volkswillen repräsentiert. Da nun aber dieses »Volksganze« eine imaginierte Konstruktion bzw. eine in Massenzusammenkünften hergestellte »Theaterfiktion« darstellt und sich infolgedessen nicht artikulieren kann, schwingen sich seine selbsternannten Führerinnen und Führer zu den Interpret*innen des Willens eines von ihnen konstruierten und produzierten Phantasmas auf. Wer innerhalb dieses Konstrukts gegen diese Interpretationen opponiert, stellt sich gegen das Volk und kann als Volksfeind*in gebrandmarkt werden.

Dies betrifft auch die delegierten Vertreter*innen in einer parlamentarischen Demokratie, die diese Weltauffassung nicht teilen. Jan-Werner Müller beschreibt diesbezüglich die grundlegende Haltung des gegenwärtigen (internationalen) Populismus wie folgt:

»Populisten behaupten: ›Wir sind das Volk!‹ Sie meinen jedoch – und dies ist stets eine moralische, keine empirische Aussage (und dabei gleichzeitig eine politische Kampfansage): ›Wir – und nur wir – repräsentieren das Volk.‹ Damit werden alle, die anders denken, ob nun Gegendemonstranten auf der Straße oder Abgeordnete im Bundestag, als illegitim abgestempelt, ganz unabhängig davon, mit wie viel Prozent der Stimmen ein offizieller Volksvertreter ins Hohe Haus gewählt wurde. [...] Populisten sind zwangsläufig antipluralistisch; wer sich ihnen entgegenstellt und ihren moralischen Alleinvertretungsanspruch bestreitet, gehört automatisch nicht zum wahren Volk.« (Müller 2016, 18-19)[2]

Es liegt auf der Hand, dass diese Konstruktion eines der autoritären sowie der totalitären Herrschaft zu Grunde liegenden »Volksganzen« bzw. des »wahren Volkes« klare Grenzziehungen, Ein- und Ausschlüsse fordert, die notwendigerweise auch Grenzen der (Mit-)Menschlichkeit mit sich bringen.

Eco stellt fest, dass der Begriff »Faschismus« eine Sammelbezeichnung für totalitäre Bewegungen darstellt und erklärt dies mit »Familienähnlichkeiten«, die sich aus der Überschneidung unterschiedlicher Merkmalskombinationen in seinen Ausformungen ergeben (Eco 2020, 23, 28-29). Und für Frankenberg ist der Staats-Terror als Herrschaftsinstrument ein zentrales Kriterium zur Abgrenzung des Totalitarismus vom Autoritarismus (Frankenberg 2020, 72). Dass die gegenwärtigen rechtspopulistischen Bewegungen in Europa bislang keinen staatlichen Terror organisiert haben, bedeutet nun allerdings nicht automatisch, dass sie keine faschistische Agenda verfolgen.

Die Untersuchungen von Wilhelm Heitmeyer legen m.E. vielmehr nahe, dass wir uns in dieser Hinsicht gegenwärtig in einer Phase der arbeitstei-

---

2   Heitmeyer (2018, 231) stellt fest, dass sich »[...] so etwas wie eine allgemein akzeptierte Definition von Populismus etabliert [habe]. Danach ist eine Bewegung dann populistisch, wenn ihr eine Unterscheidung zwischen dem ›wahren‹ Volk einerseits und den ausbeuterischen, dekadenten, volksverräterischen Eliten andererseits zugrunde liegt.« Ob es sinnvoll und möglich ist, einen im Ergebnis emanzipatorisch und demokratieförderlich wirkenden, linken Populismus zu konzipieren und umzusetzen, kann hier nicht diskutiert werden (vgl. Mouffe 2018, z.B. 92-99; Reckwitz 2006).

ligen Umsetzung einer Gesamtstrategie befinden (vgl. z.B. Heitmeyer 2020, 231-36), wobei in Deutschland die AFD als Vertreterin eines autoritären Nationalradikalismus seit dem Jahr 2015 zunehmend die Rolle besetzt, die liberale Demokratie über eine Delegitimierung ihrer Institutionen zu destabilisieren u.a. indem die »Grenzen des Sagbaren« durch Vertreterinnen und Vertreter staatlicher Institutionen systematisch verschoben werden. Ihr zur Seite stehen bei Heitmeyer rechtspopulistische Akteure, die mit einer »flachen Ideologie« und »flachen Sprüchen« gegen »die da oben« in den und über die Massenmedien »kurzzeitige Erregungszustände« provozieren sowie ein gewaltförmiger Rechtsextremismus/Neonazismus, der im öffentlichen Raum Schrecken verbreitet (vgl. Heitmeyer 2020, 235-36; vgl. auch Heitmeyer 2020, 270-76, 352-53, 356-58).

Metapolitische Faschisten

Die in das Paderborner Vereinsregister eingetragene Identitäre Bewegung Deutschland e.V. stellt für den übergeordneten Fragehorizont dieses Beitrags eine besonders interessante Formation dar, da sie ein Beispiel für die Verbindung von strategischer sowie offen rechter Agitation und Popkultur abzugeben scheint. Heitmeyer klassifiziert den Verein zutreffend als rechtsextreme Organisation.[3] Allerdings passt diese Organisation m.E. nicht ohne weiteres in die dargestellte Unterscheidung von Rechtspopulismus, autoritärem Nationalradikalismus und Rechtsextremismus, da sie, ausgestattet mit einem ideologischen Bewusstsein, zumindest auch, auf dem Terrain des Rechtspopulismus agiert.

Hierbei instrumentalisiert die Identitäre Bewegung linke Theoriebezüge und gibt vor, von diesen gelernt zu haben (vgl. Müller 2017, 162), um u.a. mit Hilfe ehemals der linken Spaßguerillia und der popkulturell geprägten 68er-Bewegung vorbehaltenen Aktionsformen den gesellschaftlichen Diskurs zu beeinflussen. Die vereinnahmenden kulturellen Bezüge und Verweise reichen dabei von Asterix über Rudi Dutschke, Fahrenheit 451, Muhammad Ali, Gran

---

3   Der Verfassungsschutzbericht des Landes Nordrhein-Westfalen (Stand 6/2021) schätzt die Anzahl der aktiven Personen für das Jahr 2020 auf »rund 20« und der aktionsorientierten Sympathisant*innen auf »rund 30«, wobei beide Zahlen als fallend dargestellt werden (Ministerium des Inneren des Landes NRW 2021, 98). Zur aktuellen Bedeutung vgl. auch den Beitrag von Ingo Zander in diesem Band.

Torino, Guerilla-Marketing etc. bis Jack Kerouac. Die Selbstcharakterisierung fällt wie folgt aus:

»Die Identitäre Bewegung will die junge Avantgarde jener kommenden ›Kulturrevolution von rechts‹ sein, deren Zeichen immer deutlicher zutage treten. In diesem Sinne haben wir das neurechte, von Antonio Gramsci inspirierte Konzept der Metapolitik – demzufolge jeder Revolution ein tiefgreifender Wandel der Ideen, Mentalitäten und Werte vorangehen muß – aus dem intellektuellen Elfenbeinturm befreit und auf die Straße gebracht. Das bedeutet auch (freilich nicht ausschließlich), es auf die Pop- und Jugendkultur zu übertragen.« (Müller 2017, 8-9)

Die Identitäre Bewegung versteht sich als deutscher bzw. deutschsprachiger Ableger der französischen »Nouvelle Droite«, deren »Chefdenker« Alain de Benoist vor dem Hintergrund seiner taktischen Rezeption Gramscis (Legge-wie 1987, 295) den Egalitarismus zum »Hauptfeind« erklärt und der auf der Grundlage eines ethnischen Rassismus einen linken Pseudo-Antirassismus konzipiert, dessen »Ablehnung der Vielgestaltigkeit der Welt« zu bekämpfen sei. Mit seiner Ablehnung der »Rassenvermischung« und seinem Eintreten für »[...] das Recht der Völker, sie selbst zu sein [...]«[4], liefert er die ideologischen Grundlagen für einen »Ethnopluralismus«, der innerhalb der Identitären Bewegung als »Zentralgestirn des Identitären Denkens« gilt (vgl. Benoist 2017, 44, 55-56, 98-99, 103; Müller 2017, 78). Die Anschlussfähigkeit dieses Konzepts an Vorstellungen von Renaud Camus, die davon ausgehen, dass Migrationsgesellschaften von einem »Großen Austausch« bedroht seien, dürfte unmittelbar einsichtig sein. Für die Identitäre Bewegung ist der Kampf gegen eine solche Entwicklung von »existentieller Natur«. Das sich ergebende Bedrohungsszenario und der daraus abgeleitete historische Auftrag wird wie folgt auf den Punkt gebracht: »[...] es geht um nicht weniger als das Überleben unseres Volkes und ganz Europas.« (Müller 2017, 99-100)

Die sich selbst als heroische Kämpfer, als »metapolitische Piraten« idealisierenden Aktivisten dieser Bewegung verstehen sich ausdrücklich nicht

---

4   Dies ist der Subtext, der mitschwingt, wenn Alexander Gauland beim Kyffhäusertref-fen der AfD ausruft: »Wir sollen als Volk und als Nation allmählich absterben und uns in einem höheren, großen Ganzen auflösen. Liebe Freunde, wir haben kein Interesse daran Menschheit zu werden. Wir wollen Deutsche bleiben. Damit sind wir Menschheit genug.« (Gauland 2018)

als Teil einer hedonistischen Subkultur, sondern als Agenten einer polarisie-
renden politischen Gegenkultur im meta-/vorpolitischen Raum (vgl. Sellner
2017).

Sie verfolgen das Ziel der Volkskonstruktion, erstens, indem sie eine
durch kulturelle Praktiken hergestellte Veränderung des gesellschaftlichen
»Geistes« im Sinne einer Normalisierung und Legitimation von Ausgrenzungen insbesondere auf der Grundlage rassistisch-ethnisierender Zuschreibungen betreiben (vgl. auch Geulen 2017, 111-12). Hierbei handelt es
sich, zweitens, nicht um eine auf unmittelbare politische Erfolge zielende
Strategie.

Der metapolitische, subversive Kampf um Hegemonie bzw. um »kulturelle Macht« stellt sich vielmehr dar als »totale Auseinandersetzung« in der das
Private politisch wird, nicht zuletzt, da der plurale Diskurs der Spätmoderne
die Strukturen der Gesellschaft selbst angreife und so »evidente« Gegeben-
heiten wie die Unterschiede zwischen Mann und Frau als »Konvention« an-
prangere (vgl. Benoist 2017, 65-66). Benoist geht es dabei nicht darum, eine
Lufthoheit über den Stammtischen zu erlangen.

In dezidiert intellektueller Arbeit soll eine »ideologische Mehrheit« errun-
gen werden, um die Voraussetzung für eine politische Machtübernahme zu
schaffen (vgl. ebd., 75), in deren Folge sich Repräsentantinnen und Repräsentanten einer (ehemals) pluralen Gesellschaft zu den einzig legitimen Inter-
preten des Volkswillens aufschwingen könnten. Ein wesentliches Mittel hierzu besteht in einem Kapern von Begriffen, Theorien und Ideen durch deren
Entkernung, Umdeutung und einer daran anschließenden Instrumentalisierung für eigene Zwecke. Beispielhaft können hierzu der bereits angesprochene Umgang mit dem Rassismusbegriff sowie der Begriff der Aufklärung genannt werden. Im ersten Fall erfolgt ein Appell zur Anerkennung von Vielfalt und Unterschiedlichkeit unter der Verwendung rassistischer Zuschreibungen, die sich an vermeintlichen kulturellen Unterschieden festmachen.
Im zweiten Fall geriert sich die Neue Rechte als Aufklärungsprojekt durch
die vereinnahmende Interpretation der Aufklärung als einer kritischen Haltung, die sich auf ALLE hegemonialen Positionen, inklusive der der Aufklärung, bzw. auf »[...] die quasi-religiösen Fundamente der westlichen Gesellschaft: die Idee der Gleichheit, die Menschenrechte und den Universalismus
[...]« (Böhm 2017, 11) beziehen könne. Der erhoffte Effekt dieser Strategie besteht darin, die für pluralistische Gesellschaften konstitutive Konsensfähig-

keit unter Berufung auf die Meinungsfreiheit[5] gleichsam zu überdehnen. Die »metapolitische Botschaft«, deren »[...] direktiver und suggestiver Charakter nicht klar als solcher erkannt wird [...]«, zielt damit im Kern darauf, »[...] den allgemeinen Konsens zu zerstören [...]« (Benoist 2017, 79-80).

Insofern ist es nur konsequent, wenn Martin Sellner als Vertreter der Identitäten Bewegung in Österreich in einem Imagefilm mit dem Titel »Zukunft für Europa – Identitäre Bewegung« feststellt:

> »Unser Ziel ist keine Beteiligung am Diskurs, sondern sein Ende als Konsensform. Wir wollen nicht mitreden, sondern eine andere Sprache.« (Identitäre Bewegung 2016)

POPkultur

> »Popkultur ist ihr [der Neuen Rechten, H.K.] mentalitätsgeschichtlich prinzipiell fremd, denn sie speist sich wesentlich aus Hybridität. Ohne die grenzenlose Zirkulation von Zeichen und die Vermischung von kulturellen Traditionen ist Pop nicht denkbar.«
> *(Balzer 2019, 154)*

Mitte der 1950er Jahre kommt mit dem Pop ein neues Spiel in die Welt. Als Initialzündung gilt hierbei die produktions- und rezeptionsbezogene Aneignung schwarzer bzw. afroamerikanischer Musik durch Weiße im Kontext des Rock'n'Rolls[6] (vgl. z.B Appen 2014, 127-28; Theweleit 2014, 251-54; Kleiner 2017, 247). Bodo Mrozek (2019, 179) beschreibt den Rock'n'Roll als »transkulturelles Amalgam« und seine Bezeichnung als Mittel der allgemein verständlichen Benennung des entstandenen Stilmixes. Die Verbreitung der hiermit verbundenen (Jugend-)Kultur(en), die seit dem Ende des »ungeraden Jahrzehnts« von

---

5   »Der Staat kann den Besitz von Waffen oder die Verwendung von Sprengstoff verbieten, aber er kann nur sehr schwer, ohne das Prinzip der freien Meinungsäußerung anzutasten, die Verbreitung eines Buches oder die Aufführung eines Schauspiels verbieten [...].« (Benoist 2017, 79)

6   Die folgenden Quellen stehen nicht für die von mir verwendete Spielmetapher. Gemeinsam ist ihnen der Hinweis auf die initiale Bedeutung des Rock'n'Rolls.

1956-1966 zunehmend mit dem Signifikanten »Pop« versehen werde(n) (vgl.
Mrozek 2019, 726), umreißt er wie folgt:

> »Bei allen nationalen, städtischen und regionalen Unterschieden lassen sich
> doch die Umrisse eines beziehungsweise mehrerer ineinander verschränk-
> ter transnationaler Pop-Räume erkennen, die sich etwa in der Ausdehnung
> von Musikstilen manifestierten, aber auch in einer international verflochte-
> nen Medien- und Kulturindustrie, in grenzüberschreitenden Ätherräumen
> des Rundfunks sowie in der Angleichung von Rezeptionsweisen. Zu den
> Inhalten dieser Verflechtungen gehörten neue Klänge, bestimmte körper-
> sprachliche Konventionen, textile Moden und emotionale Codes.« (Mrozek
> 2019, 735)[7]

Die kulturellen Praktiken, in denen die exemplarisch genannten Inhalte im
Kontext von oder in Bezug auf ästhetische Gestaltungen hervorgebracht werden, sind, trotz erheblicher Widerstände, längst in der gesellschaftliche Mitte
angekommen.

Die Bemühungen, Pop zu definieren, begrifflich zu fassen, zu identifizieren – zu kategorisieren und gleichsam abzulegen – sind vielfältig und stellen, je nach Standpunkt, ein bislang nicht abgeschlossenes oder ein nicht ab-
schließbares Projekt dar. (vgl. z.B. Hecken 2009, 14-15). Dies kann hier nicht
angemessen diskutiert werden.[8]

Als Ausgangspunkt für die Reflexion der im Folgenden zur Diskussion stehenden Spielregeln des Pop soll der folgende Ausschnitt aus einer deskripti-
ven Popdefinition von Diedrich Diederichsen dienen:

> »Pop ist immer Transformation, im Sinne einer dynamischen Bewegung,
> bei der kulturelles Material und seine soziale Umgebung sich gegenseitig
> neu gestalten und bis dahin fixe Grenzen überschreiten: Klassengrenzen,
> ethnische Grenzen oder kulturelle Grenzen.« (Diederichsen 2013, 188)

Entscheidend für das Verständnis dieses Zitats ist m.E., dass Diederichsen
die angesprochenen Transformationsprozesse nicht als Effekt einer für das

---

7   Obgleich der Fokus dieses Beitrags auf das Feld der Musik gerichtet ist, sei hier ohne
     Anspruch auf Vollständigkeit ausdrücklich auch auf popkulturelle »Räume« und »In-
     halte« in den Umfeldern von Kino/Film, Literatur, Comic, Bildender Kunst, Sport, Fern-
     sehen, Onlineplattformen etc. verwiesen.
8   Unterschiedliche Ansätze finden sich bspw. bei: Jacke 2013, 24-25; Geisthövel & Mrozek
     2014, 14-22; Hecken & Kleiner 2017, 6-10.

Volk oder die Masse bzw. einer »für unten oder nach unten hin« produzierten Kultur begreift, sondern Pop als Begriff versteht, der es ermöglicht, »die Dimension der Eigenproduktivität des ›Populus‹« zu bezeichnen (Diederichsen 2013, 185-87). Diese Produktivität beruht des Weiteren auf individuellen Geschmacksurteilen bzw. auf Affizierungen und damit verbundenen Bewertungen und Bedeutungszuschreibungen, die für das eigene Leben, alleine oder in sozialer Gemeinschaft, stilbildend wirken können. Die ungeschriebene Spielregel des Pop besteht bei Diederichsen darin, dass die offerierten »Posen« und »Haltungen« uneindeutige, inkludierende Handlungs*möglichkeiten* und keine elitären oder exkludierenden Weltsichten und damit verbundene Vorschriften anbieten (Diederichsen 2014, XII–XIII, XXIV–XXV, XXVIII). Pop wird dabei wesentlich als Rezeptionsphänomen konzipiert.

Eine andere, auf musikalische Tätigkeit i.e.S. bezogene Perspektive bietet uns Simon Frith mit seiner Beschreibung einer prozessualen Ästhetik afrikanischen und afroamerikanischen Musizierens:

> »In a ›processual‹ aesthetic the decision of what (and when) is the ›right‹ next note is a decision for which the musician has to take personal response – but in a social setting.« (Frith 1996, 139)

Es geht in dieser musikalischen Praktik also nicht darum, eine in einem Werk als »embodied meaning« enthaltende Bedeutung interpretierend darzustellen. Zentral ist demgegenüber die Herstellung von »engendered feelings«, von bedeutsamen Gefühlen, die die Grundlage für Interaktions- und Kooperationsprozesse liefern, von denen die gemeinsame Gestaltung des Musizierprozesses abhängt (vgl. ebd., 137-38, vgl. auch Klingmann 2018).

Sowohl die Rezeptions- als auch die Produktionsprozesse in Pop-Kontexten erscheinen vor diesen Hintergründen als abhängig von einer grundsätzlichen Offenheit, vom Umgang mit Kontingenz, mit Nicht-Notwendigkeit und sowohl individuellen als auch kollektiven Bewertungsaushandlungen in potentiell pluralen und damit von Ambiguitäten[9] geprägten Umfeldern. Sie produzieren damit Habituierungen, verstanden als Wahrnehmungs-, Handlungs- und Deutungs*dispositionen*, die diese Bedingungen in kulturellen Praktiken nutzen und damit herstellen und zugleich Konventionen anbieten, die sie stabilisieren.

---

9   Zu den Begriffen »Ambiguität« und »Ambiguitätstoleranz« vgl. z.B.: Foroutan (2019, 111-30)

Das oben dargestellte neu-rechte Spiel mit Bedeutungszu- und -um-schreibungen[10] kann vor diesem Hintergrund als eine Umwidmung pop-kultureller Praktiken gelesen werden. Es dient dazu, individuelle Freiheit abzuschaffen und damit auch das Pop-Spiel, das auf Grenzüberschreitungen und das freie Spiel mit Un-Eindeutigkeiten angewiesen ist, zu beenden. Die menschenfeindlichen, zerstörerischen und ausgrenzenden Textzeilen von Kollegah und Farid Bang wirken – bewusst oder fahrlässig[11] – im Sinne der beschriebenen arbeitsteiligen und letztlich auf die Entfaltung faschistischer Verhältnisse zielenden Gesamtstrategie.

Pop-Didaktik

> »Woran es in der Bundesrepublik mangelt, ist eine ›politische Streit-kultur‹, die die Lagergrenzen gerade überschreitet, um die normativen Di-vergenzen und Aporien bei den ›letzten Fragen‹ umso deutlicher herauszustrei-chen.«
> (*Leggewie 1987, 303*)

Andreas Reckwitz (2017, 2019) entwirft in seinen Veröffentlichungen *Die Gesell-schaft der Singularitäten* und *Das Ende der Illusionen* ein Bild der gegenwärtigen spätmodernen Gesellschaftsformation, das geprägt ist von tiefgreifenden Po-larisierungen und Prozessen der Desintegration.[12] Die »Kulturkämpfe«, von denen die Auseinandersetzungen *innerhalb* dieser Gesellschaftsformation ge-prägt sind, entfalten sich im Kontext einer Entwicklung, die dazu geführt hat, dass die Orientierung am Allgemeinen der fordistisch-industriellen Moderne als »doing generality« seit den ausgehenden 1970er Jahren zunehmend abge-löst wird von einem »doing singularity«, einer spätmodernen Orientierung

---

10   Dieses Vorgehen ist allerdings nicht als neu zu bezeichnen – es gehört gewisserma-ßen zum traditionellen Handwerkszeug faschistischer Agitation, das Leo Löwenthal bereits im Jahr 1949 beschrieben hat. (vgl. Löwenthal 2021, z.B. 58-64)

11   Die naheliegende Frage nach der verlegerischen Verantwortung kann im Rahmen die-ses Beitrags nicht bearbeitet werden.

12   Die folgenden Ausführungen können hier nur sehr stark verkürzt erfolgen. Ausführli-cher diskutiert habe ich diesen Deutungsrahmen in: Klingmann (2021).

am Besonderen.[13] Diese Singularisierung wird konzipiert als valorisierende Kulturalisierung[14] bzw. als eine zunehmend sämtliche Lebensbereiche umfassende Kultur der Bewertung.

Im Zusammenhang der sich hieraus ergebenden spätmodernen Kämpfe um Auf- und Abwertungen treffen bei Reckwitz nun insbesondere zwei unterschiedliche Formen der Kulturalisierung in der Form disparater Bewertungs- bzw. Valorisierungsregime aufeinander. Hierbei betreiben sowohl die von einem hyperkulturellen Kosmopolitismus geprägte »Kulturalisierung I« als auch die »Kulturalisierung II«, die von einem kulturessentialistischen Kommunitarismus[15] betrieben wird, exklusive und damit exkludierende Wertzuschreibungen, wobei sich individuell-subjektive und homogen-gemeinschaftliche Singularisierungen verständnislos gegenüberstehen (vgl. Reckwitz 2019, 55). Der gegenwärtige (Rechts-)Populismus wird als eine Folge der sich u.a. hieraus ergebenden Desintegration und des Verlusts an Gemeinsamkeiten identifiziert, die *ein* Symptom der Krise des Liberalismus darstellen (vgl. ebd., 277).

Andreas Reckwitz favorisiert in dieser Situation das Projekt einer Arbeit am Allgemeinen, die sich als »Kulturalisierung III« versteht, als »Orientierung an einem Universellen der Kultur im Rahmen einer Gesellschaft der Singularitäten« (ebd., 19, 57). Bei diesem »doing universality« geht es um die Arbeit an »[...] der Konstitution eines gesellschaftlich Allgemeinen, das sich *inmitten* der sozialen Unterschiede und kulturellen Heterogenitäten zu behaupten vermag« (ebd., 290, Hervorh. i. O.). Heterogenität erscheint dabei als »Reservoir für die Aushandlung des Allgemeinen« (ebd., 58). In diesem Zusammenhang

---

13   Vgl. hierzu auch die Darstellung der Verbindung von Entwicklungsschritten der Moderne mit Ästhetisierungsschüben bei Reckwitz (2015). Hier folgt auf eine Exklusivästhetisierung in der bürgerlichen Moderne eine Inklusiv- und Passivästhetisierung in der industriellen Moderne und schließlich eine Aktiv- und Produktivästhetisierung in der Spätmoderne, die als Kulturalisierung den Bereich des Konsums überschreitet und zunehmend alle Lebensbereiche durchdringt.

14   Mit dem Begriff der Kulturalisierung stellt Reckwitz einem »weiten und zugleich schwachen« bedeutungsorientierten Kulturbegriff einen »engen und starken« wertorientierten Kulturbegriff zur Seite (vgl. Reckwitz 2017, 76-80).

15   Zur Unterscheidung dieses kulturessentialistischen Kommunitarismus, der auf eindeutigen Zuschreibungen besteht und sowohl die Existenz hybrider Subjekt- und Kulturformationen als auch den damit verbundenen Umgang mit Ambiguitäten ablehnt, von der theoretischen Position des Kommunitarismus in der politischen Philosophie, vgl.: Klingmann (2021, 91).

bezieht sich Reckwitz u.a. auf François Jullien, der feststellt: »Es gilt, das Universelle dem Universalismus gegenüberzustellen, der anderen seine Hegemonie aufzwingt und glaubt, Universalität für sich beanspruchen zu können« (Jullien 2017, 30).

In der deutschen Musikpädagogik folgte auf die Orientierung an der »Gemeinschaft« in der Nachkriegszeit ab ca. 1965 eine Orientierung an der »Sache« und, damit verbunden, eine didaktische Ausdifferenzierung im »musikdidaktischen Jahrzehnt« zwischen 1968 und 1978. Im Zusammenhang mit dieser Ausdifferenzierung hat sich spätestens seit den ausgehenden 1970er Jahren zunehmend eine Orientierung am »Individuum« durchgesetzt sowie eine zunehmende Berücksichtigung der musikalischen und musikbezogenen »Gebrauchspraxis«, die von Schülerinnen und Schülern in die Schule mitgebracht wird (vgl. Klingmann 2010, 312-19; Jank 2021, 31-36; Kaiser 1999). Als Meilenstein des zuletzt genannten Entwicklungsschritts kann sicherlich die im Jahr 1982 unter dem Titel *Rockmusik – Eine Herausforderung für Schüler und Lehrer* veröffentlichte Dissertation von Volker Schütz gelten.

Gegenwartsbezogene und bildungstheoretisch fundierte Grundlagen für einen allgemein bildenden Musikunterricht hat Hermann Josef Kaiser formuliert. Musikalische Bildung ist für ihn ein prinzipiell unabschließbarer Prozess des »sich Bildens«, in dem ein mündiges Subjekt an seiner zunehmenden Selbstkonstitution arbeitet, indem es sich in musikalischer und musikbezogener Tätigkeit ein »Bild« von Musik bzw. einen musikbezogenen Standpunkt im Sinne musikalischer Erfahrung erarbeitet, diesen nach außen vertritt und in die Tat umsetzt, dabei aber dazu bereit und in der Lage ist, das eigene »Bild« vor sich selbst und vor anderen zu rechtfertigen und zu überarbeiten (vgl. Kaiser 2002; 2010). In diesem Sinne kann das eingangs zitierte Statement von Campino als Ausweis musikalischer Bildung gelten.

In einem Umfeld gesellschaftlicher Polarisierung und Desintegration wird eine so verstandene, auf einen ergebnisoffenen Austausch angewiesene, musikalische Bildung bedroht.

Pop-Didaktik, die ihren »Gegenstand« im oben beschriebenen Verständnis als Praktiken der aktiven und bewertenden Aneignung begreift, eröffnet die Möglichkeit, sich in musikalischer Tätigkeit i.e.S. und in musikbezogener Tätigkeit in einem von Heterogenitäten und Grenzüberschreitungen geprägten kulturellen Feld, das alle »betrifft«, in Prozessen musikalisch-ästhetischer Gestaltung und in der Auseinandersetzung mit popkulturellen Artefakten im Kontext kooperationsbezogener und reziproker Kommunikation über subjektive Ansichten zu streiten (vgl. Klingmann 2021, 98; vgl. auch Ahlers & Klingmann 2021). Unter der Voraussetzung, dass sich die Beteiligten hierbei auf einen gemeinsamen Gestaltungsprozess einlassen, wird dabei der unmittelbare Nutzen eines übergreifenden Konsenses im Rawlsschen Sinne erlebbar (vgl. Klingmann 2021, 93-94). Popkultur kann in diesem Verständnis als eine kulturelle Praktik, die die spätmoderne Produktivästhetisierung und Singularisierung vorweggenommen hat (vgl. Reckwitz 2015; vgl. auch Fußnote 13), ein wertvolles Feld des »doing universality« werden. Die Entwicklung von Ambiguitätstoleranz stellt sich dabei nicht als moralinsaurer Bildungsanspruch, sondern als Mittel glückender und beglückender sowie situativ ein gemeinsames Weltverständnis herstellender Gestaltung in künstlerischer und gesellschaftlicher Hinsicht dar.

Literatur

Adorno, Theodor W. 2003. »Thesen gegen die musikpädagogische Musik.« In *Dissonanzen. Einleitung in die Musiksoziologie. Gesammelte Schriften Band 14*, Theodor W. Adorno, 437-40. Frankfurt a.M.: Suhrkamp.

Ahlers, Michael & Heinrich Klingmann. 2021. »Doing Popkultur.« In *Musik-Didaktik. Praxishandbuch für die Sekundarstufe I und II*, 9., komplett überarbeitete Auflage, herausgegeben von Werner Jank, 226-35. Berlin: Cornelsen Scriptor.

Appen, Ralf von. 2014. »Popmusik als Kunst.« In *Populäre Musik. Geschichte – Kontexte – Forschungsperspektiven*, herausgegeben von Ralf von Appen, Nils Grosch & Martin Pfleiderer, 219-40. Laaber: Laaber.

Balzer, Jens. 2019. *Pop und Populismus. Über Verantwortung in der Musik*. Hamburg: Edition Körber.

Benninghoff, Martin. 2018. »Einer muss den Job ja machen.« *Frankfurter Allgemeine Zeitung*, 14.04.2018. https://www.faz.net/aktuell/gesellschaft/menschen/eklat-bei-campinos-echo-rede-einer-muss-den-job-ja-machen-15540087.html, zuletzt abgerufen am 11.08.2021.

Benoist, Alain de. 2017. *Kulturrevolution von rechts*. Dresden: Jungeuropa Verlag.

Böhm, Michael. 2017. »Einführung: Die Eroberung der Geister.« In *Kulturrevolution von rechts*, Alain de Benoist, 7-20. Dresden: Jungeuropa Verlag.

Diederichsen, Diedrich. 2013 [1996]. »Pop – deskriptiv, normativ, empathisch.« In *Texte zur Theorie des Pop*, herausgegeben von Charis Goer, Stefan Greif & Christoph Jacke, 185-95. Stuttgart: Reclam.

Diederichsen, Diedrich. 2014. *Über Pop-Musik*. Köln: Kiepenheuer & Witsch.

Eco, Umberto. 2020. *Der ewige Faschismus*, 3. Auflage. München: Hanser.

Foroutan, Naika. 2019. *Die postmigrantische Gesellschaft. Ein Versprechen der pluralen Demokratie*. Bielefeld: transcript.

Frankenberg, Günter. 2020. *Autoritarismus. Verfassungstheoretische Perspektiven*. Berlin: Suhrkamp.

Frith, Simon. 1996. *Performing Rites. On the Value of Popular Music*. Cambridge: Harvard University Press.

Fun-Parc Trittau. 2018. *Unzensiertes Live-Video: Skandal auf dem Echo 2018: Campino sagt Farid Bang & Kollegah die Meinung!*. https://www.youtube.com/watch?v=6FoZ3wOIk9c, zuletzt abgerufen am 11.08.2021.

Gauland, Alexander. 2018. *Kyffhäusertreffen 2018 – Rede von Alexander Gauland* (11.07.2018, 24:18-25:05). https://youtu.be/Hmu0CD7SQNE, zuletzt abgerufen am 05.07.2020.

Geisthövel, Alexa & Bodo Mrozek. 2014. »Einleitung.« In *Popgeschichte. Band 1: Konzepte und Methoden*, herausgegeben von Alexa Geisthövel & Bodo Mrozek, 7-31. Bielefeld: transcript.

Geulen, Christian. 2017. *Geschichte des Rassismus*, 3., durchges. Auflage. München: C.H. Beck.

Günther, Ulrich. 1986. »Musikerziehung im Dritten Reich – Ursachen und Folgen.« In *Handbuch der Musikpädagogik, Bd. 1. Geschichte der Musikpädagogik*, herausgegeben von Hans-Christian Schmidt, 85-173. Kassel: Bärenreiter.

Hecken, Thomas. 2009. *Pop. Geschichte eines Konzepts 1955-2009*. Bielefeld: transcript.

Hecken, Thomas & Marcus S. Kleiner. 2017. »Einleitung.« In *Handbuch Popkultur*, herausgegeben von Thomas Hecken & Marcus S. Kleiner, 1-14. Stuttgart: J. B. Metzler.

Heitmeyer, Wilhelm. 2018. *Autoritäre Versuchungen*. Berlin: Suhrkamp.

Herrenbrück, Sigrid. 2018. »Neuanfang für den Deutschen Musikpreis.« *Bundesverband Musikindustrie*, 25.04.2018. https://www.musikindustrie.de/presse/presseinformationen/neuanfang-fur-den-deutschen-musikpreis-1, zuletzt abgerufen am 12.08.2021.

Identitäre Bewegung. 2016. *Zukunft für Europa – Identitäre Bewegung*. https://youtu.be/rPXI6tA31yI, zuletzt abgerufen am 02.02.2020.

Jacke, Christoph. 2013. *Einführung in Populäre Musik und Medien*, 2. Auflage. Berlin: Lit Verlag.

Jank, Werner. Hg. 2021. *Musik-Didaktik. Praxishandbuch für die Sekundarstufe I und II*, 9., komplett überarbeitete Auflage. Berlin: Cornelsen Scriptor.

Jöde, Fritz. 1919. *Musik und Erziehung. Ein pädagogischer Versuch und eine Reihe von Lebensbildern aus der Schule.* Wolfenbüttel: Julius Zwißlers Verlag.

Jullien, François. 2017. *Es gibt keine kulturelle Identität.* Berlin: Suhrkamp.

Kaiser, Hermann Josef. 1999. »Musik in der Schule? – Musik in der Schule! Lernprozesse als ästhetische Bildungspraxis.« *AfS-Magazin*, 8/1999: 5-11.

Kaiser, Hermann Josef. 2002. »Die Bedeutung von Musik und musikalischer Bildung.« *Zeitschrift für Kritische Musikpädagogik*, Sonderedition 1: 4-18. http://www.zfkm.org/sonder02-kaiser_b.pdf, zuletzt abgerufen am 12.08.2021.

Kaiser, Hermann Josef (2010). »Verständige Musikpraxis. Eine Antwort auf Legitimationsdefizite des Klassenmusizierens.« *Zeitschrift für Kritische Musikpädagogik*, Jahrgang 2010: 47-68. http://www.zfkm.org/10-kaiser.pdf, zuletzt abgerufen am 12.08.2021.

Kleiner, Marcus S. 2017. »Populär und Pop.« In *Handbuch Popkultur*, herausgegeben von Thomas Hecken & Marcus S. Kleiner, 246-51. Stuttgart: J. B. Metzler.

Klingmann, Heinrich. 2010. *Groove – Kultur – Unterricht. Studien zur pädagogischen Erschließung einer musikkulturellen Praktik.* Bielefeld: transcript.

Klingmann, Heinrich. 2018. »Verständigungsschwierigkeiten. Musikalische Umgangsformen und Musiklehrer*innenbildung.« In *Musiklehrer*innenbildung. Veränderungen und Kontexte. Beiträge der Kooperativen Tagung 2018*, herausgegeben von Thomas Krettenauer, Hans-Ulrich Schäfer-Lembeck, Stefan Zöllner-Dressler, 183-97. München: Allitera.

Klingmann, Heinrich. 2021. »Das Besondere und das Allgemeine in musikdidaktischen Kontexten.« In *Musikalische Bildung. Didaktik – Lehrerinnen- und Lehrerbildung – Theorie. Festschrift für Werner Jank*, herausgegeben von Katharina Schilling Sandvoß, Matthias Goebel & Maria Spychiger, 81-102. Innsbruck: Helbling.

Leggewie, Claus. 1987. »Kulturelle Hegemonie – Gramsci und die Folgen.« In *Leviathan* 15, no. 2: 285-304. https://www.jstor.org/stable/23983386, zuletzt abgerufen am 12.08.2021.

Löwenthal, Leo. 2021. *Falsche Propheten. Studien zur faschistischen Agitation.* Berlin: Suhrkamp.

Ministerium des Inneren des Landes NRW. 2021. *Verfassungsschutzbericht des Landes Nordrhein-Westfalen über das Jahr 2020 (Stand Juni 2021).* https://www .im.nrw/system/files/media/document/file/ VS_Bericht_NRW_2020.pdf, zuletzt abgerufen am 12.08.2020.

Mouffe, Chantal. 2018. *Für einen linken Populismus.* Berlin: Suhrkamp.

Mrozek, Bodo. 2019. *Jugend Pop Kultur. Eine transnationale Geschichte*. Berlin: Suhrkamp.

Müller, Mario Alexander. 2017. *Kontrakultur*. Schnellroda: Verlag Antaios.

Müller, Jan-Werner. 2016. *Was ist Populismus?*. Berlin: Suhrkamp.

Rabinovici, Doron. 2018. »*Alles kann passieren!*« *Ein Polittheater*. Wien: Zsolnay.

Reckwitz, Andreas. 2006. »Ernesto Laclau. Diskurse, Hegemonien, Antagonismen.« In *Kultur. Theorien der Gegenwart*, herausgegeben von Stephan Moebius & Dirk Quadflieg, 339-49. Wiesbaden: VS Verlag für Sozialwissenschaften.

Reckwitz, Andreas. 2015. »Ästhetik und Gesellschaft – ein analytischer Bezugsrahmen.« In *Ästhetik und Gesellschaft. Grundlagentexte aus Soziologie und Kulturwissenschaften*, herausgegeben von Andreas Reckwitz, Sophia Prinz & Hilmar Schäfer, S. 13-52. Berlin: Suhrkamp.

Reckwitz, Andreas. 2017. *Die Gesellschaft der Singularitäten. Zum Strukturwandel der Moderne*. Berlin: Suhrkamp.

Reckwitz, Andreas. 2019. *Das Ende der Illusionen. Politik, Ökonomie und Kultur in der Spätmoderne*. Berlin: Suhrkamp.

Schütz, Volker. 1982. *Rockmusik: eine Herausforderung für Schüler und Lehrer*. Oldenburg: Isensee.

Sellner, Martin. 2017. »Gegen die Subkultur – Für die Gegenkultur (Nachwort).« In *Kontrakultur*, Mario Alexander Müller, 330-333. Schnellroda: Verlag Antaios.

Theweleit, Klaus. 2014. »So tun als gäbe es kein Morgen oder: 2000 Light Years from Home.« In *Popgeschichte. Band 1: Konzepte und Methoden*, herausgegeben von Alexa Geisthövel & Bodo Mrozek, 251-70. Bielefeld: transcript.

Transdisziplinäre Eventforschung als Möglichkeitswissenschaft
Überlegungen zum Vermittlungs- und Moderationspotenzial von Events

Beate Flath

Einleitung

Transformationen, Umbrüche und Krisen – kurzum Druckwellen – prägen das aktuelle Zeitgeschehen: die Klimakrise, Hungersnöte, Kriege, die Zurückdrängung der Menschenrechte, der Demokratie und der Pressefreiheit, Populismen und nicht zuletzt die Auswirkungen der COVID-19-Pandemie stellen jede*n einzelne*n Bürger*in vor ebenso große Herausforderungen wie politisch Verantwortliche, zivilgesellschaftliche Organisationen und Gesellschaften. In einer globalisierten, kapitalistisch geprägten Welt werden durch vielfältige Vernetzungen und Abhängigkeiten Druckwellen unmittelbar spürbar und tendieren dazu, sich gegenseitig zu verstärken: Extreme Wetterereignisse in Folge der Erderwärmung machen vor nationalen Grenzen nicht Halt, Hungersnöte und Migrationsbewegungen sind nicht abgekoppelt von einer kapitalistischen Wirtschafts- und Lebensweise zu sehen und internationale Finanzkrisen lassen kaum eine Volkswirtschaft unberührt.

Komplexitäten, Mehrdimensionalitäten und Mehrdeutigkeiten fordern dabei auch wissenschaftliches Denken und Handeln heraus – im Zusammenhang mit dem Erkennen und Benennen von Problemen, dem Erproben von Lösungsansätzen, der Moderation, Mediation und Reflexion von Perspektiven, Interessenslagen und Positionen innerhalb, außerhalb und zwischen akademischen und außerakademischen Feldern. In den vergangenen fünf Jahrzehnten sind vor diesem Hintergrund unterschiedlichste wissenschaftstheoretische Ansätze entstanden, deren Gravitationszentrum stets das Verhältnis von Wissenschaft bzw. wissenschaftlichen Institutionen und Gesellschaft(en) in Hinblick auf Forschungsgegenstände, beteiligte Akteur*innen, Methodologien und Methoden sowie deren Kommunikation, Einordnung, Reflexion und Vermittlung ist.

Von besonderem Interesse im Rahmen dieses Beitrages ist der letzte Punkt, knüpft er doch an jene Veranstaltungsreihe der Universität Paderborn an, die 2019 unter dem Titel *Druckwellen. Fühlen & Denken* stattfand und namensgebend für den vorliegenden Sammelband ist (siehe auch die Einleitung zu diesem Sammelband). Bei freiem Eintritt wurden im Rahmen von drei Veranstaltungen – *MASSE Macht (Ohn)Macht*–»*Power to the people!?*« am 23. Mai 2019 in der Zentralstation Paderborn, die sich zum damaligen Zeitpunkt noch im Umbau befand, *LAUT-Sprecher*in*–»*Das wird man wohl noch sagen dürfen*« am 28. Mai 2019 im Audimax der Universität Paderborn und *MACHT Musik!* – »*Ich rappe, also bin ich*« am 5. Juni 2019 im Theatertreff des Theaters Paderborn – klassische Diskussionsformate mit künstlerischen Interventionen verwoben, um Ausgesprochenes sowie Unausgesprochenes ästhetisch gespiegelt unmittelbar erlebbar zu machen und damit Reflexionsräume zu erschließen. Vor dem Hintergrund der Erfahrungen der Autorin als Mitorganisatorin dieser Veranstaltungsreihe sowie als Universitätsprofessorin für Eventmanagement mit den Schwerpunkten Popmusikkulturen und digitale Medienkulturen soll dieser Beitrag das Vermittlungs- und Moderationspotential von Events im Kontext transdisziplinärer Eventforschung ausleuchten, indem die beiden theoretisch-konzeptionellen Konzepte – »Transdisziplinarität« und »Event« – miteinander verknüpft und in Beziehung gesetzt werden.

Transdisziplinarität und Möglichkeitswissenschaft

In Hinblick auf die wissenschaftstheoretische Einordnung und Anbindung von Transdisziplinarität existiert eine Vielzahl und Vielfalt an Zugängen[1], deren Systematisierung entlang unterschiedlicher Kriterien erfolgen kann. Beispielsweise entwickelten Christian Pohl und Gertrude Hirsch Hadorn (2006) auf Basis von 20 Publikationen, die zwischen 1997 und 2004 erschienen sind, vier definitorische Charakteristika, die gleichsam das theoretisch-

---

1   Siehe dazu u.a. Jantsch 1972, Mittelstraß 2003, Balsinger 2005, Hirsch Hadorn et al. 2008, Schaper-Rinkel 2010, Dressel et al. 2014, Bernstein 2015.

konzeptionelle Gravitationsfeld von Transdisziplinarität bilden: »Überschreiten und Integrieren von disziplinären Paradigmen, das partizipative Forschen, die Orientierung an lebensweltlichen Problemen« und »die Suche nach einer universellen Einheit des Wissens jenseits von Disziplinen« (Pohl & Hirsch Hadorn 2006, 68). Diese Charakteristika, die in unterschiedlichen Ansätzen von Transdisziplinarität unterschiedlich stark ausgeprägt sind, dienten den Autor*innen als Kriterium zur Systematisierung, Beschreibung und historischen Einordnung dieser Ansätze. Zudem benennen und definieren sie unterschiedlichste »Spielarten‹ von Transdisziplinarität mit anderen Bezeichnungen« (ebd., 86-92)[2] und spannen damit ein vielschichtiges Netz an wissenschaftstheoretischen Zugängen und Begrifflichkeiten auf.[3]

Einen weiteren systematischen Überblick bietet die Analyse unterschiedlicher Definitionsansätze, wie sie von Julie Thompson Klein (2013) durchgeführt wurde. Klein arbeitete auf Basis einer Fülle von Literaturquellen Schlüsselwortcluster von Transdisziplinarität heraus. Diese beziehen sich auf das Forcieren von ganzheitlichem und grenzüberschreitendem Denken, das Anerkennen von Komplexität und Vielfalt, die Implementierung von Partizipation und Kollaboration in Forschungsprozesse, die Ausdifferenzierung unterschiedlichster Arten von Wissen sowie den Anspruch eines transformativen Charakters von transdisziplinärer Forschung. Durch das Herausarbeiten dieser Bedeutungsdimensionen von Transdisziplinarität bildet Klein auch unterschiedliche Denktraditionen und historische Entwicklungen von Transdisziplinarität ab.

Anknüpfend an diese beiden, exemplarisch genannten, Herangehensweisen, unterschiedlichste Definitionen und Bedeutungen von Transdisziplina-

---

2   Zu diesen »Spielarten« zählen: Interdiciplinary problem-solving, Mode 2 Interdisciplinary (versus Mode 1 Interdisciplinary), La recherche interdisciplinaire finalisée, Trans-scientific, Post-normal science, Sustainability science, Mode 2 knowledge production, Policy sciences und Policy analytic activities (Pohl & Hirsch Hadorn 2006, 86-87).

3   Ausgehend vom zentralen Ausgangspunkt transdisziplinärer Forschung – den gesellschaftlich relevanten Problemfeldern, die dann vorliegen, »wenn für die Beteiligten viel auf dem Spiel steht und ein gesellschaftliches Interesse an der Verbesserung der Situation besteht« (ebd., 22), – legt ihre Analyse vier Gestaltungsprinzipien transdisziplinärer Forschung frei: die Reduktion von Komplexität durch Verortung des Wissensbedarfs und der Beteiligten, die Wirksamkeit durch Einbettung in das Umfeld, die Integration durch offenes Aufeinanderzugehen und die Reflexivität durch Rekursivität (ebd., 15-16).

rität zu systematisieren und zu bündeln, lassen sich zentrale Dimensionen von Transdisziplinarität entlang des Präfixes »trans« entfalten, die das Verhältnis von Wissenschaft und Gesellschaft(en) verdeutlichen. Im Sinne von »hindurch«, »quer« und »darüber hinaus« bezieht sich »trans« auf den Untersuchungsgegenstand, die Forschenden bzw. die Wissenden und auf Methoden – kurzum auf das Was, das Wer und das Wie. Vor dem Hintergrund des zentralen Erkenntnisinteresses dieses Beitrages soll ein weiterer, querliegender, Aspekt des Verhältnisses von Wissenschaft und Gesellschaft(en) ergänzt werden: Moderation und Vermittlung von und durch Wissenschaft in transdisziplinären Prozessen. Denn – so die Prämisse dieses Beitrages – das erkenntnistheoretische Potential von Transdisziplinarität wird erst durch Vermittlung und Moderation im Sinne von Transfer (»transferre«, lat., hinüberbringen) und Translation (translatio, lat., Übertragung, Verlegung) wirksam[4]. Vermittlung und Moderation zielen dabei auf das gemeinsame Reflektieren von Möglichkeitsräumen. In diesem Sinne knüpft diese Erweiterung an das im Kontext der Nachhaltigkeitsforschung entwickelte Konzept der »Möglichkeitswissenschaft« (Schneidewind 2019) an. Die sogenannte »Zukunftskunst« ist dabei ihr Schlüsselkonzept:

> »Kunst als Ausdruck eines kreativen Handelns und Sich-in-der-Welt-Orientierens spielt gerade in der Auseinandersetzung mit Transformationsprozessen eine besondere Rolle. In komplexen Veränderungsprozessen ist es notwendig, verschiedene Formen des Wissens und unterschiedliche Perspektiven kreativ aufeinander zu beziehen [...]. [...] Der Kunstbegriff steht damit auch für das erweiterte reflexive und intervenierende Wissens- und auch Wissenschaftsverständnis [...].« (Schneidewind 2019, 39)

Der hier formulierte Zugang schließt einerseits an jene Diskurse an, die Kunst bzw. künstlerische Praktiken als Quellen von Erkenntnis erachten und sie in

---

4   Zierhofer und Burger (2017) merken auf Basis einer Analyse von 16 transdisziplinären Forschungsprojekten kritisch an, dass Partizipation im Sinne der Integration von außeruniversitären Partnern nicht in allen Projekten, die sich als transdisziplinär verstehen, epistemische Funktion habe. Eben dieser Aspekt – die Partizipation im Sinne der Integration – ist ein wichtiger Dreh- und Angelpunkt für Vermittlung und Moderation. Gleichzeitig wäre in Bezug auf die Analyse von Zierhofer und Burger zu diskutieren, ob die Auswahl des Konzeptes »problemorientierte Forschung« als einziger und isolierter Ausgangspunkt der Entwicklung von Analyseebenen einer kritischen Diskussion bedürfen würde, denn eben diese Isolation widerspricht dem Wesen transdisziplinärer Forschung.

Beziehung zu Wissenschaft bzw. wissenschaftlichen Praktiken setzen (vgl. Ingrisch 2012; Valerie & Ingrisch 2014; Mittelstraß 2020).[5] Andererseits werden die intervenierenden und transformierenden Qualitäten von Wissenschaft und Forschung deutlich, wie sie beispielsweise im Zusammenhang mit der Interventionsforschung[6] (Krainer & Lerchster 2012; Heintel 2005) oder der Transformativen Wissenschaft bzw. Modus 3-Wissenschaft (Schneidewind & Singer-Brodowski 2013) formuliert werden. Das bedeutet, Moderation und Vermittlung als wissenschaftliche Querschnittsaufgabe im hier verstandenen Sinne, kanalisiert diese intervenierenden und transformierenden Qualitäten produktiv, indem sie Möglichkeitsräume erschließt und reflektiert. Vor diesem Hintergrund wird im Rahmen dieses Beitrages unter Transdisziplinarität eine Wissenschaftshaltung verstanden, die darauf zielt, quer zu wissenschaftlichen Disziplinen, Akteur*innen und Methoden, Erkenntnis zu generieren, zu reflektieren, zu moderieren und zu vermitteln. Um damit – in Anlehnung an Heinz von Foerster – die Anzahl an Möglichkeiten zu erhöhen, um die eigene Freiheit und die der anderen zu vergrößern (vgl. von Foerster & Pröksen 2019, 36). In diesem Sinne ist sie möglichkeitserweiternd.

---

5   Beispielsweise sind in diesem Zusammenhang künstlerische Performances (wie Improvisationstheater, Playbacktheater oder die ästhetische Spiegelung von Diskussionen) im Rahmen von Konferenzen nicht Beiwerk zu Beginn oder am Ende, sondern konstituierender Bestandteil des Erkenntnisprozesses. Besonders eindrucksvoll zeigt das die dreiteilige Tagungsreihe »Wissenskulturen im Dialog«, die von Doris Ingrisch, Marion Mangelsdorf und Gert Dressel am Institut für Kulturmanagement und Gender Studies (IKM) der Universität für Musik und darstellende Kunst Wien (mdw) konzipiert, organisiert und durchgeführt wurde. Mit den Untertiteln »Interferenzen«, »Umkreisungen« und »Versuchsanordnungen« wurde das traditionelle Format einer wissenschaftlichen Tagung aufgebrochen und weitergedacht. Nachzusehen ist dies unter: https://mediathek.mdw.ac.at/ikm-wissenskulturen (zuletzt abgerufen am 29.08.2021).

6   Ihre Entstehung und Etablierung ist sehr eng mit den Arbeiten des Philosophen und Gruppendynamikers Peter Heintel (2005) verbunden. Demnach sind Forschungsprozesse grundsätzlich als Intervention zu erachten, da Forschung das Umfeld ihres Forschungsgegenstandes bzw. den Forschungsgegenstand selbst nicht unberührt lässt. Der Begriff der Intervention im Sinne eines Einwirkens von Wissenschaft und Forschung auf Gesellschaften wird im Zusammenhang mit Interventionsforschung anhand der Unterscheidung zwischen direkten Interventionen, wie beispielsweise Gesellschaften prägende technologische Entwicklungen, sowie indirekten Interventionen, wie beispielsweise einer allgemeinen Orientierungsfunktion, die Wissenschaft und Forschung in Gesellschaften übernehmen kann, ausdifferenziert.

»Wenn man gut durch geöffnete Türen kommen will, muss man die Tatsache achten, dass sie einen festen Rahmen haben: Dieser Grundsatz, nach dem der alte Professor immer gelebt hatte, ist einfach eine Forderung des Wirklichkeitssinns. Wenn es aber Wirklichkeitssinn gibt, und niemand wird bezweifeln, dass er seine Daseinsberechtigung hat, dann muss es auch etwas geben, das man Möglichkeitssinn nennen kann. Wer ihn besitzt, sagt beispielsweise nicht: Hier ist dies oder das geschehen, wird geschehen, muss geschehen; sondern er erfindet: Hier könnte, sollte oder müsste geschehen; und wenn man ihm von irgendetwas erklärt, dass es so sei, wie es sei, dann denkt er: Nun, es könnte wahrscheinlich auch anders sein. So ließe sich der Möglichkeitssinn geradezu als die Fähigkeit definieren, alles was ebenso gut sein könnte, zu denken und das, was ist, nicht wichtiger zu nehmen als das, was nicht ist.« (Musil [1930] 2021, 30-31)

Der hier von Robert Musil in seinem Roman *Der Mann ohne Eigenschaften* beschriebene Möglichkeitssinn inspiriert wissenschaftliches Denken, Fühlen und Handeln und fordert sie gleichermaßen heraus – nicht nur in Hinblick auf unser Verständnis von Wissenschaft im Kontext komplexer Zusammenhänge und Fragestellungen, sondern auch vor dem Hintergrund der Rolle von Wissenschaft im Zusammenhang mit Fake News, Verschwörungstheorien und Wissenschaftsskepsis. Denn, der Möglichkeitssinn ist nicht als Argumentationsstütze für die Letztgenannten zu verstehen und meint auch nicht Beliebigkeit, sondern Beweglichkeit, Offenheit und Unvoreingenommenheit eines forschenden Denkens, Fühlens und Handelns. Ein Reflektieren über den Möglichkeitssinn in Relation zum Wirklichkeitssinn erschließt neue Räume des Denkens, Fühlens und Handelns und »er-möglicht« in Anlehnung an Doris Ingrisch ein Denken, Fühlen und Handeln »im Und« (Ingrisch 2012, 103) bzw. mit Helga Nowotny gesprochen, ein Anerkennen von »Es ist so, es könnte auch anders sein« (Nowotny 1999). Dabei stellt sich nun die Frage, wie »Denkräume in Bewegung« (Ingrisch 2012) gebracht werden können – behutsam und verantwortungsvoll.

Events als Vermittlungs- und Moderationsformate

Wenn im Rahmen dieses Beitrages die Aufmerksamkeit auf das verantwortungsvolle und behutsame »In-Bewegung-Setzen« von Denkräumen gelegt wird, dann geschieht dies vor dem Hintergrund eines spezifischen Formates: dem Event. Dieses lässt sich ganz allgemein als Veranstaltung und damit als personenbezogene Dienstleistung beschreiben, die zielorientiert und zeitlich begrenzt ist und für Besuchende Rahmenbedingungen für einzigartige, multisensorische Erlebnisse schafft (u.a. Zanger 2010; Drengner 2014). »Events sind folglich als aus dem Alltag herausgehobene, performativ-interaktive Veranstaltungen zu begreifen, die raum-zeitlich verdichtet sind und eine hohe Anziehungskraft für relativ viele Menschen haben« (Gebhardt et al. 2000, 12).

Überführt man diese Charakteristika in soziale und kulturelle Zusammenhänge, dann lassen sich Events – mit Winfried Gebhardt gesprochen – als »die spezifischen Feste und Feiern einer sich individualisierenden, pluralisierenden und zunehmend verszenenden Konsum- und Erlebnisgesellschaft« (Gebhardt 2000, 29) beschreiben. Und weiter: »Werden die Begriffe Event und Eventisierung dazu genutzt, diesen inneren wie äußeren Gestaltenwandel des Festlichen in modernen Gesellschaften herauszuheben, dann sind sie sinnvolle Begriffe. Dann nämlich werfen sie ein Licht auf die kulturelle Dimension jener in der Soziologie ausführlich beschriebenen, für die spätmodernen Gesellschaften typischen Individualisierungs- und Pluralisierungsprozesse« (Gebhardt 2000, 28).

Dieser theoretisch-konzeptionelle Ausgangspunkt erlaubt einerseits Events als die festliche Dimension von Pop[7] bzw. als »Vergemeinschaftungsform, die für die Popkultur nicht nur typisch, sondern stilbildend ist« (Schroeter-Wittke 2017, 72) einzuordnen. Andererseits verknüpft das Konzept »Event« den Gestaltwandel des Festlichen – als Alltagsbewältigung im Sinne des Aufhebens des Alltags (Gebhardt 1987, 63) – mit zeitdiagnostischen Befunden der Spätmoderne, wie beispielsweise Individualisierung und Pluralisierung. Aus dieser Verknüpfung speist sich jene theoretisch-konzeptionelle Verdichtung, die die Grundlage des im Rahmen dieses Beitrages argumentierten Verständnisses von Vermittlung und Moderation als Querschnittsaufgabe transdisziplinärer Forschung darstellt: Events werden

---

7   An dieser Stelle soll an jene Definition von Pop angeknüpft werden, wie sie von Alexa
     Geisthövel und Bodo Mrozek formuliert wird: »Pop wäre damit ein Zeitabschnitt, der
     sich von älteren Perioden der Populärkultur bzw. ländlich geprägten Volkskultur wie
     auch von der industriellen Massenkultur des 19. und frühen 20. Jahrhunderts signifi-
     kant unterscheidet. Faktoren hierfür finden sich teils in allgemeinhistorischen Narra-
     tiven, etwa in der transatlantischen und zunehmend auch globalen Verflechtungen,
     Individualisierungs- und Liberalisierungsprozessen ebenso wie in Prozessen von Ur-
     banisierung und Technisierung.« (Geisthövel & Mrozek 2014, 20)

als »Tools« begriffen, die im Zusammenhang mit breiten gesellschaftlichen Aushandlungsprozessen dazu einladen, über das sinnliche und ästhetische Erleben im Außeralltäglichen, Möglichkeitsräume zu erdenken und zu erfühlen. Die so beschreibbare *Eventisierung gesellschaftlicher Aushandlungsprozesse* meint dabei weniger deren stetiges Anreichern mit Erlebnissen als vielmehr das aufmerksame Design der Qualität des Festlichen und der Übergänge zwischen Alltag und Außeralltäglichem sowie das bewusste Einbeziehen des Ästhetischen.[8] Die für Moderation und Vermittlung im transdisziplinären Sinne zentralen Qualitäten von Events sind somit primär deren Verwandtschaft mit traditionellen Festen[9] sowie deren Ästhetik und Sinnlichkeit. Ihre theoretisch-konzeptionellen Bezugspunkte sind daher Feste und Feiern sowie ihr Potential, auf kollektiver und individueller Ebene Möglichkeitsräume zu erkunden. Beispielhaft sollen an dieser Stelle das Projekt *Musik und Klima*[10], das in unterschiedlichen Eventformaten Möglichkeitsräume für Musiker*innen, Kulturschaffende und Klimaaktivist*innen auslotet, das *CTM Festival*[11] oder der *Deutsche Evangelische Kirchentag*[12] genannt werden. Diese Formate stehen exemplarisch für ein Erkunden und Erforschen von individuellen und kollektiven Möglichkeitsräumen, indem sie die zentralen Charakteristika des Konzeptes »Event«, jenseits von Marketingevents, Messen oder Wahlveranstaltungen, fruchtbar machen.

Vor diesem Hintergrund mündet die Eventisierung von gesellschaftlichen Aushandlungsprozessen in das Schaffen von Räumen, in denen das gemeinsame Erleben Ausgangpunkt für gemeinsames Denken und Handeln ist – mit allen Mehrdimensionalitäten, Ambivalenzen, Differenzen und aller Vorläufig-

---

8   An dieser Stelle sei auf Josef Früchtl (2021) verwiesen, der den »Zusammenhang von demokratischer Politik, Gefühlen und Ästhetik« (Früchtl 2021, 8) argumentiert und damit eine »ästhetische Antwort auf die emotionale Wende im politischen Diskurs« (Früchtl 2021, 7) formuliert.

9   Zur Unterscheidung von rituellen Festen und popkulturellen Events siehe u.a. Hepp & Vogelgesang 2010; Schroeter-Wittke 2017, 73.

10 https://musik-und-klima.de (zuletzt abgerufen am 22.08.2021).

11 https://www.ctm-festival.de (zuletzt abgerufen am 22.08.2021).

12 https://www.kirchentag.de (zuletzt abgerufen am 22.08.2021).

keit, jedoch dem Dialog verpflichtet, mit Christina Thürmer-Rohr[13] verstanden als »mentale Gastfreundschaft« (Thürmer-Rohr & Lechleitner 2017, 151).

Events als Vermittlungs- und Moderationsformate zu begreifen, verknüpft produktive, respektvolle und wertschätzende Auseinandersetzung (beispielsweise mit sich, anderen Menschen, einer spezifischen Situation etc.) mit einem multisensorischen Setting, in dem Reflexion, Austausch, ästhetisches Erleben und Erkenntnis Hand in Hand gehen (können). Moderation und Vermittlung meinen daher nicht nur Transfer, wie er in den meisten wissenschaftlichen Institutionen mehr oder weniger konkret implementiert ist, sondern viel mehr ein Übersetzen und »vor allem« ein Zuhören und Beobachten.

Transdisziplinäre Eventforschung

Die bisherigen Ausführungen entwickelten ein Verständnis von Transdisziplinarität, das im Sinne des Konzeptes einer Möglichkeitswissenschaft über die Eventisierung von Vermittlung und Moderation Möglichkeitsräume erschließt. Vor diesem Hintergrund sind sowohl das Erforschen dieser Vermittlungs- und Moderationsprozesse als auch das Vermitteln und Moderieren von gesellschaftlichen Aushandlungsprozessen zentrale Bestandteile transdisziplinärer Eventforschung. Darin liegt ihr wissenschaftstheoretisches sowie ihr gesellschaftspolitisches Potential. Unter Bezugnahme auf die verschiedenen, im vorherigen Abschnitt genannten transdisziplinären Ansätze verwebt diese Herangehensweise eine als transdisziplinär eingeordnete Modus 2-Wissenschaft (Gibbons et al. 1994, siehe Fußnote 2) mit einer als transformativ verstandenen Modus 3-Wissenschaft (Schneidewind & Singer-Brodowski 2013) zu einer vermittelnden und moderierenden Modus 4-Wissenschaft. Event*forschung* wird so zur Möglichkeits*wissenschaft*.

Wie zentral Events im Zusammenhang mit der Moderation und Vermittlung von Aushandlungsprozessen sein können, zeigt uns die COVID-19-Pandemie, die nicht nur als Gesundheitskrise bezeichnet werden kann,

---

13   Gemeinsam mit Laura Gallati entwickelte Christina Thürmer-Rohr das Projekt »Akazie 3«, in dem der Dialog im Zentrum steht. »Dialog als Grundlage politischen Denkens und als musikalisches Prinzip. Es ging und geht also um das Zusammenkommen verschiedener Stimmen: Sprechen in Worten und Sprechen in Tönen«. (Thürmer-Rohr & Lechleitner 2017, 150-51)

sondern auch als eine, die den gesellschaftlichen Zusammenhalt herausfordert. Gemeinsam mit dem Verschwinden von analogen, co-präsenten Events, in denen Zeit und Raum gemeinsam erlebt werden und einen gemeinsamen Bezugspunkt für Erfahrungen darstellen, wurde auch eine demokratische Debattenkultur – im Sinne eines gemeinsamen Denkens und Aushandelns – immer unmöglicher. Das Verschwinden des Konzeptes »Event« in seiner analogen Form macht seine Bedeutsamkeit und Relevanz jenseits von ökonomischen Erwägungen deutlich. Oder in den Worten von Jean Baudrillard:

> »Alles lebt ausschließlich auf der Grundlage seines Verschwindens, und wenn man die Dinge in aller Hellsichtigkeit interpretieren will, muß man es unter Berücksichtigung ihres Verschwindens tun. Es gibt kein besseres Analyseraster« (Baudrillard 2008, 21).

Jenseits von wissenschaftlichen Tagungen oder Workshops sind Events im hier verstandenen Sinne im universitären Betrieb eher selten, was vermutlich auch mit den gängigen Praktiken der Generierung von Erkenntnis zu tun hat sowie mit den damit assoziierten Institutionen (Universitäten, Publikationsorgane, Projektträger etc.), in denen sie eingebettet sind: Das Wandern abseits austretender Pfade wird vielfach als karrierefeindlich, die Diskussion mit fachfremden Kolleg*innen als zu anstrengend und zeitraubend erlebt; das (An-)Erkennen des eigenen Nichtwissens wirkt vielfach bedrohlich, die Angst davor, Fehler zu machen, ist groß und vielfach wird übersehen, dass Wissen stets auch Nichtwissen impliziert. Wissenschaftliche Institutionen laufen so Gefahr, »Trivialisierungsmaschinen« (von Foerster & Pörksen 2019, 65-67) zu werden. Vor diesem Hintergrund und mit Blick auf die in der Einleitung skizzierten aktuellen ökologischen, sozialen, ökonomischen und kulturellen Herausforderungen ist es Aufgabe einer transdisziplinären Eventforschung als Möglichkeitswissenschaft, das Vermittlungs- und Modertionspotential von Events als Teil des wissenschaftlichen Selbstverständnisses, des Forschungsprozesses und nicht zuletzt als Gegenstand zu begreifen, um über gemeinsames, sinnliches Erleben Alternativen zu denken und zu fühlen, die Fähigkeit zur Imagination zu stärken und Möglichkeitsräume zu erkunden.

Literatur

Balsiger, Philipp W. 2005. *Transdisziplinarität. Systematisch-vergleichende Untersuchung disziplinenübergreifender Wissenschaftspraxis.* München/Paderborn: Wilhelm Fink Verlag.

Baudrillard, Jean. 2008. *Warum ist nicht alles schon verschwunden?* Berlin: Matthes & Seitz.

Bernstein, Jay H. 2015. »Transdisciplinarity: A Review of Its Origins, Development, and Current Issues.« *Journal of Research Practice*, 1(1):1-20.

Drengner, Jan. 2014. »Events als Quelle außergewöhnlicher und wertstiftender Konsumerlebnisse.« In *Events und Messen. Stand und Perspektiven der Eventforschung*, herausgegeben von Cornelia Zanger, 113-40. Wiesbaden: Springer.

Dressel, Gert, Wilhelm Berger, Katharina Heimerl & Verena Winiwarter. Hgg. 2014. *Inter- und transdisziplinär Forschung. Praktiken und Methoden.* Bielefeld: transcript.

Früchtl, Josef. 2021. *Demokratie der Gefühle. Ein ästhetisches Plädoyer.* Hamburg: Meiner Verlag.

Foerster von, Heinz & Bernhard Pörksen, *Wahrheit ist die Erfindung eines Lügners. Gespräche für Skeptiker*, 12. Auflage. Heidelberg: Carl Auer.

Geisthövel, Alexa & Bodo Mrozek. 2014. »Einleitung.« In: *Pop Geschichte. Band 1: Konzepte und Methoden*, herausgegeben von Alexa Geisthövel & Bodo Mrozek, 7-31. Bielefeld: transcript.

Gebhardt, Winfried. 1987. *Fest, Feier und Alltag. Über die gesellschaftliche Wirklichkeit der Menschen und ihre Deutung.* Frankfurt a.M.: Peter Lang Verlag.

Gebhardt, Winfried, Ronald Hitzler & Michaela Pfadenhauer. 2000. »Einleitung.« In *Events. Soziologie des Außergewöhnlichen*, herausgegeben von Winfried Gebhardt, Ronald Hitzler & Michaela Pfadenhauer, 9-13. Opladen: Leske + Budrich.

Gebhardt, Winfried. 2000. »Feste, Feiern und Events. Zur Soziologie des Außergewöhnlichen.« In *Events. Soziologie des Außergewöhnlichen*, herausgegeben von Winfried Gebhardt, Ronald Hitzler & Michaela Pfadenhauer, 17-32. Opladen: Leske + Budrich.

Gibbons, Michael, Camille Limoges, Helga Nowotny, Simon Schwartzman, Peter Scott & Martin Trow. 1994. *The New Production of Knowledge: The Dynamics of Science and Research in Contemporary Societies.* London: Sage.

Haber, Heinz. 1968. »Öffentlich Wissenschaft.« *Bild der Wissenschaft*, 5 (9), 744-53.

Hirsch Hadorn, Gertrude, Holger Hoffmann-Riem, Susette Biber-Klemm, Walter Grossenbacher-Mansuy, Dominique Joye, Christian Pohl, Urs Wiesmann & Elisabeth Zemp. Hgg. 2008. *Handbook of Transdiciplinary Research*. Dordrecht: Springer.

Heintel, Peter. 2005. »Zur Grundaxiomatik der Interventionsforschung.« In *Klagenfurter Beiträge zur Interventionsforschung*, Band 1, herausgegeben von Peter Heintel, Larissa Krainer & Ina Paul-Horn. Klagenfurt: IFF.

Hepp, Andreas & Waldemar Vogelgesang. 2010. »Ansätze einer Theorie populärer Events.« In *Populäre Events. Medienevents, Spielevents, Spaßevents*, herausgegeben von Andreas Hepp & Waldemar Vogelgesang, 11-36. Opladen: Leske + Budrich.

Ingrisch, Doris. 2012. *Wissenschaft, Kunst und Gender. Denkräume in Bewegung*. Bielefeld: transcript.

Ingrisch, Doris, Marion Mangelsdorf & Gert Dressel. Hgg. 2017. *Wissenskulturen im Dialog. Experimentalräume zwischen Wissenschaft und Kunst*. Bielefeld: transcript.

Jantsch, Erich. 1972. »Towards interdisciplinary and transdiciplinary in education and innovation.« In *Interdisciplinarity. Problems of teaching and research in universities*, herausgegeben von Centre for Educational Research and Innovation (CERI), 97-121. Paris: OECD.

Klein, Julie T. 2013. »The Transdisciplinary Moment(um)« *Integral Review*, 9 (2), 189-199.

Köhler, Julia. 2014. *Events als Instrumente des Regionalmarketings. Entwicklung eines Bezugsrahmens zur regional-strategischen Eventwirkungskontrolle*. Wiesbaden: Springer.

Krainer, Larissa & Ruth E. Lerchster. 2012. »Interventionsforschung: Paradigmen, Methoden, Reflexion.« In *Interventionsforschung Band 1: Paradigmen, Methoden, Reflexionen*, herausgegeben von Larissa Krainer & Ruth Lerchster, 9-19. Wiesbaden: Springer.

Mittelstraß, Jürgen. 2003. *Transdisziplinarität – wissenschaftliche Zukunft und institutionelle Wirklichkeit*. Konstanz: UVK.

Mittelstraß, Jürgen. 2020. *Leonardo-Welten. Zwischen Kunst und Wissenschaft*. Weilerwist: Velbrück Wissenschaft.

Musil, Robert. [1930] 2021. *Der Mann ohne Eigenschaften*. Berlin: Rowohlt.

Nowotny, Helga. 1999. *Es ist so. Es könnte auch anders sein: Über das veränderte Verhältnis von Wissenschaft und Gesellschaft*. Frankfurt a.M.: Suhrkamp.

Pohl, Christian & Gertrude Hirsch Hadorn. 2006. *Gestaltungsprinzipien für transdisziplinäre Forschung. Ein Beitrag des td-net*. Müchen: oekom.

Robertston-von Throtha, Caroline Y. 2012. »Öffentliche Wissenschaft im Spiegel der Web 2.0-Kultur.« In *Öffentliche Wissenschaft & Neue Medien. Die Rolle der Web 2.0-Kultur in der Wissenschaftsvermittlung* herausgegeben von Caroline Y. Robertston-von Throth & J. Muñoz Morcillo, 19-35. Karlsruhe: KIT Scientific Publishing.

Schaper-Rinkel, Petra. 2010. »Trans-Disziplinierung? Kritische Anmerkungen zu Transdisziplinarität am Beispiel der Nanotechnologie und Neuroforschung.« In *Interdisziplinierung? Zum Wissenstransfer zwischen Geistes-, Sozial- und Technowissenschaften*, herausgegeben von Jutta Weber, 27-55. Bielefeld: transcript.

Schneidewind, Uwe & Mandy Singer-Brodowski. 2013. *Transformative Wissenschaft. Klimawandel im deutschen Wissenschafts- und Hochschulsystem*. Marburg: Metropolis Verlag.

Schneidewind, Uwe. 2019. *Die Große Transformation. Eine Einführung in die Kunst gesellschaftlichen Wandels*, 3. Auflage, Frankfurt a.M.: Fischer.

Schroeter-Wittke, Harald. 2017. »Event(uelle) Kirche.« In *Massen und Masken. Kulturwissenschaftliche und theologische Annäherungen*, herausgegeben von Richard Janus, Florian Fuchs & Harald Schroeter-Wittke, 71-78, Wiesbaden: Springer.

Thürmer-Rohr, Christina & Ines Lechleitner. 2017. »Kontroverse und Dialog.« In: *Wissenskulturen im Dialog. Experimentalräume zwischen Wissenschaft und Kunst*, herausgegeben von Doris Ingrisch, Marion Mangelsdorf & Gert Dressel, 147-157. Bielefeld: transcript.

Valerie, Susanne & Doris Ingrisch. 2014. *Kunst_Wissenschaft. Don't Mind the Gap! Ein grenzüberschreitendes Zwiegespräch*. Bielefeld: transcript.

Zanger, Cornelia. 2010. »Stand und Perspektiven der Eventforschung – Eine Einführung.« In *Stand und Perspektiven der Eventforschung*, herausgegeben von Cornelia Zanger, 1-12. Wiesbaden: Springer.

Onlinequellen

CTM-Festival, https://www.ctm-festival.de, zuletzt abgerufen am 22.08.2021.

Deutscher Evangelischer Kirchentag, https://www.kirchentag.de, zuletzt abgerufen am 22.08.2021.

Musik und Klima, https://musik-und-klima.de, zuletzt abgerufen am 22. 08.2021.

Wissenskulturen im Dialog, https://mediathek.mdw.ac.at/ikm-wissenskulturen, zuletzt abgerufen am 29.08.2021.

UNIVERSITÄT
PADERBORN

MI, 05. JUNI 2019
THEATER PADERBORN
BEGINN 18:00 UHR

DRUCK
WELLEN
Fühlen & Denken

MACHT Musik!

„ICH RAPPE, ALSO BIN ICH!"

**Die Macht der Popmusik als gesellschaftlicher
Beobachter in Sprache, Sound und Bild. Ein
Podium zu Selbstermächtigungen, Rap und
Identitäten mit einer musikalischen Perfor-
mance des Duos ONEJIRU ARFMANN und
MATTHIAS ARFMANN.
Eintritt frei.**

Organisator*innen: Jun.-Prof.ª Dr.ª Beate Flath, Ina Heinrich, Prof. Dr. Christoph Jacke,
Prof. Dr. Heinrich Klingmann, Ulrich Lettermann, Maryam Momen Pour Tafreshi

PODIUMSGÄSTE:

ONEJIRU ARFMANN
Musikerin und Produzentin
u.a. „Ballet Jeunesse"

PROF. DR. MICHAEL RAPPE
Hochschule für Musik und Tanz Köln

SOOKEE
Rapperin

MODERATION:

BIANCA HAUDA
Moderatorin und Journalistin
u.a. 1Live, DRadio Wissen, SWR3

MEHR INFOS

Sprachen des Hasses
Eine szenische Performance von und mit Max Rohland und Tatjana Poloczek

Tatjana Poloczek

Sprache spielt für unsere Arbeit als performatives Duo eine entscheidende Rolle. Als Schauspieler*innen reflektieren und diskutieren wir immer wieder Drehbücher, Textvorlagen und Theaterstücke, aber auch kommunikative Strukturen wie zum Beispiel Regieanweisungen und Ensemblegespräche. Sprache kann hierbei zum Trägermedium von unbewusstem oder bewusstem Sexismus, Rassismus, Klassismus und anderen diskriminierenden Denk- und Handlungsstrukturen werden sowie – durch ihre spezifische Performativität und durch das gesprochene Wort – Machtgefälle sichtbar und fühlbar werden lassen. Eben jene Strukturen und Machtgefälle können in den künstlerischen Werken selbst oder – eine Ebene höher – in der Arbeit mit ihnen auftreten. Sie können sich in der Sprache selbst zeigen (zum Beispiel durch bestimmte Formulierungen) oder im Umgang mit dieser (zum Beispiel durch den Redeanteil von Einzelnen in der Gruppe).

Als Schauspieler*innen verstehen wir uns als Sprachrohr und sind sensibilisiert für die Stärke und Macht, die Sprache aufgrund ihrer Fähigkeit, uns intellektuell und emotional zu berühren, entfalten kann. Im Umkehrschluss bedeutet dies aber auch, dass Sprache eine zerstörerische Kraft entfalten kann. In unseren drei Performances für die Druckwellen-Veranstaltung »LAUT-Sprecher*in: Das wird man wohl noch sagen dürfen!« haben wir uns deshalb auf das Phänomen der *Hate Speech* (zu Deutsch: Hassrede) fokussiert.

Was ist eigentlich *Hate Speech*?

Hate Speech ist ein Begriff, der sich inhaltlich nicht genau abgrenzen lässt, da er ein breites Feld an negativ konnotierten Äußerungen umfasst und dementsprechend inflationär genutzt wird. So stellt die Soziologin Elke Wagner in ihrem Buch *Intimisierte Öffentlichkeit* fest, dass *Hate Speeches* immer kontextuell gesehen werden müssen. Hassreden würden immer kontextbezogen auftreten und könnten unterschiedlich intendiert sein. Dieses hohe Maß an stilistischer Diversität und kontextueller sowie inhaltsbasierte Vielfalt sei unter anderem ein Grund dafür, warum Google und Facebook mit automatisierten Algorithmen, die *Hate Speech* aus dem Internet fischen sollen, nicht weiterkämen. Die Algorithmen verstünden beispielsweise keine ironischen oder im Jugendslang kontextualisierten Kommentare und könnten somit nicht filtern (vgl. Wagner 2020).

Dementsprechend ist die Definition dessen, was *Hate Speech* ist und gesellschaftlich bedeutet, politisch umkämpft. In Deutschland ist sie zudem keine juristische Kategorie, auch wenn einige Straftatbestände, besonders die der Volksverhetzung, ihr nahekommen. Auch die Kriminalitätsstatistik der Polizei kennt *Hate Speech* nicht als eigenständige Kategorie.

Dennoch ist die gesellschaftliche Relevanz nicht abzustreiten. Rund 96 % aller Heranwachsenden wurden bereits mit Hass und Hetze im Internet konfrontiert, und es gibt Studien, die zeigen, dass es durchaus einen Zusammenhang zwischen digitaler und analoger Gewalt geben kann (vgl. No Hate Speech Movement Deutschland 2020).

Für unsere Performance sind wir davon ausgegangen, dass es sich um *Hate Speech* handelt,

»wenn Menschen abgewertet, angegriffen oder wenn gegen sie zu Hass oder Gewalt aufgerufen wird [...]. Oft sind es rassistische, antisemitische oder sexistische Kommentare, die bestimmte Menschen oder Gruppen zur Zielscheibe haben. *Hate Speech* ist ein Oberbegriff für das Phänomen der gruppenbezogenen Menschenfeindlichkeit oder Volksverhetzung im Internet und Social-Media-Räumen«. (Bundeszentrale für politische Bildung 2017)

Denn

»während etwa von Cyber-Mobbing, sogenannten Shitstorms oder einer verrohten Kommunikationskultur im Netz im Prinzip alle in gleichem Maße betroffen sein können, richtet sich Hate Speech vorwiegend gegen Personen, weil sie einer bestimmten Gruppe zugeordnet werden. Sie erfahren eine Abwertung aufgrund ihrer Hautfarbe, ihrer (vermeintlichen) Herkunft, ihrer Religion, ihres Geschlechts, ihrer sexuellen Orientierung oder ihres Körpers. Hate Speech ist insofern eng verknüpft mit dem Begriff gruppenbezogener Menschenfeindlichkeit.« (AJS und LfM 2016)

Hier haben wir nun angesetzt, um unsere Performances zu erarbeiten und haben uns folgende Fragen gestellt: in welchen Formen kann *Hate Speech* im Internet auftreten, wie sind die Funktionsweisen und Strategien von menschenverachtenden Äußerungen im Netz allgemein und wer ist von *Hate Speech* betroffen?

How to *Hate Speech* – oder drei künstlerische Aufarbeitungsversuche von Hass im Netz

Um uns ein genaueres Bild zu verschaffen, sind wir durch das Netz geströmt und haben in Foren, auf Social Media-Plattformen und über Websites recherchiert sowie Kommentare transkribiert. Wir fanden erschreckend schnell diskriminierende Äußerungen gegenüber PoC's[1], LGBTTIQ's[2], Menschen mit Migrationshintergrund, Menschen mit körperlichen Einschränkungen, Menschen anderer Religionen und gesellschaftlichen Randgruppen. Diese Eindrücke und Recherchen dienten als Grundlage für die Entwicklung unserer drei Performances, die diese Strategien mal subtil, mal offensichtlich, aufdecken und reflektieren sollten.

Auffällig war für uns eine bestimmte Dynamik, die den aggressiven Äußerungen zugrunde zu liegen scheint. Eine einfache Frage, ein Kommentar, ein Post oder ein Artikel führt dann nicht mehr nur zu einzelnen beleidigenden Kommentaren, sondern zu einer Art »Pseudo-Diskussion«, in der sich die verschiedenen Verfasser*innen hochschaukeln und vermeintliche Argumente austauschen, die aber bei genauer Betrachtung genau das nicht sind, nämlich Argumente.

---

1   Abkürzung für People of Color.
2   Abkürzung für Lesbian, Gay, Bi-, Transsexual, Transgender, Intersexual, Queer.

In diesen Kommunikationsblasen geht es dann nicht mehr um Informations-
oder Haltungsaustausch, sondern um Herabwürdigung und um die Bestätigung der eigenen Meinung (vgl. Kuhn & Hauck 2012). Um Recht zu behalten,
werden folgende Strategien eingesetzt: offensichtliche Beleidigung und
Hetze, Verbreitung von falschen Fakten (Fake News), Herabwürdigung durch
Humor (Zynismus), sich gemein machen mit anderen, um sich selbst Größer
erscheinen zu lassen (Wir-und-Die), Verallgemeinerungen und vieldeutige
Metaphern und im schlimmsten Fall auch das Drohen oder Befürworten von
Gewalt (vgl. Bundeszentrale für politische Bildung 2017).

Auf Basis unserer Rechercheergebnisse entwickelten wir nun unser Per-
formanceprogramm.

Performance 1: AUFMERKSAMKEIT[3]

In unserer ersten Performance lag der Schwerpunkt auf der offenen (im Gegensatz zur versteckten) Beleidigung und Hetze im Internet. Die Performance
wurde vom Performer Max Rohland allein durchgeführt. Um zu verdeutlichen, welche Auswirkungen verbale Gewalt auf die Opfer haben kann, stellte
er sich selbst oberkörperfrei als Repräsentant vorne auf das Podium. Aus dem
Lautsprecher kommentierten (zuvor von Schauspieler*innen eingesprochene)
Beleidigungen die körperliche Statur des Performers.

[Auszug]

1: Boa, muss das sein?

2: Ich hab schon Fettere gesehen!

3: Du Schweinebraten auf 2 beinen[4].

---

3   28. Mai 2019: LAUT-Sprecher*in –»Das wird man wohl noch sagen dürfen!« (https://k
    w.uni-paderborn.de/fach-musik/aktivitaeten/druckwellen)
4   Aus künstlerischen und poetischen Gründen werden keine sprachlichen oder ortho-
    grafischen Korrekturen vorgenommen.

1: So ne fette Sau!

2: Was das den Steuerzahler kostet!

3: Wääh, Mann. Wer will den denn ficken?

1: Ist das n Mann oder ne Frau?

2: McDonalds hat grad angerufen, deine Mutter steckt schon wieder in der Rutsche fest.

1: Ne, ernsthaft! Das sind doch richtige Titten?

2: Wie kann man bloß so wenig Selbstrespekt haben?

3: Stirb doch, du fette Sau!

2: Mir tut er leid!

3: Hey, Schwabbel Fatsy! Ist deine Mama ein Wal?

1: Deine Mutter ist wie ein Bullie: dick, fett und es passen 10 Bauarbeiter rein.

2: Ekelhaft! Boah, ich muss reihern!

3: So ein Opfer!

1: Jetzt seid doch nicht so fies!

2: Warum? Ist doch selbst schuld!

3: So ne fette Qualle!

1: Mann, ist der dick Man! Hahaha.

2: Also ich find die Titten geil!

3: Findest aber auch alles geil, @johann fetzenfrosch.

2: Nein, ernsthaft! Ich würd gern auf seine Brüste kommen!

1: Krass, Mann!

2: Boah, bist du eklig!

[...]

3: Mir hat Low-Carb sehr geholfen. Und du isst nur geilen Scheiß!

1: Und sowas belastet später unsere Krankenkassen! Widerlich!

2: Hey, lasst den doch mal in Ruhe!

3: Seh ich gar nicht ein! DAS DA ist eine Krankheit! Untermenschen wie du gehören vergast!

2: Jetzt mach mal halblang!

1: NAZIS RAUS!!!!!!!!

3: Ich meine nur solche Sozialschmarotzer schaden uns allen!

1: NAZIS RAUS!!!!!

2: Weißt ja gar nicht, ob der Schmarotzt. Vielleicht hat der n Job?

3: Der sitzt die ganze Zeit aufm Sofa, zockt und schiebt sich Junkfood und Cola rein. Sieht man doch!

1: Witz

2: Vielleicht hat der auch einfach nur schlechte Gene!

1: Oder versuch doch Weight Watchers. Das hat sich voll bewehrt. Ist auch nicht teuer.

3: Der muss einfach nur aufhören zu fressen und Sport!

Der Performer durchlief beim Hören der Kommentare folgende drei Phasen:

a) Er reagierte körperlich auf die auf ihn einprasselnden Kommentare, als würde er tatsächliche Peitschenhiebe spüren.

b) Er reagierte auf die Beleidigungen, indem er genau das, was ihm vorgeworfen wurde, extrem ausstellte und sich mit Schokolade vollstopfte.

c) Er ergriff beschämt die Flucht nach vorn durch das Publikum, wobei ihm die Hose runterrutschte und er nur noch in Unterwäsche auf allen Vieren kriechen konnte.

Diese Performance sollte durch das Spiel mit Ambivalenzen für einen Irritationsmoment sorgen. Zum einen gab es die bewusst plakative Inszenierung, um für die Zuschauer*innen physisch spürbar und erfahrbar zu machen, was Opfer von verbaler Gewalt im Netz innerlich erleben, auch wenn es sich »nur« digital abspielt. Gleichzeitig wurden in die Beleidigungen vermeintliche Hilfsangebote eingeflochten, die erst retrospektiv negative Emotionen evozieren, weil es sich auch in diesen Fällen um Diskriminierung handelt.

Die Frage bleibt auch, warum der Performer sich so verhält, wie er es tut. Warum wehrt er sich nicht? Warum bedient er die Struktur? Warum verlässt er nicht früher den Raum? Das Publikum wird in der Szene zu stummen Betrachtenden und muss das Gesagte und Gesehene aushalten. Wird es durch ein Nicht-Eingreifen zum Mittäter?

Unser subjektiver Eindruck beim Durchforsten von aggressiven Kommentaren im Netz war, dass die Anonymisierung bzw. die körperliche Abwesenheit bei Internet-Diskussionen diskriminierungsverstärkend und moralisch enthemmend wirken, da niemand personell in Form eines Körpers zur Rechenschaft gezogen werden kann. Die Verfasser*innen von *Hate Speech* erleben keine unmittelbare emotionale Reaktion des Opfers, was eine Objektifizierung erleichtert. Hinzu kommt, dass der virtuelle Raum uns ermöglicht, sich in kürzester Zeit in großen Gruppen zusammenzuschließen. So kann schnell ein Gefühl von Rechtfertigung durch die Gruppe und Überlegenheit gegenüber dem anderen erzeugt werden.

Genau mit diesem Phänomen wollten wir in unserer nächsten Performance spielen, indem wir live untersuchen, was passiert, wenn das Prinzip der Anonymität aufgehoben wird.

Performance 2: HATE SPEECH STUDENTEN

Während unserer Recherche haben wir uns immer wieder gefragt: Was würde passieren, wenn all diese Beleidigungen nicht mehr durch den digitalen
Deckmantel ausgesprochen, sondern im *real life* stattfinden würden? Würde
die Sprache in ihrer Rohheit und Gewalt dann schon absurd wirken? Würde
sie noch härter treffen? Würden sich die kommunikativen Strategien selbst
offenlegen? Wie reagieren Unbeteiligte? Wir wollten die Probe aufs Exempel
machen und es ausprobieren. Also haben wir selbst eine *Hate Speech* verfasst
und uns als Angriffspunkt die größte Gruppe gesucht, die sich zur Zeit unserer Performance mit im Raum aufhalten würde: Student*innen.

Student*innen gehören zu einer der privilegierten Gruppen in Deutschland. Strukturelle Diskriminierung findet zwar in Grenzen statt, z.B. in Form
mangelnder finanzieller staatlicher Unterstützung, aber Inhalt und Ziel des
Studiums werden gesellschaftlich als erstrebenswert erachtet und der akade-
mische Abschluss ist überwiegend positiv konnotiert. Diese mangelnde Diskriminierung war für uns eine wichtige Ausgangslage, da wir in dieser Performance keine bereits verfestigten Strukturen reproduzieren wollten, indem
unsere Hoffnung war, dass durch diese spezielle Zielgruppe die Strategien
einer *Hate Speech* offengelegt und sichtbar gemacht werden könnten. Durch
die Anwendung von gruppenfeindlicher Hassrede ohne das strukturell diskriminierende Moment – so hofften wir – würde die emotionale Betroffenheit
wegfallen und die Funktionsweise sichtbar. Zudem sollte es das Machtgefälle verdeutlichen. *Hate Speech* gegenüber einer nicht-marginalisierten Gruppe
funktioniert anders und zeigt so, auf welchem Machtprinzip Herabwürdigungen basieren: von oben nach unten. Also stellten sich im nächsten Schritt die
Fragen: wie funktioniert das Prinzip *Hate* Speech, wie wird sprachlich gearbeitet und wie um alles in der Welt beleidige ich im Zuge einer *Hate Speech*
Student*innen?

Uns war es wichtig, dass wir uns so wenig wie möglich selbst ausden-
ken, um nahe an der Realität zu bleiben und einen guten Angriffspunkt zu
haben. Je mehr Wörter und Sätze aus dem tatsächlichen Leben kommen, die
uns in ähnlicher Form schon einmal begegnet sind oder begegnen könnten,
je direkter der Tonfall ist, desto betroffener sind wir vom Gehörten, so unsere
These. Darüber hinaus begriffen wir die an die drei Performances anschlie-
ßende Podiumsdiskussion, in der wir unsere Arbeit dem Publikum vorstellen
durften, auch als Teil der künstlerischen Arbeit. Unsere Strategie war es, einen Erkenntnismoment beim Publikum zu erzeugen, indem wir erst nach

der Performance offenbaren, dass es sich bei der eben vorgetragenen *Hate Speech* eben nicht um ein »ausgedachtes« künstlerisch überspitztes Produkt, sondern um real existierende Beiträge handelt.

Wir gingen also auf eine weitere Suche im World Wide Web und wurden schnell fündig. In dem Forum studis-online.de für Student*innen wurden einfache Fragen immer wieder Ausgangspunkt für eine eskalierende Kommunikation, in der Kommentare schnell in Beleidigungen, Verallgemeinerungen und Herabwürdigungen endeten.

Für unsere Performance haben wir all diese Kommentare zunächst gesammelt, gesichtet und sortiert. Dann haben wir einen dramaturgischen Bogen für die Performance konzipiert und die Kommentare so miteinander verbunden, dass sie als Gesamtstruktur funktionierten. Diese Vorgehensweise war für uns elementar, weil wir so wenig wie möglich durch künstlerische Freiheit verfremden wollten. Wir haben uns nichts davon erdacht, wir haben es alles gefunden – mit dem Unterschied, dass wir es aus dem Digitalen ins Analoge geholt haben, um deutlich zu machen, was eigentlich mit einer *Hate Speech* in der Wirklichkeit passiert. In diesem Fall waren es beleidigende Internetkommentare gegen Student*innen, die in ihrer geballten Kraft als *Hate Speech* gegen eine im Wesentlichen nicht-marginalisierte Gruppe durch ihre Diskrepanz von Inhalt und Realität eine spezielle Wirkung entfalten konnte. Aber handelt es sich dann eigentlich noch um *Hate Speech*?

[A und B irgendwo im Publikum sitzend. B steht auf und quetscht sich durch eine Reihe sitzender Studenten, bleibt vor manchen ein paar Sekunden zu lang stehen und mustert sie. Das macht B so lange bis er von A angesprochen wird. A sucht sich ein Opfer aus und stellt/setzt sich neben ihn.]

A: Hi. Na? Alles gut? Schön. Und, schon für die nächste Klausur gelernt? Was studierst du denn? Warte, nicht sagen. Ich rate und du nickst nur ok? Oenologie? Nein? Byzantistik? Friesische Philologie? Auch nicht? Angewandte Freizeitwissenschaft? Hey Max, was glaubst du, was der studiert?

B: Germanistik mit mittelalterlichem Schrott als Nebenfach.

A *wendet sich an alle Studenten*: Leute, lasst diese Scheiße sein, bitte! Bitte keine Studentinnen mehr mit abenteuerlichen Studiengängen, die für den Arsch sind: Frühchristliche Studien mit Fokus auf Neandertaler in der Höhle von Günther.

B: Visualistik mit Nebenfach Arschabputzen mit Frontalcrash auf die Chantal.

A: Kunstgeschichte mit Nebenfach chinesische Traditionsscheiße unter soziologischen Aspekten im französischen Bordell ... oder wenn ja, dann macht das nur als Hobby bitte, danke!

A geht weiter durch die Reihen.

B zu A: Weißt du, was das Problem ist? Ich sag's dir: diese hirngewaschenen Geisteswissenschaftler, die noch im Mittelalter leben!!! Wer studiert hier alles was Geisteswissenschaftliches? Bitte mal die Hand heben. Sorry, aber ihr seid einfach lächerlich hoch zehn, ganz einfach. Ich meine, was wollt ihr später mit dem Scheiß machen? Eine Führungsposition?

[Lautes Lachen von Person A. A sucht sich eine Frau aus dem Publikum aus, die direkt angesprochen wird.]

A: Ich glaube wohl kaum, dass eine Geisteswissenschaftlerin eine hochbrisante Entscheidung treffen könnte. Ich sag mal Stichwort Chemikalien, Atomreaktoren abschalten, Salzsäure ins Meer fließen lassen usw.

B: Das Problem ist einfach, dass solche geisteswissenschaftlichen Studiengänge einen zu gar nichts qualifizieren. Die Welt heute ist nicht mehr so wie früher, als alles noch in der Blütezeit war und die Vögel zwitscherten, weil sie zugekifft waren. Aber hey, ihr Elite-Schmarotzer, lasst euch ruhig weiter von den Azubis und Arbeitern ernähren.

A: Hey komm, jetzt bist du aber ein bisschen hart. Ich meine, so ein SUPER Studium ist ja auch hyper anstrengend.

B: Ey, wie hier ein dreijähriges Bachelorstudium, was im Endeffekt leichter als das Abitur ist, überbewertet wird ... ihr seid am Ende genau die gleichen Menschen wie der Bauarbeiter, Hartzer oder der Bäcker von nebenan ...

A: Wenn ich das mit einem Freund von mir vergleiche, der Handwerker ist, das ist ein Unterschied wie Tag und Nacht – der macht sich noch richtig seine EIGENEN Gedanken. Ihr denkt doch auch nicht viel weiter als bis zum Bildzeitungsniveau, euer Gehirn ist immer ausgeschaltet.

Kurze Intervention, PERSON B wendet sich an alle wie ein Aufruf:

B: Eeeeeeh. Entschuldigung, Entschuldigung. Kurze Frage: Habt ihr alle noch die Illusion, nach dem Studium alle einen sehr gut bezahlten Spitzenjob zu bekommen? Oooh. Weia. Ich hab das Gefühl, die glauben das noch.

A: Ich sag mal sooooo ... tut mir leid euch das sagen zu müssen, aber ein abgeschlossenes Studium ist doch heute nix Elitäres mehr. Fast die Hälfte eines Jahrganges macht schon Abi. Also karrieremäßig fährt so mancher Nicht-Akademiker besser.

B: Also bei manchen Kommilitonen frage ich mich nach wie vor, wie die überhaupt ein Abitur bekommen konnten.

A: Kein Wunder. Schau sie dir an, Die »Elite«, die sich nur mit hirnrissigen Banalitäten beschäftigt.

B: Geistig verflacht.

A: Es scheint, da ist geistige Inkontinenz aufgetreten.

A und B: TROPF TROPF

B: Ich kann die nicht mehr sehen, ein Haufen Elend. Sorry!

A und B: TROPF TROPF

A: »Ich bin eine Studentin mit Brille, die Aufmerksamkeit braucht und bei jeder Party kein Höschen anhat«

A und B: TROPF TROPF

B: Konsumzombies und Wohlstandsdekadente

A und B: TROPF TROPF

A: Irgendwas läuft doch schief hier im Lande. Wenn die später unser Land regieren, gute Nacht Deutschland!

A und B: TROPF TROPF!

[Der Rest wird chorisch gesprochen, immer schneller werdend.]

Wenn ich mir anschaue, wie viel meine Großeltern/
leisten mussten, um ihr Studium abzuschließen/
– da musste man wirklich mehrere Jahre lang hart arbeiten./
Das Studium war wirklich ein Vollzeit-Job./
Heute hingegen ist das Studium ja eher ein Hobby,/...
neben Party | Nebenjobs | Pumpen | Urlaub/
und wirklich fast jeder wird durchgeschleust/
– sonst ist ja die Drop-Out-Quote/
viel zu hoch | und es gibt schlechte Presse./
heute denken die meisten Studenten, dass sie einen Anspruch darauf haben, durchzukommen./
Kontinuierlich eigene Leistung erbringen zu müssen, wird als geradezu unmenschlich angesehen./
Hoffentlich muss ich später nicht mit so ein paar lächerlichen kleinen Persönlichkeiten/
wie ihr es seid, arbeiten.
Ihr müsst der Kinderstube
erst einmal entwachsen/
und nicht so viel
über euch nachdenken.
Weder seid ihr
etwas Besonderes,/
noch hat
Gott euch hier auf der Erde
abgeworfen./
So viel Arroganz
und Selbstüberschätzung/
– andererseits aber auch sooooooooo viel Dummheit auf einem Haufen sind teilweise kaum erträglich./
Wo stünde dieses Land

würde es nur aus Akademikern bestehen/
Gute Nacht Deutschland.

[Abgang durch die Seite]

Performance 3: ANGST

Nachdem wir uns in den ersten beiden Performances viel mit der Wirkungs-
weise und den Strategien von *Hate Speech* beschäftigt hatten, wollten wir für
unsere letzte Performance eine weitere Facette erörtern. Eine zentrale Frage, die wir uns in unserer Vorbereitung immer wieder stellten, war die Frage
nach möglichen Ursachen: wie kommt es, dass Menschen zu verbaler Gewalt
greifen?

Die Gründe sind mit Sicherheit vielfältig und bedürfen einer differenzier-
ten Betrachtung. Ein Punkt, auf den wir allerdings immer wieder stießen, war
der Zusammenhang von Aggression und Angst. Erich Grond beschreibt dazu in seinem Buch *Altenpflege ohne Gewalt* ein Modell, das das Verhältnis von
Angst und Aggression wie folgt beschreibt: Menschen, die sich aggressiv verhalten, tun dies, um Anerkennung und Respekt zu erhalten und fürchten dabei Zurückweisung. Die Angst vor Zurückweisung wird also mit aggressivem
Verhalten kompensiert. Das führt wiederum zu Zurückweisung des aggressiven Verhaltens durch Regulation und Restriktion innerhalb der Gesellschaft
oder durch weisungsbefugte Personen. Und das führt wieder zu neuer Angst
beim Aggressor. Ein Muster entsteht, in dem sich Angst und Aggression be-
feuern und einander bedingen (vgl. Grond 1997, 27). Kurz gesagt, begibt sich
der oder die Aggressive in eine Spirale, die den Prozess der Substitution von
Angst zu Aggression stetig hervorruft und sich so als Verhaltens- und Kom-
munikationsmuster etabliert und fortwährend selbst bestätigt.

Dass Ängste entstehen, lässt sich nicht verhindern. So können zum Beispiel ökonomische und soziale Probleme das eigene Leben beeinträchtigen
und es scheint dann keinen Ausweg zu geben (vgl. No Hate Speech Movement Deutschland 2020). Die Angst wird in diesem Fall zur Ohnmacht und
mit dem Gefühl verbunden, den Umständen ausgeliefert zu sein.

»Angst entsteht im persönlichen wie im gesellschaftlichen Kontext ja
zunächst vor allem aus dem Gefühl der Ungewissheit, des Nicht-mehr-
verstehen-könnens sowie der Unkontrollierbarkeit sozialer Situationen und

ist dementsprechend auf das Engste mit dem Verschwinden von Vertrauen verbunden.« (Markwardt 2019)

Und wo das Vertrauen fehlt, entsteht Misstrauen und damit Feindbilder. Vermeintliche Schuldige für die eigene Situation auszumachen, ist dann eine Strategie, die Welt wieder lesbar zu machen und sich handlungsfähig zu fühlen. Dem Ohnmachtsgefühl weicht dann eine aktive Haltung, die durch Aggression geprägt ist.

In unserer letzten Performance haben wir den Zusammenhang zwischen Angst und Aggression/Hass performativ verarbeitet. Unsere Prämisse lautete, dass die mediale Überrepräsentation von beängstigenden Sachverhalten ein Verstärkungsfaktor für Angst sein kann. Dass die oft in ihre Extreme gefilterten Nachrichten und Berichterstattungen, die wir jeden Tag bewusst oder unbewusst konsumieren, zu einer Verunsicherung beitragen können und dass diese Verunsicherung zu einem Vertrauensverlust führen kann, welcher wiederum in Aggression umschlägt.

Also suchten wir uns vier medial präsente Themen, die unserer Meinung nach zu diesem Zeitpunkt zu einer gesellschaftlichen Verunsicherung führen: die Klimakrise, die vierte industrielle Revolution (Industrie 4.0), die Flüchtlingskrise und *Genome Editing* (Genrevolution). Zu allen vier Themen fanden wir kurze prägnante Audioausschnitte. So hielt Greta Thunberg zum Beispiel Anfang des Jahres auf dem *World Economic Forum* eine Rede, die medial für viel Aufruhr sorgte. Die bekanntesten Worte daraus lauten: »Unser Haus brennt«.

Die vier Audioausschnitte dienten uns nun als Grundlage für eine Szene, die wir selbst schrieben. Sie wurden zum Ausgangspunkt für einen Dialog und waren eine Art »Hintergrundrauschen« für die Szene.

[Auszug]

[aus den Boxen läuft ein Original-Bericht über Day 0/Greta, leise, aber deutlich; eine deutsche Version wird darüber geflüstert]

[Es ist dunkel. T + M gehen den langen Gang im Audimax langsam runter, einer rechts, einer links. In ihrer Hand halten sie Tablets, die im Dunkeln ihre Gesichter anstrahlen. Sie hören zunächst andächtig schockiert zu und atmen tief]

T: Macht mir keine Angst!

M: Nee. Mir auch nicht.

[lange Pause]

T: Sowieso gelogen!

M: »Als würde Ihr Haus brennen«, so ein Scheiß! Ist doch klar, dass einfach nur die Wirtschaft schnell genug wachsen muss, dann klärt sich das Welt-Elend und dann regelt sich der ganze Klima-Scheiß sowieso von selbst. Das ist einfach nur Sabotage!

T: »Ende der Zivilisation« ... Wenn die Wirtschaft weiter so rumkrebst, dann ist das der »Untergang der Zivilisation«. Wenn ich nicht weiß, wie ich meine Wohnung bezahlen soll, kann ich mir auch keinen Kopf über das Wetter machen. Die Wirtschaft regelt das schon, wenn wir sie einfach machen lassen.

[nach ca. 1 Min beginnt ein zweiter Clip parallel; es geht um Industrie 4.0 oder Homo Deus; das Gespräch wird lauter und temporeicher]

T: Wenn uns bald auch noch die Roboter unsere Jobs klauen wollen, müssen wir höllisch aufpassen, dass Deutschland nicht einfach zusammenbricht. Ich versteh die Politiker schon, dass sie tun was die Bosse wollen, auch wenns Scheiße klingt.

M: Das wolln die doch!

T: Was wollen die?

M: Kontrolle! Wenn die Maschinen alles machen, dann haben wir bald gar nix mehr zu melden! Die wollen uns abschaffen!

[...][5]

---

5   Die Performance verläuft weiter nach dem bisherigen Prinzip. Es kommen die weiteren Audiokommentare hinzu, die jeweils szenisch von den beiden Figuren kommentiert werden. Beide schaukeln sich in ihrem Hass immer weiter hoch.

[Die Clips werden zur lauten Brandung; M + T schweigen. Vor ihrem inneren Auge rasen Horrorbilder durch; längere Pause; harter Cut]

M: Macht mir keine Angst!

T: Nee. Mir auch nicht. Das ist doch das, was die wollen!

[beide ab]

Wichtig für die Szene war uns, neben der Angst-Thematik, die Eigendynamik zu verdeutlichen, die solche Hass-Diskussionen entwickeln können. Beide Figuren tauschen sich über »gefühlte Fakten« aus. Angetrieben von der Verunsicherung durch gesellschaftlich existentielle Fragestellungen, steigern sie sich in ihren Hass gegen eigens konstruierte Feindbilder, anstatt sich mit ihrer Unsicherheit zu konfrontieren. Das Nicht-reflektieren-wollen der eigenen Ängste macht es den beiden Figuren unmöglich, rational zu argumentieren und die Kernpunkte differenziert zu betrachten.

Diese Spirale aus aggressiver Kommunikation, Verunsicherung und Handlungsohnmacht führt zu Hasskommentaren und ausgrenzenden Äußerungen. »Wir« im Gegenteil zu »denen« wird dann zum Leitgedanken einer Rhetorik, die in sich keinerlei Logik mehr benötigt und rein auf emotionaler Ebene funktioniert. Fakten spielen hierbei eine untergeordnete Rolle und eine sachliche Argumentation ist nicht mehr möglich. Allerdings ermöglicht die anonyme Struktur im Internet es dem Verfasser, seine Emotionalität als Rationalität zu tarnen. Es findet eine emotionale Affektion unter dem Deckmantel der rationalen Kommunikation statt und es entsteht eine pseudoartige Diskussion, in der keine angreifbaren Argumente mehr ausgetauscht werden.

Was ist geblieben?

Im Nachgang dieser drei Performances haben wir beide einen differenzierteren und bewussteren Umgang mit der Sprache im Netz und in Social Media feststellen können. Was uns aber wirklich nachhaltig beschäftigt hat, war die Vorbereitung. Das Eintauchen und das intensive Beschäftigen mit Hass in all seinen Formen haben uns sehr berührt und auch beunruhigt. Hass frisst sich in die Grundstrukturen unserer Kommunikation hinein, selbst wenn er gar nicht von uns selbst ausgeht oder direkt an uns als Person gerichtet ist. Die Anonymität des Internets ermöglicht zudem einen ungehemmteren und direkteren Zugang zu *Hate Speeches* und Gruppenhetze. Verlagert man diese jedoch in die Realität, sind die Auswirkungen physisch spürbar: Der Magen zieht sich zusammen, wir empfinden Mitleid mit den Opfern und wir sehen die physischen Auswirkungen unserer »virtuellen« Äußerungen an einem Menschen, der mit uns in einem Raum ist.

Daher hat diese verbale Form von Aggression eine enorme Kraft und ein Zerstörungspotential, das uns nicht kaltgelassen hat. In unseren Performances haben wir versucht, eine theoretische Diskussion körperlich erfahrbar zu machen, um diese Kraft und Wirkung sichtbar zu machen.

Jetzt können wir angemessen darauf reagieren.

Literaturverzeichnis

AJS (Arbeitsgemeinschaft Kinder- und Jugendschutz Landesstelle NRW e.V.) & LfM (Landesanstalt für Medien Nordrhein-Westfalen. 2016. *Hate Speech Hass im Netz.* https://ajs.nrw/wp-content/uploads/2016/06/160617_HateSp eech_WEB2.pdf.

Bundeszentrale für politische Bildung. 2017. *Was ist Hate Speech?* https://www .bpb.de/252396/was-ist-hate-speech, zuletzt abgerufen am 02.09.2020.

Grond, Erich. 1997. *Altenpflege ohne Gewalt.* Hannover: Vincentz Verlag.

Kuhn, Johannes & Mirjam Hauck. 2012. »Eli Pariser und die ›Filter Bubble‹.« *Süddeutsche Zeitung*, 08.03.2012. https://www.sueddeutsche.de/digital/el i-pariser-und-die-filter-bubble-ausweitung-der-komfortzone-1.1303419, zuletzt abgerufen am 31.08.2021.

Markwardt, Nils. 2019. »German Misstrauen.« *Zeit Online*, 12.09.2019. https:/ /www.zeit.de/kultur/2019-09/angst-studie-migration-klimawandel-umf rage-deutschland/seite-2, zuletzt abgerufen am 31.08.2021.

No Hate Speech Movement Deutschland. 2020. *Hate Speech*, https://no-hate-speech.de/de/leichte-sprache/, zuletzt abgerufen am 02.09.2020.

Wagner, Elke. 2020. »Elke Wagner: Wie verhindern wir Hasskommentare?«. Interview von Imke Turner. *HR2*, 26.03.2020. Audio, 7:11 Minuten. https://www.hr2.de/programm/elke-wagner-wie-verhindern-wir -hasskommentare,audio-36514.html, zuletzt abgerufen am 31.08.2021.

Grenzgang: Wo hören Kunst- und Meinungsfreiheit auf und wo fängt Diskriminierung an?
Das Druckwellen-Publikum fragt nach

Ina Heinrich und Maryam Momen Pour Tafreshi

Im Mai und Juni 2019 fand die vom Fach Musik der Universität Paderborn ausgerichtete dreiteilige Veranstaltungsreihe *Druckwellen. Fühlen & Denken* statt. Wie im Einleitungstext zu diesem Sammelband beschrieben, suchte die Veranstaltungsreihe die sowohl künstlerische als auch wissenschaftliche Auseinandersetzung mit Grenzverschiebungen in Pop, Politik und Gesellschaft. Die Veranstaltungen fanden im Theater Paderborn, dem Audimax der Universität Paderborn und der früheren Buszentralstation, welche sich zu diesem Zeitpunkt im Umbau befand, der Paderborner Innenstadt für die breite Öffentlichkeit zugänglich statt. Obwohl sich alle drei Veranstaltungen demselben übergeordneten Thema der Grenzverschiebungen widmeten, wurde jeweils ein besonderer thematischer Fokus gelegt.

Die erste Veranstaltung mit dem Titel *MASSE Macht (Ohn)Macht – »Power to the people!?«* setzte sich im Rahmen einer von Prof. Dr. Christoph Jacke moderierten Podiumsdiskussion maßgeblich damit auseinander, welche sowohl lähmenden als auch ermächtigenden Potentiale von Massen(medialen)-Phänomenen ausgehen und wie der*die Einzelne es schaffen kann, sich zu positionieren. An der Podiumsdiskussion nahmen der Autor Jens Balzer, André Leipold vom Zentrum für politische Schönheit, die Soziologin Dr.[in] Anna-Katharina Meßmer und Ass.-Prof.[in] Dr.[in] Melanie Schiller von der Universität Groningen teil. Begleitet wurde das Programm durch Auszüge aus dem Theaterstück »Bitchfresse – Ich rappe also bin ich« des Nationaltheaters Mannheim, inszeniert durch Sascha Tuxhorn und Matthias Thömmes.[1]

---

1   Vgl. Beitrag von Robert Teufel *Bitchfresse – Ich rappe also bin ich.*

Die zweite Veranstaltung *LAUT-Sprecher*in* – »*Das wird man wohl noch sagen dürfen!*« legte den Fokus auf journalistische Perspektiven. Jun.-Prof. [in] Dr.[in] Beate Flath diskutierte mit der Drehbuchautorin Farah Bouamar, der Herausgeberin des Missy Magazins Sonja Eismann, dem freien Journalisten Ingo Zander und dem Investigativjournalisten Hans Leyendecker über die mediale Verstärkung von Druckwellen durch die Echokammern der (sozialen) Medien. Die Schauspieler*innen Max Rohland und Tatjana Poloczek griffen die Thematik in einer eigens für diese Veranstaltung entwickelten Performance zu Hate Speech im Internet auf.[2]

In der dritten und letzten Veranstaltung *MACHT Musik!* – »*Ich rappe also bin ich!*« ging es schließlich um die Verknüpfung von Macht, einhergehender gesellschaftlicher Verantwortung und Musik. Auf dem Podium diskutierte die Moderatorin Bianca Hauda mit der Musikerin und Aktivistin Onejiru, der Rapperin Sookee und Prof. Dr. Michael Rappe von der Hochschule für Musik und Tanz Köln. Im Anschluss an die Diskussion gab es eine Performance von Onejiru und dem Musikproduzenten Matthias Arfmann. Beide sind Teil des Projektes *Ballet Jeunesse*, in welchem klassische Musik zum einen in Kombination mit Hip-Hop-Beats arrangiert wurde, um sie einem jüngeren Publikum zugänglich zu machen, und zum anderen mit fremdsprachigen Texten versehen wurde, um so in den ausgewählten alten europäischen Kompositionen Migration und die Erfahrung mit der Fremde zu thematisieren.

In allen drei Veranstaltungen befanden sich die Podiumsgäste in regem Austausch mit dem Publikum. Neben persönlich an das Podium gerichteten Fragen konnte sich das anwesende Publikum über die interaktive Plattform Slido an der Diskussion beteiligen. Slido ist ein Online-Tool, welches es dem Publikum ermöglicht, über ihr Smartphone Fragen an das Podium zu richten. Gleichzeitig kann von allen Anwesenden in Echtzeit per »Up-« und »Down-Vote« darüber abgestimmt werden, welche Fragen für die Gesprächsrunde am interessantesten sind. Die Fragen mit den meisten Up-Votes wurden in den Veranstaltungen aufgegriffen und an das Podium weitergegeben. Aufgrund der zeitlichen Begrenzung der Veranstaltungen konnten letztendlich nicht alle bei Slido gestellten Fragen in die Podiumsdiskussionen einfließen. Der folgende Beitrag nimmt daher die vom Publikum gestellten Fragen – beantwortet und unbeantwortet – noch einmal auf und kontextualisiert sowie kommentiert einige Beispiele aktueller Zeitgeschehnisse. Somit ergänzt er den

---

2   Siehe Beitrag von Tatjana Poloczek *Sprachen des Hasses – Eine szenische Performance von und mit Max Rohland und Tatjana Poloczek*.

Sammelband um die Perspektive des Publikums auf gesellschaftliche Grenzverschiebungen unter Miteinbeziehung gesellschaftlicher Massenphänome. Im Folgenden werden zunächst die bei Slido gestellten Fragen aus jeder einzelnen Veranstaltung dargestellt und nach den meisten Up-Votes sortiert.

»MASSE Macht (Ohn)Macht – Power to the people!?«

a) Gibt es Beispiele für Popmusiker*innen, die politische Diskurse über ihre Musik in die Gesellschaft (Masse) tragen?

b) Falls man nicht (mehr) mit der breiten Masse über Inhalte diskutieren kann, liegt das vielleicht an ihr selbst? Zerfällt die gesellschaftliche Diskussionskultur?

c) »Wir werden sie jagen!« Machen Ihnen die rechten Druckwellen Angst?

d) Was ist Ihre persönliche Meinung bezüglich der Echo Vergabe an Kollegah und Farid Bang?

e) Da der Echo wegfällt – auf welche Weise kann ein regelmäßiger, auch kritischer Blick auf Pop geworfen werden?

f) Stichwort Machtlosigkeit der Masse: Wie ist zu erklären, dass Artikel 13 trotz der massiven Proteste (on- und offline) kommt?

g) Ist Popmusik der letzte Weg, in der ausdifferenzierten Gesellschaft (Stichwort: Filterblase) überhaupt noch politische Diskurse in die Masse zu tragen?

h) Inwiefern kann Wissenschaft zur Deeskalation von Massen beitragen?

i) Ist rechtspopulistische Popmusik nicht genauso ein Popfake wie illiberale Demokratie ein Demokratiefake ist?

j) Was kann jemand »außerhalb der Blase« tun, um eine Position zu entwickeln und sich zu positionieren? Die Themen sind komplex und die Berichterstattung vielfältig.

k) Manche Aspekte von Popkultur scheinen von den Machthabern des öffentlichen Diskurses belächelt/banalisiert (und so ihrer Einschlagskraft beraubt) zu werden. Warum?

»LAUT-Sprecher*in – »Das wird man wohl noch sagen dürfen!«

a) »Das ist doch nur Kunst«. Stichwort Misogynie in Lyrics. Wo sind die Grenzen zwischen Kunstfreiheit und Diskriminierung in einer demokratischen Gesellschaft?

b) Wie soll man Ihrer Meinung nach auf rassistische/sexistische Äußerungen im Alltag reagieren? Ausblenden, ignorieren oder direkt konfrontieren?

c) Was halten die Podiumsgäste von der von Annegret Kramp-Karrenbauer angesprochenen Beschränkungen von »Meinungsmache« im Internet vor Wahlen?

d) Finden diese Grenzverschiebungen auch in Popkultur bzw. Popmusik statt?

e) Der latente Rassismus wird immer mehr gesellschaftsfähig. Wie können junge Menschen vor einer größer werdenden Frustration gestärkt werden?

f) Könnten Sie mehr auf Sexismus im Alltag eingehen? Haben Sie Erfahrungen mit Ausgrenzungen wegen des Geschlechtes?

g) Wenn wir über Grenzverschiebung in der Popmusik sprechen: Ist diese im letzten Rammsteinvideo erkennbar? Wie sehen Sie das?

h) Was gewinnt eigentlich öffentliche Diskussion? Lautstärke oder gute Argumente?

i) Können Logins mit Klarnamen eine mögliche Lösung darstellen?

j) Wie Verschwörungstheoretikern begegnen? Wie gehen Sie damit um? Wie kann man ein*e LAUTER-Sprecher*in sein als die Verschwörungstheoretiker?

k) Wieso wird der Rassismus »gesellschaftsfähig«?

l) Ist es nicht auch trendy, gegen Rechts zu wettern und einen Gegen-Mob zu bilden (ohne zuzuhören) oder ist dies eine Wahrnehmung der neuen Rechten?

m) Eva Herman und Thilo Sarrazin als Beispiel. Warum fühlen sich Rechtspopulisten so missverstanden? Welche Rolle haben hier Journalisten?

»MACHT Musik! – ›Ich rappe also bin ich!‹«

a) Wie würdet ihr z.B. die Sexismus-Vorwürfe gegenüber Rin & Gzuz (beide im Zusammenhang mit dem AStA Sommerfestival in Paderborn diskutiert) differenzieren?

b) Wie verhält es sich mit der Musikindustrie, die respektlose Texte und Acts managed und fördert?

c) Wo ist die Grenze zwischen Meinungs-/Kunstfreiheit und Diskriminierung in Rap-Texten?

d) Muss Rap immer härter werden, weil die Grenzen so verschoben wurden seit Fanta 4 und mittlerweile nur noch mit riesigen Skandalen aufgefallen werden kann?

e) Jay-Z wurde gestern als erster Rap-Milliardär ernannt. Wie passt Rap als »Szene des Hip Hop, Gangs und Graffiti« mit Milliardengewinnen zusammen?

f) Welche Auswirkungen haben Social Media auf die moderne Raplandschaft?

g) Gibt es keinen modernen Rap ohne Battle? Was sagt Sookee dazu?

h) Ist Hip Hop dann überhaupt noch authentisch, wenn man auf der Bühne als »Kunstfigur« Dinge sagt, die man in der Realität nicht sagen würde?

i) Debatten werden oft noch anhand von Textzeilen geführt. Muss sich die Ausgangslage in Social Media Zeiten eher zur Betrachtung der Inszenierung verschieben?

j) Gibt es für euch rote Linien in Text, Klang, Bild, egal in welchem Genre? Und was sagen die Provokationen über unsere Gesellschaft im Ganzen aus?

Zum Zeitpunkt der Veranstaltungen (Mai/Juni 2019) waren mehrere politische Vorkommnisse aktuell, die öffentliche Debatten zu Meinungs- und Kunstfreiheit nach sich zogen. Es ist daher nicht verwunderlich, dass sich diese in den Fragen des Druckwellen-Publikums wiederfinden. Besonders die Frage nach der Grenze zwischen Meinungs- und Kunstfreiheit sowie Diskriminierung erscheint hier virulent. Anhand einiger aus den Fragen aufgegriffenen Beispielen, an denen das Zusammenwirken von Masse, Medien und Musik deutlich wird, soll daher im Folgenden beschrieben werden, wie diese Grenze fortwährend ausgetestet wird. Zudem werden diese Geschehnisse um weitere nach der Veranstaltungsreihe stattfindende Debatten und Bewegungen ergänzt, um die Aktualität des Diskutierten noch einmal zu verdeutlichen.

Anfang 2019 etwa protestierten viele Menschen im Netz und auf der Straße gegen die Einführung des später am 6. Juni 2019 in Kraft getretenen Artikel 17 (vormals Artikel 13) der EU-Richtlinien. Der Artikel befasst sich mit der Haftung von Plattformen bei Urheberrechtsverletzungen. In der Diskussion standen vor allem mögliche Upload-Filter, die das Urheberrecht schützen sollen. Kritiker*innen des damaligen Artikel 13 befürchteten, dass einzelne Plattformen »Overblocking« (Schieb 2020) betreiben könnten, um sich zu schützen, sprich deutlich mehr Inhalte zu blockieren, als angemessen wäre, und dass so die allgemeine Meinungsfreiheit angegriffen würde. Zu einem medialen Eklat kam es, als die CDU-Politikerin Annegret Kramp-Karrenbauer in einer Pressekonferenz offenbar angekündigt hatte, Meinungsäußerungen im Netz regulieren zu wollen. Ihre Äußerung erfolgte in Reaktion auf das millionenfach angesehene Video »Die Zerstörung der CDU« des YouTubers Rezo (2019), welches im Vorfeld der Europawahl 2019 neben anderen Regierungsparteien in erster Linie die CDU scharf kritisierte. Vor allem auf Twitter kam es unter dem Hashtag #annegate im Anschluss an Annegret Kramp-Karrenbauers Äußerung zu erhitzten Diskussionen. Öffentliche Empörung über die angekündigte Regulierung von Meinungsäußerungen vor Wahlen und Richtigstellungsversuche diverser Politiker*innen schaukelten sich gegenseitig hoch. Trotz der massenhaften europaweiten Proteste On- und Offline wurde der Artikel letztendlich durchgesetzt. Wie genau die einzelnen Länder den nun Artikel 17, der in Deutschland im August 2021 in Kraft getreten ist, umsetzen werden, ist allerdings weiterhin unklar.

Eine weitere im Rahmen dieser Fragestellung nennenswerte Massenprotestbewegung der letzten Jahre ist Black Lives Matter. Black Lives Matter kämpft gegen strukturellen Rassismus in Form von Polizeigewalt und Diskriminierung von in erster Linie Black People, aber auch PoC – People of Color (zusammengefasst BPoC). Auslöser für die Bewegung war der Freispruch eines Polizisten, der 2013 den afroamerikanischen Teenager Cedrick Chatmann in Chicago auf offener Straße erschossen hatte. Unter dem Hashtag #blacklivesmatter wurden in den USA Proteste und Flashmob-artige »Die-Ins« organisiert, bei denen die Menschen sich auf die Straße legten und vorgaben tot zu sein (vgl. Zanfagna 2017, 130). Internationale Aufmerksamkeit bekam die Bewegung dann Ende Mai 2020, nachdem der Afroamerikaner George Floyd im Zuge eines Polizei-Einsatzes in Minneapolis ebenfalls durch Polizeigewalt getötet wurde. Es kam zu massenhaften Demonstrationen und

Ausschreitungen überall in den USA. Durch die mediale Aufmerksamkeit, die die Proteste bekamen, verbreitete sich die Bewegung weltweit. Auch in Deutschland entwickelten sich Organisationen und Massendemonstrationen aus der *Black Lives Matter*-Bewegung. Insbesondere die sozialen Medien ermöglichen es den *Black Lives Matter*-Demonstrant*innen ihre Stimmen zu erheben und für die Rechte von vor allem Black People, aber auch PoC einzustehen.

Neben Massenprotesten, bei denen sich im positiven Sinne für die Meinungsfreiheit eingesetzt wird, greifen auch Verschwörungstheoretiker*innen und Rechtspopulist*innen (oft unter dem Slogan »das wird man wohl noch sagen dürfen«) das Konzept der Meinungsfreiheit auf, um die Verbreitung ihrer demokratiefeindlichen und oft abstrusen Ideen zu legitimieren. In diesem Zusammenhang kam seitens des Druckwellen-Publikums immer wieder die Frage auf, wie man solchen »Meinungsmacher*innen« begegnen solle.

Am 31. Juli 2020 beispielsweise wurde Thilo Sarrazin, Autor des umstrittenen Buches »Deutschland schafft sich ab« (2010) aus der Partei der SPD ausgeschlossen, nachdem er über 40 Jahre lang Mitglied gewesen war. Die Partei trennte sich im dritten Anlauf von ihrem langjährigen Mitglied aufgrund seiner Veröffentlichungen und fortwährenden rassistischen Äußerungen. Laut Aussage der SPD wollte die Partei einem »Spalter« wie Sarrazin keine Bühne mehr bieten. Das Kapitel Sarrazin sei nun beendet, hieß es. Eine Analyse oder Aufarbeitung der jahrelangen Parteimitgliedschaft der problematischen Figur Sarrazins fand jedoch nicht statt. Eben dieser Umstand der unreflektierten Ausgrenzung wurde in der Öffentlichkeit im Nachgang scharf kritisiert.

Ähnlich verhält es sich im Fall Eva Herman. Nach jahrelanger Tätigkeit als Tagesschau-Sprecherin hatte der NDR der Moderatorin 2006 aufgrund ihrer unter anderem in ihrem Buch »Das Eva Prinzip« (2006) veröffentlichten Aussagen[3] in Bezug auf Geschlechterrollen und Familienpolitik gekündigt. Mittlerweile ist Eva Herman geradezu eine Ikone der Verschwörungstheoretiker*innen mit einem Telegram-Kanal mit über 181 Tausend Abonnent*innen (Stand August 2021) über den sie ihre kruden Ansichten verbreitet. Ein Thema, welches sie immer wieder aufgreift, ist die »Lügenpresse«. In einem im Mai 2020 über ihren YouTube-Kanal ausgestrahlten Interview mit dem ebenfalls wegen seiner Theorien umstrittenen Musikkünstler Xavier Naidoo

---

3   Eva Herman diskreditiert den Feminismus in ihrem Buch als »Irrweg« und fordert die Rückkehr zu traditionellen Rollenverhältnissen. Dabei beruft sie sich auf die biblische Schöpfungsgeschichte.

beklagt sie, dass man mundtot gemacht würde, sobald man eine Meinung habe, die dem »System« nicht passe. Derlei Äußerungen fallen bei Verschwörungstheoretiker*innen auf fruchtbaren Boden und ermöglichen es Eva Herman, sich in ihrer Rolle als Aussteigerin aus dem System zu stilisieren, die die »Wahrheit« kennt und sich nicht scheut ihre Meinung kundzutun.

Auch im Jahr 2020 gingen viele Menschen auf die Straße, um gegen die »Lügenpresse« zu demonstrieren. Grund dafür war die Corona-Pandemie. Corona-Leugner*innen oder sogenannte »Querdenker*innen« glauben nicht an die sachgemäßen Informationen durch die Medien in Bezug auf das neuartige Coronavirus und COVID-19. Sie stellen sich gegen die durch die Bundesregierung verordneten Hygienemaßnahmen, wie beispielsweise die Maskenpflicht oder Abstandsregeln, die zum Schutz vor einer COVID-19-Erkrankung eingeführt wurden. Die Hygienemaßnahmen verstoßen nach Meinung der Querdenker*innen gegen die im Grundgesetz festgelegten Freiheitsrechte. Expert*innen befürchteten daher bereits im Vorfeld, dass sich demokratiefeindliche Rechtspopulist*innen den Querdenker*innen anschließen könnten. Am 29. August 2020 wurden diese Bedenken dann Realität: Im Rahmen einer Querdenker*innen-Demonstration in Berlin überwanden Demonstrierende die Absperrungen vor dem Deutschen Bundestag und protestierten mit schwarz-weiß-roten Reichsflaggen gegen die Bundesregierung, die von ihr verordnete »Freiheitsberaubung« und verbreiteten rechtsextreme Parolen. Unter den Demonstrierenden waren auch prominente Personen wie TV-Koch Attila Hildmann vertreten, die diese rechtspopulistischen, radikalen und »querdenkerischen« Meinungen und Ansichten öffentlich kundtaten und andere Menschen dadurch beeinflussten. Gegen Attila Hildmann lag im Anschluss an seine Meinungsäußerungen ein Haftbefehl wegen Volksverhetzung vor. Auch die Musiker Michael Wendler und Xavier Naidoo äußerten sich im Zuge der Querdenker*innen-Bewegung auf Seiten der Verschwörungstheoretiker*innen. Bereits im Vorfeld war Xavier Naidoo mehrfach durch verschwörerische, rassistische, homophobe sowie antisemitische Äußerungen aufgefallen. Er sprach beispielsweise im Jahr 2014 auf einer Demonstration von rechtspopulistischen »Reichsbürgern« und wurde 2012 unter anderem wegen Volksverhetzung angezeigt. Michael Wendler hingegen sorgte erst 2020 mit seinen umstrittenen Aussagen für Aufsehen. Der Schlagersänger eröffnete einen Telegram-Kanal (149 Tausend Abonennt*innen, Stand August 2021), auf welchem er Verschwörungstheorien und Hetznachrichten verbreitete und dabei eine breite Masse seiner Fans sowie weiterer (rechtspopulistischer) Personen ansprach. Im Jahr 2020 agierten beide Musiker in zwei aufeinander folgenden Staffeln der RTL-Castingshow »Deutschland sucht den Superstar« (»DSDS«) als Juroren. Beide Musiker schieden aufgrund ihrer umstrittenen Meinungsäußerungen aus der Jury aus.[4] Der private TV-Sender RTL distanzierte sich deutlich von ihnen und ihren Verschwörungstheorien. Dies verschaffte den Musikern im Nachhinein weitere mediale Aufmerksamkeit.

Eine weitere Massenbewegung von (rechts-)populistischen Personen ereignete sich im Januar 2021 in den USA. Dort stürmten Anhänger*innen des ehemaligen US-Präsidenten Donald Trump das Kapitol der Vereinigten Staaten in Washington D.C. Grund dafür war die Präsidentschaftswahl 2020, die der Republikaner Donald Trump gegen den Demokraten Joe Biden verlor. Trumps Anhänger*innen wollten durch den Sturm auf das Kapitol die formelle Bestätigung des Wahlergebnisses zu Gunsten von Joe Biden verhindern. In einer Pressekonferenz hatte Trump den Wahlsieg ebenfalls für sich beansprucht und von illegal abgegebenen Stimmen für Joe Biden gesprochen. Aufgrund dieser Verbreitung von Unwahrheiten brachen mehrere US TV-Sender die Übertragung der Pressekonferenz ab. Faktisch war Trump zwar derjenige, der in diesem Szenario Lügen verbreitete, dennoch positionierte er sich im Anschluss ähnlich wie Eva Herman als Opfer des Systems. Erfolgte durch Thilo Sarrazins Ausschluss aus der SPD, Eva Hermans Ausschluss aus dem NDR oder Donald Trumps vorzeitig beendeter Pressekonferenz erst der Ritterschlag, der sie zu prominenten Vertreter*innen antidemokratischer Gruppen macht? Ist es richtig, demokratiefeindliche Vordenker*innen mundtot zu machen? Oder befeuert man gerade dadurch die weitere Spaltung der Nation?

Eine Form der Auseinandersetzung mit solcherlei Fragestellungen zeigte die Universität Paderborn, nachdem es Anfang 2018 aufgrund des geplanten AStA-Sommerfestival-Headliners 187 Straßenbande Unruhen auf dem Campus gab. Auf Seiten der Kritiker*innen herrschte Unmut, da die Texte der 187 Straßenbande vermehrt frauenfeindliche und anderweitig diskriminierende Zeilen enthalten. Als Bildungsinstitution, so hieß es, sollte man derlei Inhalten kein Forum bieten. Der Auftritt der 187 Straßenbande wurde daraufhin im gegenseitigen Einverständnis zwischen dem Management des Musikerkollektivs und der Universität Paderborn abgesagt. Die allgemeine Debatte

---

4   Xavier Naidoo wurde von RTL entlassen, wohingegen Michael Wendler aus freien Stücken aus der Jury austrat, jedoch in Zusammenhang mit seinen verschwörungstheoretischen Äußerungen.

beruhigte sich dadurch jedoch nicht, da nun wiederum von anderer Seite Unmut über eine unreflektierte Absage des Auftritts herrschte. Als Reaktion auf die andauernde Debatte veranstaltete die Universität Paderborn Anfang Mai 2018 eine öffentliche Podiumsdiskussion zum Thema Kunst- und Meinungsfreiheit, um durch eine gemeinsame Analyse die erhitzten Gemüter etwas abzukühlen. Nichtsdestotrotz kam es Mitte Mai 2018 im Rahmen des AStA-Sommerfestivals zu Ausschreitungen, als Anhänger*innen der 187 Straßenband aufgrund des Headliner-Wechsels randalierten. Die im darauffolgenden Jahr stattfindende, vom Präsidium der Universität Paderborn initiierte, Veranstaltungsreihe *Druckwellen. Fühlen und Denken*, der sich dieser Sammelband widmet, sollte daher noch einmal explizit Raum geben für gemeinsame Analysen, Reflexion und den Austausch zum Thema Grenzverschiebungen jenseits von überhitzten Diskussionen und Positionierungen. Besonders in medial vermittelten und breitenwirksamen populären Musikkulturen ist das Spiel mit Grenzverschiebungen und -überschreitungen deutlich zu beobachten. Die Frage, wo denn nun die Grenze zwischen Kunstfreiheit und Diskriminierung verläuft, kann daher gut an den folgenden zwei, den Publikumsfragen entnommenen Beispielen nachgezeichnet werden.

Am 28. Mai 2019 veröffentlichte die Band Rammstein das Musikvideo zu ihrer neuen Singleauskopplung »Deutschland«. Das Video ist ein opulentes Bildwerk im Kurzfilm-Format unter der Regie von Specter Berlin, Mitbegründer des Hip-Hop Musiklabels Aggro Berlin. Zwei Tage vor Video-Release wurde auf der Webseite von Rammstein eine 30-sekündige Vorschau aus dem Abspann des Videos veröffentlicht, in der vier der Bandmitglieder gezeigt werden, wie sie, als KZ-Insassen kostümiert, am Galgen stehen. Diese Filmsequenz löste in weiten Teilen der Bevölkerung und unter anderem beim Zentralrat der Juden große Empörung aus. Kritisiert wurde in erster Linie, dass die Band den Holocaust zu Marketingzwecken missbrauche. Dass das Erfolgsrezept von Rammstein auf Provokation beruht, ist allgemein bekannt. Doch stellte sich in der öffentlichen Diskussion die Frage, ob eine künstlerische Auseinandersetzung mit dem Holocaust, die auf einen Skandal abzielt, um Aufmerksamkeit zu erzeugen und letztendlich verkaufsfördernd wirkt, vertretbar sei oder schon eine »rote Linie«[5] überschreite. Bei dieser Debatte ging es nicht, wie üblich, um die viel diskutierte Frage, ob Rammstein nun »böse Burschen« mit totalitären Ideologien oder doch »gewitzte Künstler«

---

5   Der Antisemitismus-Beauftragte der Bundesregierung Felix Klein sprach in einem Interview in Bezug auf die Inszenierung von der Überschreitung einer »roten Linie«.

sind, die es verstehen, durch ihr groteskes Theater die deutsche Geschichte vorzuführen. Diese Streitigkeit schwingt natürlich auch im »Deutschland«-Video mit, doch sind Rammstein in ihrer Darstellung und den Texten eindeutiger geworden, was ihre kritische Position gegenüber einer überhöhten nationalen Deutschen Identität angeht. Prominenter als die umstrittene Frage nach der Gesinnung der Band ist in diesem Zusammenhang die Frage nach der Kunstfreiheit. Wo hört Kunst auf und wo fängt Diskriminierung an?

Die Frage nach der moralischen Schmerzgrenze von Kunstfreiheit war ebenso bei der letzten Echoverleihung am 12. April 2018 zentral. Schon im Vorfeld der Veranstaltung sorgte die Nominierung der Rapper Kollegah und Farid Bang in der Kategorie »Hip-Hop/Urban« mit ihrem Album »Jung, Brutal, Gutaussehend 3« (»JBG 3«) für großes Aufsehen. Grund dafür waren auch hier Provokationen, die als antisemitisch ausgelegt wurden. Konkret ging es um Textzeilen wie »Mein Körper definierter als von Auschwitzinsassen« (Blume & El Abdellaoui 2017) aus dem Song »0815« und »Mache wieder mal nen Holocaust, komm an mit dem Molotow« (Blume et al. 2017) aus dem Song »Gamechanger« des besagten Albums. Nachdem Kollegah und Farid Bang schließlich die Kategorie gewannen und mit dem Echo ausgezeichnet wurden, kam es zu heftigen Protesten innerhalb der Musikbranche. Noch auf der Preisverleihung selbst sagte Campino, Frontsänger der Punkband Die Toten Hosen, in seiner Dankesrede für den Echo in der Kategorie »Rock National«, welcher an Die Toten Hosen verliehen wurde, dass er Provokation als Stilmittel zwar verstehe (Die Toten Hosen seien in dieser Hinsicht auch »vom Fach«), diese aber eine Grenze überschreite, wenn es ausschließlich darum gehe, zu diskriminieren – sei es antisemitisch, sexistisch oder rassistisch. Trotz der fragwürdigen Inhalte hatte das Album »JBG 3« die höchsten Verkaufszahlen im deutschen Hip-Hop. Da der Echo ein auf Verkaufszahlen basierter Popmusikpreis war, machte die Auszeichnung seinerzeit zwar Sinn, stellte allerdings den Preis an sich in Frage. Schlussendlich entschied der Bundesverband der Musikindustrie im Anschluss an die Veranstaltung vom 12. April 2018 und die einhergehenden Debatten, den Echo abzuschaffen. Der Verband kündigte an, die Marke Echo gänzlich neu aufzustellen und im Hinblick auf die Preisverleihungen den Jurys mehr Gewicht als den Verkaufszahlen einräumen zu wollen.

Die geschilderten Beispiele zeigen, dass politische Diskurse über Medien und Musik in die Gesellschaft getragen werden. Die einzelnen Diskurse sind, heutzutage in erster Linie verstärkt durch die Echokammern der sozialen Medien, dem Druck der Masse ausgesetzt. Die im Gemenge dieser Druckwellen stattfindenden Aushandlungsprozesse verschieben gesellschaftliche Grenzen fortwährend. Der springende Punkt ist jedoch, dass diese Grenzverschiebungen demokratiefeindlich sowie demokratiefreundlich ausfallen können. Die Frage, die bleibt, ist also: Gibt es einen Unterschied zwischen der Provokation von Rammstein und der von Kollegah und Farid Bang? Was unterscheidet die Meinung Rezos von Eva Hermans Meinung? Und wo liegt der Unterschied zwischen der *Black Lives Matter*-Bewegung und den Protesten der Querdenker*innen? Was also ist noch Kunst- oder Meinungsfreiheit, was schon Diskriminierung und Meinungsmache und wer trägt die Verantwortung für das Gesagte? In diesem Gewirr der Verunsicherung sucht das Druckwellen-Publikum vor allem nach Handlungsempfehlungen: Wie soll ich mich verhalten? Was kann ich tun, um mich zu positionieren? Und wie kann ich einem gereizten Diskurs begegnen?

Dass in einer Demokratie Grenzen immer wieder aufs Neue ausgehandelt werden müssen, ist gut so und schützt letztendlich vor unveränderlichen Zuständen. Die Freiheit der Meinungsäußerung und die Kunstfreiheit ermöglichen es, den gesellschaftlichen Ist-Zustand sichtbar zu machen und zu hinterfragen. Insbesondere Pop als massenmediales Phänomen mit subversivem Charakter vermag es, Transformationsprozesse anzustoßen. Doch ist die Meinungs- und Kunstfreiheit nicht grenzenlos. Entscheidend ist der Aussagekern. Es ist beispielsweise zu unterscheiden, ob eine diskriminierende Aussage oder Praktik durch ein künstlerisches Stilmittel ihre Legitimation erfährt oder ob der künstlerische Ausdruck dazu gebraucht wird, bestehende Missstände aufzuzeigen und vorzuführen. Diskriminierenden und aggressiven Äußerungen, die dazu dienen demokratie- und menschenfeindliche Strukturen zu befördern, ist im besten Fall mit Haltung entgegenzutreten. Verbote und Boykotte politischer oder künstlerischer Ausdrücke stehen allerdings (zurecht) immer wieder in der Kritik. Um nach einem erteilten Verbot einer weiteren Spaltung der Gesellschaft entgegenzuwirken, muss Anschlusskommunikation gewährleistet und aufgearbeitet werden. Die rege Publikumsbeteiligung an den Podiumsdiskussionen zeigte, dass die Themen Eskalationskulturen und Kultureskalationen in Pop, Politik und Gesellschaft den Nerv der Zeit treffen. Wir hoffen daher, dass sowohl der Austausch mit Expert*innen aus den Bereichen Pop, Journalismus, Wissenschaft und Kunst im Rahmen der Veranstaltungsreihe sowie dieser Sammelband, in dem viele der geladenen Gäste noch einmal zu Wort kommen, dazu beitragen können, tagesaktuelle Geschehnisse im Kontext gesellschaftlicher Spannungsfelder zu reflektieren und einzuordnen.

Quellen

Blume, Felix & Farid El Abdellaoui. 2017. *0815*. Kollegah, Farid Bang. © 2017 von Banger Musik, Alpha Music Empire, BMG Rights Management.

Blume, Felix, Farid El Abdellaoui, Gerrit Wessendorf, Melvin Schmitz, Niklas Koellner. 2017. *Gamechanger*. Kollegah, Farid Bang. © 2017 von Banger Musik, Alpha Music Empire, BMG Rights Management.

Rezo. 2019. »Die Zerstörung der CDU.« YouTube-Kanal Rezo ja lol ey. 18.05.2019. https://www.youtube.com/watch?v=4Y1lZQsyuSQ&t=3s, zuletzt abgerufen am 05.05.2021.

Schieb, Jörg. 2020. »Upload-Filter: Lange darüber gestritten – jetzt fast vergessen« *WDR*, 06.06.2020. https://www1.wdr.de/nachrichten/uploadfilter-artikel-dreizehn-bilanz-100.html, zuletzt abgerufen am 05.05.2021.

Zanfagna, Christina. 2017. *Holy Hip Hop in the City of Angels*. Oakland: University of California Press.

Rap im Kontext
gesellschaftlicher Spannungsfelder

Ayla Güler Saied

»Ich muss zugeben, hätte es die Medien nicht gegeben,/führte wahrscheinlich auch ich ein anderes Leben./Doch Stylewars, Beatstreet und Wildstyle/zeigten B-Boying, Graffiti und Rap zum gleichen Teil./So lehrten sie von Anfang an den Zusammenhang/der Dinge, für die HipHop immer nur als Überbegriff stand./Und ich hab sie stets in einem Atemzug genannt,/hat man sich mit der Frage: Was ist HipHop, an mich gewandt.« (Cora E. Nur ein Teil der Kultur, 1994)

Durch die (sozialen) Medien ist nicht nur eine Transformation hinsichtlich der Verbreitung und Vermarktung der Kunstform Rap zu beobachten, sondern gleichzeitig auch die von Ideologien und zu Kontroversen führenden Diskursen. Rap ist ein stark umkämpftes Feld. Kontroversen, die sich vormals Szene-intern abspielten, werden immer stärker öffentlich geführt. Dies hat vor allem damit zu tun, dass gesellschaftliche Anknüpfungspunkte bestehen, die im Rap zum Ausdruck kommen.

So wurde die Straßenbande 187 im Mai 2018 zum Asta-Sommerfest der Uni Paderborn eingeladen, und dann wieder ausgeladen. Der Grund: den in den Lyrics zum Ausdruck kommenden Sexismus solle keine öffentliche Bühne geboten werden. Zudem gab es im Vorfeld Ankündigung von Protesten. Diese Ausladung wurde nicht einfach stehen gelassen, sondern fand in der Veranstaltungsreihe unter dem Titel »Druckwellen« seinen Auftakt für eine kontroverse und konstruktive Auseinandersetzung.

Diese Druckwellen spiegeln den aktuellen gesellschaftlichen Ist-Zustand wider. Die Spannungsfelder, die durch Kunst transportiert und sichtbar werden, beschreiben eindrücklich gesellschaftliche Spaltungen, die unter anderem durch sich diametral gegenüberstehende politische Positionen zum Ausdruck kommen, die auch im Rap aufgegriffen werden.

Die dem Rap inhärente Praxis des *call and response* hat sich in transformierter Form zur gesellschaftlichen Praxis etabliert. Schaut man sich die gesellschaftlichen Spannungsfelder an, die im Kontext von Migration, Antisemitismus und antidemokratischer Ideologien immer mehr Druck erzeugen, so spielt Rap in diesem Kontext einem gesamtgesellschaftlichen Soundtrack. Hinzu kommt allerdings, dass durch die Stilmittel des Rap *boasting, dissen und signyfing* diskriminierende und menschenverachtende Lyrics in ihrer Wirkmacht um ein Vielfaches multipliziert zu Tage treten. Dieser Artikel fokussiert einen Ausschnitt aktueller Rap-Diskurse, die gesellschaftlich, medial und zum Teil politisch Spannungsfelder erzeugt haben. Diese werden in einen gesamtgesellschaftlichen Diskurs verortet und analysiert. Dabei wird auf zwei Aspekte besonders eingegangen: Die im Rap immer häufiger zutage tretende gruppenbezogene Menschenfeindlichkeit, in Form von Sexismus und Antisemitismus.[1] In diesem Artikel möchte ich diese Formen der Inszenierung im Kontext der Meinungs-und Kunstfreiheit diskutieren und zudem die marginalisierten Stimmen im Rap als Gegenstimmen dazu positionieren.

Rap-Genres

Zu keiner Zeit war die Rap-Szene in Deutschland hinsichtlich der Genres diverser, als sie es zu diesem Zeitpunkt ist. Dies betrifft nicht nur die Ausdifferenzierung hinsichtlich der thematischen Inhalte, sondern betrifft auch Features und Kollabos, die nicht mehr szenespezifische Phänomene darstellen. So erreichte der Song »Vermissen« von Henning May von AnnenMayKantereit und EX-Mitglied JuJu von SXTN[2] 2019 Platinstatus und stieß über die HipHop Community hinaus auf große Resonanz. Der Song ist ein Liebeslied und steht anderen Entwicklungen im (Gangsta-)Rap diametral gegenüber, da weder sexistische noch diskriminierende Lyrics und Szenen im Video transportiert werden und dennoch auf Erfolg gestoßen ist:

»Weißt du noch, als wir am Meer waren?/Baby, wie lang ist es schon her, als Du meintest, du wirst immer bei mir bleiben?/Und das Meersalz/Hat

---

1   https://taz.de/Antisemitismus-Statistik-von-RIAS/!5683284/

2   Spiegel Online (2018): Hip-Hop-Erfolgsduo SXTN haben sich offenbar getrennt. http:/ /www.spiegel.de/kultur/musik/sxtn-juju-und-nura-haben-sich-offenbar-getrennt-a-12 36314.html, 01.11.2018

so geglitzert auf der braunen Haut, noch mehr als unsre beiden Augen./ Weil das Leben zu uns fair war./Wir haben gefickt und der Himmel war so sternenklar./Ich vermisse dich, vermisse ohne Schwerkraft./Mit dir rumzu-schweben./Der Absturz war so schmerzhaft./Ich muss mich ablenken, muss wieder Musik machen./Guck mir zu, ich füll‹ ab heut alleine meine Brief-tasche./Wie kann man jemand so krass vermissen./Wie ich dich in diesem scheiß Augenblick?/Ich bin grade so krass zerrissen./Soll ich dir einfach wie-der schreiben oder nicht?« (Juju & Hennig May: Vermissen, 2019)

Der Song ist ein Beispiel für die sehr heterogenen Inhalte im deutschsprachigen Rap-Game, der jedoch nach einem kurzen medialen Aufgriff schnell wieder erlischt. Im Fokus stehen oftmals verstärkt diskriminierende Inszenierungen, die gesellschaftlich und medial immer wieder aufflammen. Damit wird zum einen kontroverser Austausch und Status Quo manifestiert, auf der anderen Seite wird entsprechend der kapitalistischen Marktlogik die Bühne für jene Inszenierungen geboten, die Diskriminierung reproduziert. Dieses Dilemma lässt sich auch hinsichtlich des Umgangs mit der AfD beobachten, etwa wenn es darum geht, ob ihnen eine politische Bühne in Talkshows gegeben werden sollte oder nicht.

Diskriminierung in- und außerhalb des Rap

Diskriminierende Lyrics sowie Visualisierungen in Videos transportieren überspitzte und oftmals tabubrechende Inszenierungen.

Homi K. Bhabha, der subversive Praktiken in den Fokus nimmt, stellt die Frage:

»Wie funktioniert man als Handelnder, wenn die eigene Möglichkeit zu handeln eingeschränkt ist, etwa, weil man ausgeschlossen ist und unterdrückt wird? Ich denke, selbst in dieser Position des Underdogs gibt es die Möglichkeit, die auferlegten kulturellen Autoritäten umzudrehen, einiges davon anzunehmen, anderes abzulehnen. Dadurch werden die Symbole der Autorität hybridisiert und etwas Eigenes daraus gemacht. Hybridisierung heißt für mich nicht einfach vermischen, sondern strategische und selektive Aneignung von Bedeutungen, Raum schaffen für Handelnde, deren Freiheit und Gleichheit gefährdet sind.« (Bhabha 2012, 13)

An dieser Stelle kann die berechtigte Frage gestellt werden, ob Rapper*innen eingeschränkte Handlungsmöglichkeiten haben oder ausgeschlossen werden. Die Frage ist nicht eindeutig zu beantworten, jedoch ist Rap im Ganzen nach wie vor eine marginalisierte Kultur, auch wenn sie im Mainstream angekommen ist. Das Geschäft des Rap geht ja gerade dadurch auf, dass sich die Künstler*innen als Underdogs inszenieren. Dieses Geschäftsmodell hält jedoch meist nur so lange an, bis die Sellout- und Authentizitätsdiskurse sie wieder einholen.

Die direkte Interaktion mit den Fans durch die sozialen Medien hat sich jedoch so stark verändert und sorgt für eine Möglichkeit in Kommunikation zu treten und diese digitalen Beziehungen aufrechtzuerhalten.

Somit haben Künstler*innen direkten Einfluss auf ihre Fanbase und können gleichzeitig auch hier durch performative Inszenierungen jenseits des Rap ihre Kanäle für politische Zwecke nutzen. Dies möchte ich anhand Kollegahs Inszenierungen exemplarisch verdeutlichen, der sich trotz seiner äußerst erfolgreichen Vermarktungsstrategie nach wie vor als Underdog inszeniert und eine vermeintlich pro-palästinensische Position vertritt. Als Privatperson schafft Kollegah in sozialen Medien durch einseitige Darstellungen komplexer politisch und historisch gewachsener Sachverhalte – wie beispielsweise dem Palästina-Israel-Konflikt – einen Rahmen, in dem die Line von Farid Bang »Mein Körper definierter als von Auschwitz-Insassen« des »Songs 08/15« auf dem Album JBG 3 mit Kunstfreiheit und dem lyrischen Ich nicht mehr relativiert werden können. Kollegah hat 2016 eine (Pro-)Palästina-Doku online gestellt, die von Street Cinema produziert wurde, einer Film- und Werbe-Produktionsfirma, die auch Rapvideos produziert u.a. »Saudi Arabi Money Rich« von Haftbefehl aus dem Jahr 2014, in dem religiöse Minderheiten u.a. orthodoxe jüdische Menschen als geldbesessen inszeniert werden. Der Song »Apokalypse« von Kollegah, ebenfalls aus dem Jahr 2016, bedient sich sehr stark antisemitischer Stereotype und endet damit, dass am Ende das Judentum, welches in dem Video das Böse personifiziert, vernichtet wird. Somit ist eine Differenzierung zwischen Kunst-und Privatperson nicht mehr möglich. Vielmehr wird dadurch die propagierte Authentizität untermauert. So konstatiert Baier:

> »Indem sich einige der bekanntesten deutschsprachigen Gangsta-Rapper in ihrer israelfeindlichen Inszenierung und öffentlichkeitswirksamen Parteinahme für die palästinensische Sache entweder offen antisemitisch positionieren, beispielsweise durch die Glorifizierung des Terrorismus gegen Israel

(vgl. Haftbefehl 2015; vgl. Sinan-G/Massiv 2015; vgl. Fard/Snaga 2014), oder eine kontrafaktische Darstellung einer komplexen Konflikthistorie propagieren (vgl. Ali Bumaye 2016), tragen sie zur Mobilisierung antiisraelisch-antisemitischer Affekte bei. Dabei sticht Kollegah mit seiner verschwörungsideologisch-antisemitischen Inszenierung deutlich hervor.« (Baier 2019, 112)

Als Kollegah und Farid Bang aufgrund der Line: »Mein Körper definierter als von Auschwitz Insassen« berechtigt auf breiter Ebene Kritik bekamen, an dessen Ende gar der Echo-Preis abgeschafft wurde, der auf Grundlage von Verkaufszahlen vergeben wird, meldeten sich auch die Microphone Mafia und Esther Bejarano zu Wort. Die Zusammenarbeit zwischen der Microphone Mafia und Esther Bejarano dauert nun schon seit über einer Dekade an. Die Microphone Mafia ist eine Crew aus Köln-Flittard, die seit Ende der 1980er Jahren besteht (vgl. Güler Saied 2012). Esther Bejarano war Überlebende von Auschwitz[3] und eine der letzten Zeitzeuginnen. Sie spielte im Auschwitz-Mädchenorchester Akkordeon und verlor ihre Eltern und Schwester, wie sie erst nach dem Krieg erfuhr.

In Bezug auf die Zusammenarbeit mit der Microphone Mafia konstatiert sie:

»Das verbindet uns, weil sie nämlich auch ganz viel zu leiden hatten. Der Kutlu und der Rossi zum Beispiel, die sind beide in Köln geboren. Und die fühlten sich natürlich auch als Deutsche. Aber die Leute haben immer zu ihnen gesagt: Du bist doch kein Deutscher, wo kommst du denn her? Oder wann gehst du denn wieder zurück? Man hat sie nicht anerkannt. Die haben wirklich sehr gelitten darunter. Das passt sehr gut zusammen. Wir haben gelitten und sie haben gelitten – und damit es besser wird, haben wir uns zusammengetan.«[4]

Dieses Beispiel verdeutlicht eine generationen- aber auch über ethnische und religiöse Grenzen hinweg agierende Zusammenarbeit. Gerade der Diskurs im Kontext der Echo-Verleihung hat gezeigt, wie stark die zivilgesellschaftliche und mediale Reaktion und Wirkung sein kann, und welche Folgen das für die Reproduktion von diskriminierenden und menschenverachtenden Songs haben kann. So hat sich Farid Bang nach der öffentlichen Debatte auf seiner

---

3   Sie ist am 10.7.2021 verstorben.
4   https://www.deutschlandfunkkultur.de/auschwitz-ueberlebende-esther-bejarano-rap pen-gegen-nazis.2177.de.html?dram:article_id=468865

Facebook-Seite bei Esther Bejarano entschuldigt und ihr angeboten, einen gemeinsamen Song zu produzieren und die Einnahmen zu spenden.[5] Bejarano antwortete, dass es schön sei, die Entschuldigung zu hören bzw. zu lesen, aber einen gemeinsamen Song wolle sie nicht. Seine Textzeile halte sie aber immer noch für geschmacklos und verhöhnend. Der Antisemitismus-Diskurs spielte sich natürlich nicht in einem Rap-Vakuum ab, sondern basiert auf gesamtgesellschaftlichen Entwicklungen und Phänomenen.

In der Studie »Jüdische Perspektiven auf Antisemitismus in Deutschland« (n = 553) sagten

> »drei Viertel der Befragten, (sie) fühlen sich in Deutschland wohl, aber zugleich äußern viele Befragte ihr Misstrauen, ob Deutschland jüdisches Leben in Zukunft schützen wird. Die Mehrheit von 85 % der Befragten äußern Ängste vor einer Zunahme des Antisemitismus. Auch und insbesondere die die rechtspopulistischen Strömungen in Deutschland rufen bei rund drei Viertel der Befragten ernsthafte Sorgen hervor. Mehr als die Hälfte der Befragten äußert Sorgen aufgrund der derzeitigen Zuwanderung. Subtile und nicht direkt auf Personen bezogene Formen von erlebtem Antisemitismus sind weit verbreitet. In den letzten 12 Monaten haben 62 % versteckte Andeutungen, 29 % verbale Beleidigungen/Belästigungen und 3 % körperliche Angriffe nach eigenen Angaben persönlich erlebt«. (Zick et.al 2017, 4)

Der Rapper Ben Salomo hat sich aufgrund von Antisemitismus im Rap aus dem Rap-Geschäft zurückgezogen und begründete das folgendermaßen:

> »Ein sehr dominanter Grund ist der für mich seit Jahren entgegenkommende Antisemitismus innerhalb der Rap-Szene – oftmals mit dem Deckmantel des Antizionismus, des Hasses auf Israel. Davon habe ich auf jeden Fall die Schnauze voll. Ich habe jahrelang versucht, dieses Problem innerhalb der Rap-Szene anzugehen und zu verändern und aufzuklären. Aber scheinbar ist das nicht ausreichend. Die deutsche Hip-Hop-Szene ist ähnlich antisemitisch wie die Rechtsrock-Szene. Der Unterschied ist, sie will es entweder nicht wahrhaben oder weiß es nicht. Es ist ein Sammelbecken – nicht nur für Antisemiten, sondern auch für Islamismusversteher und Terrorismusversteher. Leute, die all solche Dinge in ihren Texten glorifizieren und genauso auch Frauenverachtendes, Homophobie und Kriminalität glorifizieren. Und

---

5   https://www.n-tv.de/leute/Auschwitz-Zeile-Farid-Bang-entschuldigt-sich-article203667
     59.html

somit ist es inzwischen eine Bewegung, die für eine freiheitliche Gesellschaft, so wie wir sie eigentlich in Deutschland lieben, sehr schädlich ist.«[6]

Die Entwicklung des Rückzugs ist auch auf politischer Ebene zu beobachten,
als mehrere Bürgermeister zurückgetreten sind, weil sie von rechter Seite bedroht wurden, wie bspw. Arnd Focke (SPD), Bürgermeister der Gemeinde Es-
torf im Landkreis Nienburg in Niedersachsen.[7] Sprachliche Gewalt und damit
einhergehende gesellschaftliche Spaltungen bleiben somit nicht ohne Folgen.
Das Privatauto sei mit Hakenkreuzen verunstaltet worden, zudem habe er in
seinem Briefkasten Zettel mit »Wir vergasen dich wie die Antifa« aufgefun-
den. Als Fanal sei an dieser Stelle an den CDU-Politiker Walter Lübcke erinnert, der Abgeordneter des Hessischen Landtags und von 2009 bis zu seiner
Ermordung durch den Rechtsextremen Stephan Ernst, Regierungspräsident
im Regierungsbezirk Kassel war. Dieser Fall erinnert sehr stark an die Taten
des Nationalsozialistischen Untergrundes (NSU), der 10 Menschen aus nächs-
ter Nähe durch Kopfschüsse ermordet und mehrere verletzt und traumatisiert
hat. Auch der NSU agierte aus dem Untergrund und nach dem Prinzip des
führerlosen Widerstands. Combat 18 und Blood Honour – mit denen Stephan
Ernst, der Mörder von Lübcke – in Kontakt gestanden haben soll, waren auch
Netzwerke, die den NSU unterstützten. Der NSU hat 10 Menschen aus rassistischen Motiven ermordet sowie u.a. den Nagelbombenanschlag in der Kölner
Keuptstraße mit 22 Verletzten, verübt.

Bezogen auf menschenverachtende Lyrics im Rap stellt sich die Frage, wie
mit diesen angemessen im Sinne der Meinungs-und Kunstfreiheit, die eine
Basis demokratischer Gesellschaften darstellt, umgegangen werden kann.

Kunstfreiheit versus Einschränkung der Meinungsfreiheit?

Der Absatz 3 des Artikel 5 im Grundgesetz regelt die enthält verschiedene
Grundrechte. »Kunst und Wissenschaft, Forschung und Lehre sind frei. Die
Freiheit der Lehre entbindet nicht von der Treue zur Verfassung.«

Die auf politischer Ebene zu beobachtende Praxis des Aussprechens von
vermeintlichen Tabus und dann das Zurückrudern führt dazu, dass eine

---

6   https://www.deutschlandfunkkultur.de/rapper-ben-salomo-kuendigt-rueckzug-an-der
     -antisemitismus.2156.de.html?dram:article_id=415890
7   https://www.tagesspiegel.de/politik/buergermeister-tritt-wegen-rechter-hetze-zuruec
     k-die-entscheidung-hat-wehgetan-aber-sie-war-richtig/25397450.html

Märtyrer- und Opferrolle konstruiert wird, in der nicht mehr die wahrlich Betroffenen verbaler Angriffe im Vordergrund stehen, sondern die Künstler*innen als Opfer konstruiert werden. Diese Praxis ist auch im Kontext von Kollegah[8] zu beobachten gewesen, der im Jahr 2019 zwei Konzerte in München nicht spielen konnte. Nicht nur im Rap werden Grenzen des Sagbaren immer weiter verschoben und damit diskursfähig gemacht. So konstatierte Alexander Gauland von der AfD: »Wir versuchen, die Grenzen des Sagbaren auszuweiten.«[9]

Auch gesellschaftlich und politisch ist eine Verschiebung und Verrohung zu verzeichnen, die sich nicht nur auf der verbalen Ebene abspielt, sondern zunehmend auch in physischer Gewalt ausdrückt. So geht aus der Statistik der Bundesarbeitsgemeinschaft des Bundesverbands Recherche- und Informationsstelle Antisemitismus (RIAS) hervor, dass im Jahr 2019 1253 Fälle von Antisemitismus in Deutschland dokumentiert wurden. Einen traurigen »Höhepunkt« erreicht der Anschlag von Halle, als der Rechtsextremist Stephan B. am 09. Oktober 2019 an Jom Kippur – den höchsten jüdischen Feiertag – in die Synagoge eindringen wollte, um jüdische Menschen zu erschießen. Als ihm das nicht gelingt, erschießt er wahllos zwei Menschen, die 40jährige Jana L. auf der Straße sowie den 20jährigen Kevin S., der in einem Döner-Imbiss seine Mittagspause verbrachte. Zudem verletzte er zwei weitere Personen mit Schüssen.[10]

François Jullien konstatiert, dass

»eine Debatte, bei der es um die kulturelle ›Identität‹ geht, mit einem Geburtsfehler behaftet ist. Daher möchte ich eine konzeptuelle Verschiebung vorschlagen: Anstatt die Verschiedenheit der Kulturen als Differenz zu beschreiben, sollten wir uns ihr mithilfe des Konzepts des Abstands nähern; wir sollten sie nicht im Sinn von Identität, sondern im Sinne einer Ressource und der Fruchtbarkeit verstehen« (Jullien 2017, 36).

Die kulturelle Praxis des Rap bietet eine Bühne, um zugeschriebenen kulturalistischen Identitätskonstruktionen im hegemonialen Diskurs subversiv

8   https://www.sueddeutsche.de/muenchen/muenchen-kollegah-konzert-backstage-vip-club-1.4722666
9   https://www.faz.net/aktuell/politik/inland/gauland-interview-afd-will-grenzen-des-sagbaren-ausweiten-15627982.html
10   https://www.tagesschau.de/inland/halle-gestaendnis-103.html

entgegenzutreten und diese ad absurdum zu führen. Jullien bringt hierfür das Konzept der Übersetzung an und konstatiert:

>»Die Übersetzung ist hingegen eine Möglichkeit, den Dialog konkret und schlüssig zu verwirklichen. Sie bringt das Unbequeme, das Unabgeschlossene, das niemals Fertige zum Vorschein. Sie holt aber auch das Effektive ans Licht: In ihrem Zwischen entsteht ein Gemeinsames der Intelligenz, das sich von dort aus entfaltet.« (ebd., 93)

Diese Form der Annäherung ist auch dem Rap inhärent, der im Zwischenraum die oben beschriebenen Spannungsfelder beinhaltet. Nichtsdestotrotz ist Rap in Teilen ein Feld, in dem unter ideologisch problematischen Gesichtspunkten Identität konstruiert und reproduziert wird. Im folgenden Kapitel möchte ich auf die Identitätsinszenierungen im Kontext des Sexismus eingehen.

Sexismus im Rap

Das Bild der männlichen, migrantischen Rappers stößt bei der medialen Rezeption, die sich oftmals auf die Rapper bezieht, die die erwarteten Stereotype repräsentieren, auch auf ein besonderes Interesse, weil sie die Stereotype, die gesellschaftlich über sie herrschen, aufgreifen und überspitzt inszenieren.

>»Mit anderen Worten ist Stereotypisierung Teil der Aufrechterhaltung der sozialen und symbolischen Ordnung. Sie errichtet eine symbolische Grenze zwischen dem ›Normalen‹ und dem ›Devianten‹, dem Normalen und dem Pathologischen, dem Akzeptablen und dem Unakzeptablen, dem was dazu gehört und dem, was nicht dazu gehört oder was das Andere ist, zwischen Insidern und Outsidern, uns und Ihnen. Sie vereinfacht das Zusammenbinden oder Zusammenschweißen zu einer imaginierten Gemeinschaft; und sie schickt alle Anderen, alle diejenigen, die in irgendeiner Weise anders, unakzeptabel sind, in ein symbolisches Exil.« (Hall 2004, 144)

Seeliger konstatiert, dass die: »Inszenierung urbaner Lebenswirklichkeiten als Kernelement HipHop-kultureller Repräsentationen« (Seeliger 2013, 48) anzusehen ist.

Der im Rap zum Ausdruck kommende Sexismus, der auf Misogynie beruht, ist auch Ausdruck der gesamtgesellschaftlichen Verhältnisse in Bezug auf frauenverachtende Praktiken. Im Jahr 2018 wurden 122 Frauen von Ihren

(Ex-)Partnern ermordet, statistisch gesehen bedeutet das, dass es jeden dritten Tag eine Frau betrifft. Insgesamt wurden mehr als 114.000 Frauen Opfer
von häuslicher Gewalt, Bedrohungen oder Nötigungen durch ihre Ehemän-
ner, Partner oder Ex-Partner. Diese gewaltvollen Akte sind dabei die Spitze
des Eisberges, sie stellen zum einen die Fälle dar, die dokumentiert wurden.
Die Dunkelziffer ist weitaus höher. Zum anderen sind diese Formen als gewaltvolles Fanal zu sehen, da die alltäglichen Formen der Unterdrückung, Erniedrigung und Entmündigung meist im Verborgenen stattfinden. Herschelmann konstatiert:

> »Es werden so kulturelle Angebote zur individuellen Verarbeitung von Ge-
> schlechterkonflikten geschaffen, die jedoch zur Aufrechterhaltung sexisti-
> scher Herrschaftsverhältnisse beitragen, weil sie Muster männlicher Über-
> legenheit stabilisieren und durch das musikalische Stilmittel der überspitz-
> ten und ironischen Darstellung legitimieren. Da scheint das eigentliche Pro-
> blem des Gangsta- und Porno-Rap zu liegen« (Herschelmann 2015, 140)

Lange Zeit ist es als Normalität hingenommen worden, wenn frauenverach-
tende, sexistische und homophobe Lyrics in Rap-Songs transportiert wurden.
Auch innerhalb der HipHop-Szene gibt es diesbezüglich kontroverse Spaltun-
gen. So konstatiert die HipHop-Produzentin Mel Beatz, die unter anderem
Beats für Kool Savas und auch auf internationaler Ebene mit Mob Depp und
Kanye West zusammengearbeitet hat:

> »Ich persönlich habe mit Sexismus im Hip-Hop wenig Erfahrungen ge-
> macht. Producerinnen nehmen Rapper anders wahr, da sie im Vergleich
> zu Rapperinnen keine direkten Rivalen sind. Gegenüber denen sind die
> schon ein bisschen gemeiner und selektiver. Heute gibt es mehr Mädels im
> Hip-Hop, obwohl es immer noch nur wenige probieren. Frauen, die es nicht
> schaffen, haben es meist gar nicht erst probiert, glaube ich. Dadurch, dass
> es mehr Männer gibt, wird eine härtere Tonart angeschlagen. Da musst du
> gucken, wie stark du bist. Nach Interviews sagen andere Frauen über mich,
> dass sie es krass finden, dass ich nicht pro Frauen bin. Aber ich bin pro
> Mensch und finde das feministischer, als Feministin zu sein. Anscheinend
> ecke ich damit an.«[11]

Ein grundlegendes Merkmal im Gangsta-Rap ist nach Seeliger die »überhöhte
Darstellung des lyrischen Ich«, bei dem die »Aufwertung des Sprechers [...] in

---

11   https://www.fluter.de/frauen-ueber-sexismus-im-deutschrap

der Regel über die Abwertung anderer Personen(gruppen)« erreicht wird (Seeliger 2013, 93), diese seien die »Versuche einer Aktualisierung hegemonialer Männlichkeit« (Goßmann & Seeliger 2013).

»Gangstarap wird hier also zum Ort der Darstellung und Aushandlung männlicher Verwirklichungsideale« (Seeliger 2013, 93).

Abschließend möchte ich an dieser Stelle exemplarisch auf die 187 Straßenbande zurückkommen. Im Jahr 2019 entbrannte eine kontroverse Debatte über Sexismus im Rap. Die Ex-Partnerin von GZUZ hatte in mehreren Instagram-Stories gepostet, dass sie von ihrem Ex-Freund und Vater ihrer beiden Kinder geschlagen und an den Haaren durch die Wohnung gezerrt worden sei. Rap-Kollege Bonez MC meldete sich daraufhin ebenfalls bei Instagram und dementierte die Vorwürfe und inszenierte sich selbst als Opfer häuslicher Gewalt, indem er ein Foto mit Blutflecken und Blut-durchtränkte Taschentücher postete und verhöhnend schrieb: »Wieder aufs Maul bekommen. Von meiner Ex.«

GZUZ ging mit seinem Anwalt juristisch gegen die Medienberichterstattung aufgrund der Vorwürfe seiner Ex-Partnerin vor und erreichte, dass viele Medien ihre Berichterstattung wieder offline nehmen mussten.[12] Die in ihren Texten beanspruchte Kunst- und Meinungsfreiheit scheinen die Künstler der 187 Straßenbande dabei einseitig zu verstehen. Es entstand in diesem Kontext die Forderung nach einer #MeToo-Debatte im Rap, die Anknüpfungspunkte für die weitere wissenschaftliche Auseinandersetzung bietet.

Fazit und Ausblick

Rap ist immer noch durch konträre Inhalte und Positionen im medialen Diskurs präsent. Diese sind zum einen durch menschenverachtende Inhalte geprägt. Auf der anderen Seite jedoch werden diese Inhalte aus der Szene nicht stehen gelassen, sondern durch Answer-Songs und direkte Reaktion und Interaktion durch (soziale) Medien kommentiert. Somit werden nicht nur in einem gesamtgesellschaftlichen Kontext – wie im Zuge der Absage an die 187 Straßenbande – moralische Grenzen aufgezeigt, die zu einer Vergewisserung des Status Quo hinsichtlich diskriminierender Praktiken deuten. Vielmehr findet eine fruchtbare Auseinandersetzung statt, die gesellschaftliche Spannungsfelder zwar nicht auflöst, wohl aber marktkapitalistische Debatten er-

---

12   https://www.bigfm.de/news/28933/braucht-deutschrap-eine-metoo-bewegung.

zeugt, ob der Erfolg durch Musik-und Werbeindustrie in der Zusammenarbeit mit Künstler*innen weitergeführt wird oder nicht. Boykott-und Verbotsaufrufe sollten dabei das letzte Mittel sein und unter Betracht gezogen werden, wenn strafrechtlich relevante Gründe vorliegen. Vielmehr sollte auch aus wissenschaftlicher Perspektive der Fokus zusätzlich verstärkt auf jene Künstler*innen gerichtet werden, die zur De-Konstruktion der Diskriminierungspraktiken beitragen.

Literatur

Baier, Jakob. 2019. »Die Echo-Debatte: Antisemitismus im Rap.« In *Antisemitismus seit 9/11. Ereignisse, Debatten, Kontroverse*, herausgegeben von Samuel Salzborn, 108-31. Baden-Baden: Nomos.

Bhabha, Homi K. 2012. *Über kulturelle Hybridität. Tradition und Übersetzung*. Wien: Turia + Kant.

Bejarano, Esther. 2013. *Erinnerungen: Vom Mädchenorchester in Auschwitz zur Rap-Band gegen Rechts*. Hamburg: Laika Verlag.

Big.fm. 2019. »Nach Vorwürfen gegen Gzuz & Bonez MC: #MeToo im Deutschrap. Sexismus im Game.« *Big FM*, 15.05.2019. https://www.bigfm. de/news/28933/braucht-deutschrap-eine-metoo-bewegung, zuletzt abgerufen am 31.08.2021.

Eppelsheim, Philip. 2018. »»Wir versuchen, die Grenzen des Sagbaren auszuweiten.« AfD-Chef Gauland im Interview.« *Frankfurter Allgemeine Zeitung*, 07.06.2018, https://www.faz.net/aktuell/politik/inland/gauland-interview-afd-will-grenzen-des-sagbaren-ausweiten-15627982.html, zuletzt abgerufen am 31.08.2021.

Freymark, Linus & IngridFuchs. 2019. »Kollegah-Konzert zum zweiten Mal abgesagt.« *Süddeutsche Zeitung*, 14.12.2019. https://www.sueddeutsche.de /muenchen/muenchen-kollegah-konzert-backstage-vip-club-1.4722666, zuletzt abgerufen am 31.08.2021.

Groen, Bennett. 2020. »Antisemitismus-Statistik von RIAS: Im Schnitt drei Vorfälle täglich.« *Die Tageszeitung*, 06.05.2020. https://taz.de/Antisemitismus-Statistik-von-RIAS-/!5683284/, zuletzt abgerufen am 31.08.2021.

Goßmann, Malte & Martin Seeliger. 2013. »›Ihr habt alle Angst, denn ich kann euch bloßstellen!‹ Weibliches Empowerment und männliche Verunsicherung im Gangstarap.« *Pop-Zeitschrift 2*.

Güler Saied, Ayla. 2012. *Rap in Deutschland. Musik als Interaktionsmedium zwischen Partykultur und urbanen Anerkennungskämpfen.* Bielefeld: transcript.

Hall, Stuart. 1994. *Rassismus und kulturelle Identität.* Hamburg: Argument.

Hall, Stuart. 2004. *Ideologie, Identität, Repräsentation.* Hamburg: Argument.

Heitmeyer, Wilhelm. Andreas Zick & Beate Küpper. 2011. »Vorurteile als Elemente Gruppenbezogener Menschenfeindlichkeit – eine Sichtung der Vorurteilsforschung und ein theoretischer Entwurf.« In: *Vorurteile: Ursprünge, Formen, Bedeutung,* herausgegeben von Anton Pelinka, 287-316. Berlin: de Gruyter.

Herschelmann, Michael. 2015. »Deutscher Gangsta- und Porno-Rap. Zwischen Provokation und Gefährdung.« In *Styles … HipHop in Deutschland,* herausgegeben von rock'n'popmuseum, Thomas Mania, Michael Rappe & Oliver Kautny, 128-44. Münster: Telos.

Jullien, François. 2017. *Es gibt keine kulturelle Identität. Wir verteidigen die Ressourcen einer Kultur.* Berlin: Suhrkamp.

Klein, Gabriele & Malte Friedrich. Hg. 2008. *Is this real. Die Kultur des Hip-Hop.* Frankfurt a.M.: Suhrkamp.

Konate, Noelle. 2020. »Klingt nicht geil.« *fluter,* 15.01.2020. https://www.fluter.de/frauen-ueber-sexismus-im-deutschrap, zuletzt abgerufen am 31.08.2021.

Lindig, Vincent. 2020. »Rappen gegen Nazis. Auschwitz-Überlebende Esther Bejarano.« *Deutschlandfunk Kultur,* 27.01.2020. https://www.deutschlandfunkkultur.de/auschwitz-ueberlebende-esther-bejarano-rappen-gegen-nazis.2177.de.html?dram:article_id=468865, zuletzt abgerufen am 31.08.2021.

NTV. 2018. »›Bin unreflektiert‹ Auschwitz-Zeile: Farid Bang entschuldigt sich.« *ntv,* 04.04.2018. https://www.n-tv.de/leute/Auschwitz-Zeile-Farid-Bang-entschuldigt-sich-article20366759.html, zuletzt abgerufen am 31.08.2021.

Schindler, Frederik. 2019. »Vorwürfe gegen Hip-Hop-Medien. Im Rap ist alles erlaubt.« *Die Tageszeitung,* 29.06.2019, https://taz.de/Vorwuerfe-gegen-Hip-Hop-Medien/!5603374/, zuletzt abgerufen am 31.08.2021.

Seeliger, Martin. 2013. *Deutscher Gangstarap. Zwischen Affirmation und Empowerment.* Berlin: Posth Verlag.

Spiegel Online. 2018. »Hip-Hop-Erfolgsduo SXTN haben sich offenbar getrennt«, 01.11.2018. http://www.spiegel.de/kultur/musik/sxtn-juju-und-nura-haben-sich-offenbar-getrennt-a-1236314.html, zuletzt abgerufen am 31.08.2021.

Staiger, Marcus. 2019. »Neuer Antisemitismus (5/6) Rap – ein Zerrbild der Gesellschaft?« *Deutschlandfunk Kultur*, 30.09.2019, https://www.deutschla ndfunk.de/neuer-antisemitismus-5-6-rapein-zerrbild-der-gesellschaft.1 184.de.html?dram:article_id=450425, zuletzt abgerufen am 31.08.2021.

Statistisches Bundesamt. 2020. »Qualität der Arbeit. Gender Pay Gap.« https ://www.destatis.de/DE/Themen/Arbeit/Arbeitsmarkt/Qualitaet-Arbeit/D imension-1/gender-pay-gap.html, zuletzt abgerufen am 20.03.2020.

Ufer, Gesa. 2018. »Rapper Ben Salomo kündigt Rückzug an. Der Antisemitismus der Rap-Szene.« *Deutschlandfunk Kultur*, 18.04.2018. https://www.de utschlandfunkkultur.de/rapper-ben-salomo-kuendigt-rueckzug-an-der-antisemitismus.2156.de.html?dram:article_id=415890, zuletzt abgerufen am 31.08.2021.

Zick, Andreas, Andreas Hövermann, Silke Jensen & Julia Bernstein. 2017. *Jüdische Perspektiven auf Antisemitismus in Deutschland. Ein Studienbericht für den Expertenrat Antisemitismus*. Universität Bielefeld. Institut für interdisziplinäre Gewalt-und Konfliktforschung.

Bitchfresse
Ich rappe also bin ich

Robert Teufel

Vorneweg, hier schreibt kein Wissenschaftler, sondern der Regisseur eines Theaterabends. Ich gebe mir Mühe, mich verständlich auszudrücken, aber mein Text hat nicht den Anspruch, wissenschaftlichen Standards zu genügen. Theater ist keine Wissenschaft. Theater schafft Erlebnisräume, die Denkanstöße liefern sollen: Aspekte werden aufgegriffen, Meinungen angerissen, Distantes rangeholt. Aber es werden keine Antworten auf konkrete Fragen gegeben. Wir versuchen im Theater eben nicht, Dinge »profund und dicht und dennoch auch vermittelnd zu beschreiben«[1], wie die Reihe Druckwellen es versucht. Wir versuchen, Dinge erlebbar zu machen. Wenn ich hier also über den Theaterabend *Bitchfresse – Ich rappe also bin ich* und Druckwellen schreibe, werde ich ähnlich verfahren.

Als die Aufnahme von Donald Trumps Bemerkung »you can do anything ... grab them by the pussy« publik wurde, war die Äußerung ein Skandalon beträchtlichen Ausmaßes, von dem manche gar meinten, es würde Donald Trumps Wahl zum Präsidenten verhindern. Das ist, wie man weiß, anders gekommen. Man kann an diesem Beispiel einige Überlegungen anstellen.

Zunächst ist, was als Druckwelle erlebt wird, dem Wandel unterworfen und von subjektiven Standpunkten abhängig. Trump hat diesen Satz nicht bewusst als Druckwelle platziert. Man darf vielmehr vermuten, dass es eine Art Selbstbeweihräucherung und Empfehlung war. Der Angesprochene selbst lässt kein Zeichen der Empörung erkennen.[2] Die eigentliche Druckwelle kam erst ins Rollen, als Jahre nach der Äußerung die Veröffentlichung folgte. So ist die Äußerung insbesondere durch die mediale Verarbeitung erst zu einer

---

1 https://kw.uni-paderborn.de/fach-musik/aktivitaeten/druckwellen
2 Ein Transkript des Gesprächs und das zugehörige Video findet sich hier: https://www.nytimes.com/2016/10/08/us/donald-trump-tape-transcript.html

Druckwelle geworden. Druckwellen finden also im Dreieck von Sender, Emp-fänger und medialer Verarbeitung/Kritik statt.

Gleichviel ist eine solche Äußerung im Rap eine Bagatelle, selbst die als moderat geltenden Die Fantastischen Vier langten 1991 im Song »Böse« »Dei-ner alten« schon vor Jahren »von hinten an die Möse«. Viele lyrische Ichs in Raptexten verfahren ähnlich und krasser: Sie töten, führen Krieg, vergewal-tigen und so weiter. Es gibt eigentlich nichts, was es nicht gibt.[3] Gewaltver-herrlichung, Sexismus, Hatespeech, Rassismus und dergleichen finden sich aber außerhalb des Rap genau. Rap ist vor allem eine Form. Er wirkt als Mas-senphänomen wohl als eine Art Verstärker oder Multiplikator, er ist aber nicht der (alleinige) Ursprung solcher Haltungen.[4] Und doch gibt es den Topos vom Rap als Ursache für Gewalt und Verwahrlosung (vgl. Wolbring 2015, 40-41). Rap bilde prekäre Lebenslagen nicht nur ab, er verstärke sie gleichzeitig auch, wenn seine Hörer das Gehörte nachahmen und weitertreiben. Theorien sozia-ler Praktik (vgl. Reckwitz 2003, 282-301) werden verkürzt in Anschlag gebracht und Rap damit problematisiert. Eine Analogie zu Fragen um Egoshooter las-sen sich erkennen: Lösen diese Amokläufe aus? Die Wirklichkeit ist komplex und besteht aus Einzelfällen. In den meisten übersetzt sich das Rezipierte jedenfalls nicht in unmittelbare Handlung. Es gibt eine Außenwelt, die kon-trastierend und relativierend wirkt.

Es existiert ebenso die gegenteilige Behauptung, das Märchen vom Rap als Katharsis, als integratives Kreativitätstool, das Gewalt gerade verhindert, Lernen erleichtert und die Kids weg von der Straße holt (vgl. Wolbring 2015, 459). Auch das stimmt in verschiedenen Fällen sicher, ist aber ebenso wenig die Regel.

Sender, Empfänger und mediale Auf- und Verarbeitung – alle drei Akteu-re spielen ihre Rollen und bedürfen der Betrachtung, wenn man sich fragt,

---

3   Das vorherrschende Bild vom Rapper ist nach wie vor zu eingeschränkt. Es gibt den aggressiven Schwulenrap, es gibt rappende Frauen, es gibt politischen und philoso-phischen Rap. Es gibt den Rap als Geschäft und als Freizeitform (vgl. Wolbring 2015, 20-25). Der Rapper Jay-Z bezeichnet auf seiner MTV-Unplugged-Platte übrigens eine Spielart des Rap, bei der es explizit darum geht, einen Gegner spielerisch fertig zu ma-chen, als dessen »truest essence«: das Battle. (Jay-Z 2001) Sie findet kaum Eingang in die wissenschaftliche Beschäftigung mit Rap.

4   Eine Besonderheit ist sein Authentizitätsproblem: Raptexte werden selten unter dem Aspekt des »lyrischen Ichs« untersucht, in aller Regel soll der Text authentisch sein und er wird als solcher gelesen. Realness und Credibility sind im HipHop eigene Werte (vgl. Wolbring 2015, 493-97).

ob und wie Rap Druckwellen auslöst und welche Wirkung diese haben. Dem einen ist er »anger managment« (Pelham 2004), dem anderen Spaß, beim einen kommt er als Skandal an, beim anderen spiegelt er Lebensgefühl. Die These ist, dass die Druckwellen des Rap einfach zur größeren Ordnung der Druckwellen überhaupt gerechnet werden können. Sie sind dort in letzter Zeit vermehrt zu finden, aber nicht nur dort. Rap und auch seine Druckwellen, gezielt gesetzt oder zufällig entstanden, nehmen so Teil an den Sprachspielen oder kulturellen Praktiken, die den sozialen Zusammenhang mitbestimmen (vgl. Lyotard 2005, 55).

Indes ist Rap ein Geschäft, und wir leben in der *Gesellschaft der Singularitäten* (Reckwitz 2018). Mit Andreas Reckwitz lässt sich eine Notwendigkeit zur Druckwelle als Kennzeichen der gegenwärtigen Gesellschaft beschreiben. Wer Gehör finden will, muss singulär sein – mithin anders, krasser als das, was vor ihm war (vgl. Reckwitz 2018, 160-65). Das bedeutet nicht unbedingt heftiger in der Beleidigung, wie im Rap oft erlebt, aber es inkludiert das.[5] Wenigstens insofern bestimmt die Struktur unserer Gesellschaft die Druckwellen des Rap mit.[6]

Die Gesellschaft führt einen andauernden Diskurs darüber und agiert andauernd aus, was ihr soziales Band (vgl. Lyotard 2005, 13-17) ausmacht, was

---

5   Genauso gut können freshe Skills, Beats, Themen und anderes mehr den Unterschied machen.

6   Das zeigte sich auch bei der Titelfindung für *Bitchfresse – ich rappe also bin ich*. Für gewöhnlich gibt es ein Spielzeitbuch und die Homepage, die die Veranstaltungen, insbesondere die Premieren, mit langem Vorlauf ankündigen, so dass genug Publikum erreicht wird. *Bitchfresse* entstand spontan und so fehlte dieses langfristige Marketingtool. Wir mussten anders Aufmerksamkeit erregen, eine Druckwelle aussenden. Und so kam es zu dem Titel, der sich aus einem Raptext und einem abgewandelten Gedanken Descartes' zusammensetzt. Der Titel verbindet so scheinbar Gegensätzliches: Hardcore-Rap und Philosophie. Eine Verbindung, die Rappern selbst häufig nicht zugetraut wird, und sie war so gleichzeitig ein Spiel mit der Deutungshoheit der beiden Bereiche. Wir hofften, das sei ein besonderer Genuss für diejenigen, die es erkennen. Viel wichtiger war aber, dass die Aufmerksamkeit derjenigen, die das Programm des Theaters studierten, erstmal an dem Titel haften blieb, wenn auch nur, weil sie ihn als Störmoment empfanden. Aufmerksamkeit ist Aufmerksamkeit. Übrigens: Der erste Teil »Bitchfresse« stammt nicht aus Kool Savas »LMS«, wie einige meinen. Er zitiert Kitty Kats »Bitchfresse«, die sich auf Savas bezieht. »Ich bin ne Frau, aber wäre ich ein Mann, würd ich Dir jetzt sagen: Alter Lutsch mein Schwanz.« (Kitty Kat 2009) Rap ist Intertext.

ihr von Wert ist und wer sie sei. Die Druckwellen des Rap sind Teil des Diskurses. Er ist sozial fabriziert (vgl. Reckwitz 2018, 11). Dabei bleibt der Konsens, so schmerzlich das sein mag, ein Horizont, der niemals erworben wird (vgl. Lyotard 2005, 177). Ganz grob lässt sich sagen, dass durch eine »stylized repetition of acts« (Butler 1988, 519) Rollenbilder, Wertigkeiten, Gerechtigkeitsempfinden – das soziale Band also – relative Festigkeit erhalten. Die Festigkeit ist relativ, weil in der Nachahmung immer ein abweichendes Moment möglich ist (vgl. Reckwitz 2003, 294). Neben den radikalen Paradigmenwechseln sind die meisten klein und verändern nach und nach in Summe das soziale Band. Das, was wir als Druckwelle empfinden, verweist so immer gleichzeitig auf das (normale) soziale Band selbst und darauf, dass es nur von relativer Festigkeit, mithin gefährdet, ist. Es scheint zusehends mehr und mehr kleine Gruppen mit selbstständigen Wertigkeiten zu geben, die sich mit mehr und mehr Mühe über die Gruppengrenzen hinweg auf einen gemeinsamen Nenner verständigen können. So schließt Reckwitz seine Studie:

> »Die sozialen Asymmetrien und kulturellen Heterogenitäten, welche dieser Strukturwandel der Moderne potenziert, seine Freisetzung positiver und negativer Affekte lassen Vorstellungen einer rationalen Ordnung, einer egalitären Gesellschaft, einer homogenen Kultur und einer balancierten Persönlichkeitsstruktur, wie sie manche noch hegen mögen, damit als das erscheinen, was sie sind: pure Nostalgie.« (Reckwitz 2018, 442)

Damit ist das Panorama umrissen, vor dessen Hintergrund *Bitchfresse – Ich rappe also bin ich* 2011, entstanden ist. Es war eine merkwürdige Zeit für Rap und damals noch ein Ding, das Schmuddelkind Rap in den vermeintlichen Hochkulturbetrieb Theater zu holen. Gerne wurde Hiphop, eine hoch ausdifferenzierte kulturelle Praxis, als minderwertig abgetan. Es war aber längst schon die Diskussion um seine werteerodierende Gefahr im Gange: Schon damals waren die sogenannten Gangsterrapper wie Bushido, Sido, Savas, Fler die Stars.[7] Gleichviel gab es so etwas wie eine Aneignung des Phänomens durch die bürgerliche Gesellschaft. Bushidos Biografie wurde verfilmt, Rapper saßen in vielen Talkshows, Biografien wurden veröffentlicht und dergleichen mehr. Das soziale Band war – wie immer – im Wandel und die vorläufige Positionsbestimmung zum und von Rap in vollem Gange.

---

7   Also die verkaufsstärksten und am meisten diskutierten Rapper, nicht unbedingt die besten. Das Bild außerhalb und innerhalb der Szene war und ist nicht deckungsgleich.

Wir fanden Rap einerseits toll, sahen aber auch problematischen Tendenzen. Fanden manches sophisticated und fresh, anderes sagte uns nicht zu. Am erstaunlichsten war für uns aber der mediale Diskurs über Rap. Er schien niemals auch nur ansatzweise das ganze Panorama desselben in den Blick nehmen zu wollen, sondern versteifte sich auf die (potentiellen) Druckwellen, um sie in Schlagzeilen und Claims zu extremen Gefahrenpotentialen aufzubauen und um schließlich in Talkshows nur vermeintlich differenzierte Debatten zu führen.[8] Erstaunlich: Wenn Raptexte doch werteerodierend sind und wirken, was ist dann davon zu halten, dass die bürgerliche Elite sie singularisiert und valorisiert? Ihnen also im Umgang einen positiven Wert zuschreibt, ja diesen selbst mit hervorbringt und publik macht?[9]

Um sich solchen Fragen anzunähern, sammelten wir verschiedene Materialien (Songs, Selbstäußerungen, biografische Texte, Talkshowausschnitte) und bauten daraus eine szenische Collage. Sie sollte den Spaß am Rap ebenso deutlich machen, wie seine problematischen Aspekte diskutieren. Das Feld war groß und weit. Da geht es Theaterabenden, die eine bestimmte Dauer haben, nicht anders als wissenschaftlichen Texten. Nicht alles kann aufgegriffen oder gar abschließend behandelt werden. Die Idee einer ganzheitlichen und vollständigen Betrachtung der Dinge rückt ohnehin in immer weitere Entfernung. Deshalb versuchten wir uns eines der Prinzipien des Hiphops selbst anzueignen, den Remix. Wir könnten Szenen aus der Wirklichkeit als Reenactment auf die Bühne bringen. Wir hätten die Möglichkeit, Kontrastreiches miteinander zu verschneiden und ein dichtes Panorama der verschiedenen Standpunkte zu zeigen.[10] Und wir würden schon so einer nicht gewürdigten Facette Rechnung tragen: Rap ist Intertext, er hält durch Samples und Zitate dauernd Bezug zu sich selbst und diskutiert seine eigene Verfasstheit. Er ist insofern eben nicht die spontane Äußerung, sondern komplexe Kunst.

Es würden nicht nur die skandalisierten Rapper vorkommen und nachgeahmt werden, vor allem würden wir den gesellschaftlichen Diskurs über Rap

---

8   Ansatzweise deshalb, weil man einem weltweiten Phänomen mit jahrzehntelanger Geschichte wohl ohnehin kaum in Gänze gerecht werden kann.

9   Die Techniken, die Singularitäten ihren Wert zuschreiben, sind mannigfaltig und sprengen hier den Rahmen. Es sei nochmal auf Reckwitz Studie *Die Gesellschaft der Singularitäten* verwiesen.

10   Freilich würden wir satirisch zuspitzen, persiflieren, hinterfragen und andere Techniken verwenden, um ein dichtes Erlebnis zu schaffen. Das müsste an anderer Stelle genauer gefasst werden.

mit in den Blick nehmen und so auf die soziale Fabrikation desselben verweisen. Zum Beispiel so: Am Abend kam Kool Savas Song »LMS« vor, hier tituliert sich das lyrische Ich, das sich behände durch die Welt vögelt, als »Rap Udo Jürgens«, das für seine Eichel bürgt (Savas 1999). Wenn man sich dem Gedanken hingibt, ist an diesem Vergleich vielleicht etwas dran. Immerhin war Udo Jürgens als ewiger Playboy bekannt. Deutlicher im Kontext einer Vorstellung im Theater wird es, wenn sie an der Stelle im Song die Show kurz unterbrechen und ein Video eines Auftrittes einspielen, das Udo Jürgens in anzüglicher Pose zu einer Sängerin zeigt. Dann lassen sie den Song weiterlaufen. Und später im Abend taucht auf einmal Udo Jürgens selbst als Figur auf und spricht über sich als Männermann, der unglaublich viele Frauen hatte. Das, hofften wir, kontrastiert sich, zumal den Zuschauern klar war, dass der Abend mit der Wirklichkeit entnommenen Szenen arbeitet.[11] Wer ist nun schlimmer, der Rapper oder der Schlagersänger?

Den als Einzelszene größten Part nahm das Reenactment der Talkshow *Kerner* ein, bei der Bushido als Gast geladen war.[12] Er wurde dort vom Moderator, einem Schauspieler, einem Sozialbearbeiter und einer Politikerin zu seinen Texten und deren Wirkung befragt, und es war erstaunlich zu erleben, wie einfach es ihm durch Charme und rhetorische Kniffe gelang, die Deutungshoheit zu behalten und sich als reflektierten Künstler, der lediglich eine Gefühl zum Ausdruck bringe, zu behaupten. Fragen nach Druckwellen spielen in der Talkshow eine wesentliche Rolle, werden aber nicht beantwortet. Es wird mit einem Witz reagiert, eine Gegenfrage gestellt, vom Moderator eine neue Frage formuliert und dergleichen mehr. Der letztliche Rückzugspunkt des Rappers ist dessen Einverständnis mit der Indizierung seiner Texte und mit der Arbeit der Bundesprüfstelle für jugendgefährdende Medien. In der Talkshow scheint bald Einigkeit zu herrschen, dass alles schon nicht ganz so wild sei – Ersguterjunge, wie Bushidos Label sich nannte. Er ist ja charmant und witzig. Zudem betonen Bushidos Gesprächspartner mehrfach, schlicht schlecht vorbereitet zu sein. Sie hätten sich nur mit seinen schwierigen Texten befasst, nicht mit denen, die nicht indiziert seien. So wird ein Nimbus um den Künstler aufgebaut, der ihn weniger angreifbar erscheinen lässt. Was als

---

11   Das merkte man dem Abend an, da viele Äußerungen einem bekannt sein mussten. Und darauf machte ein Video aufmerksam, das zu Beginn der Vorstellung abgespielt wurde.

12   Sie ist noch immer auf YouTube zu finden, der Link zum ersten von drei Teilen: https://www.youtube.com/watch?v=pxu9c6rWmEo

seriöser Qualitätsjournalismus galt, war eben doch etwas anderes. Und dies andere benannte die Figur Johannes B. Kerner wiederum in einem Monolog, während *Bitchfresse*, der vor dem Reenactment der Talkshow zu erleben war. Die Figur zeigt sich hier stolz, dass sie als Sportmoderator und als Talkmaster den Diskurs in der deutschen Öffentlichkeit wesentlich mitbestimmt. Etwas zugespitzt formulierte es die Figur so: »Man hat sogar ein Verb nach mir benannt, die Kernerisierung.«[13]

Dadurch, dass wir solche Aspekte mit in den Abend holten, hofften wir, nicht nur mit auf einen Hype um Gangsterrap aufzuspringen, sondern eben auch zu zeigen, dass dieser sozial fabriziert ist, dass die vermeintliche Gefahr vom Rap nicht nur von ihm, sondern auch von seiner Aneignung, Valorisierung und Kritik mitbestimmt wird. Es reicht nicht, die Druckwelle als Potential hervorzubringen, sie wird auch als solche aufgebaut oder eben relativiert. Freilich wirft ein Theaterabend so nur Schlaglichter und unterhält im besten Fall, ich hatte das eingangs betont. Aber das war unser Verfahren und Anliegen.

Indes war *Bitchfresse* selbst ein Kunstprodukt und damit denselben Regeln unterworfen, wie es auch Raps sind. Schon im Vorfeld warnten uns erfahrene Kollegen, die bei einer Probe zusahen, dass wir den Abend nicht rausbringen sollten. Unsere Karrieren würden schneller vorbei sein, als sie begonnen hätten, das ganze hätte mit Theater nichts zu tun. Als Theater war hier das In-Szene-setzen dramatischer Literatur gemeint. Dieser traditionellen Form traut man gemeinhin zu, gesellschaftliche Themen adäquat aufzugreifen. Und ganz in diesem Duktus notierte die lokale Zeitung, es sei ein »[...]Abend, der mehr ein heiterer Betriebsausflug in den Morast der deutschen Sprache denn ernstzunehmendes Theater sein will.« Zwar seien »komplexe Klangstrukturen« zu hören, aber der Rest »[...] ist nichtjugendfreier Kindergeburtstag.«[14] Der Kritiker erlebte offenbar keine sich gegenseitig kon-

---

13 Nicht alle Sätze waren Originalzitat. Hier hatte der Schauspieler in einem glücklichen Moment etwas verzerrt: Aus »Wort« wurde »Verb«. Theater ist keine Wissenschaft. Zur Kernerisierung: »[...] Kernerisierung meint: den Ersatz ressortspezifischer Kenntnisse durch die Bereitschaft zur guten Laune, den Ersatz von Information durch inszenierte Einfühlung, den Ersatz republikanischer Gesprächskultur durch autoritäre Kumpelei und den Ersatz des Gedankens durch den Affekt. Meister all dieser Surrogate ist Johannes B. Kerner.« (https://www.cicero.de/kultur/schön-dich-hier-zu-haben/39527)

14 https://www.morgenweb.de/mannheimer_morgen_artikel,-kultur-ausflug-zum-gangsta-rap-_arid,59275.html

trastierenden Aspekte eines relevanten Phänomens. Er war nicht Teil eines Erlebnisraums, der die soziale Fabrikation des sozialen Bandes diskutierte.

Er schloss lieber mit seiner eigenen Druckwelle.[15] Die wiederum schaffte es ab der zweiten Vorstellung in den Abend selbst: Einer der Kollegen unterbrach einen Song, um die Kritik zu zitieren: »Der Mannheimer Morgen hat übrigens über uns geschrieben. Wir hätten komplexe Klangstrukturen, die zu gefallen wissen. Solange man nicht auf die Texte hört.« Er schloss: »Ja fick dich doch, Mannheimer Morgen.«[16] Was beide Bemerkungen eint, ist, dass sie die Diskussion mit einem Urteil beenden.

Die Kritik selbst steht in einem interessanten Missverhältnis zur Aufführungswirklichkeit von *Bitchfresse*: Trotz der schlechten Besprechung liefen über 100 Vorstellungen in sieben Jahren, und *Bitchfresse* entwickelte sich zu einer Kultveranstaltung in Mannheim. Das sei nur erwähnt, weil es das Gesagte noch einmal relativiert. Auch die Kritikermeinung bestimmt nicht allein, was Druckwelle ist und was zur Singularität wird. »Das Selbst ist wenig, aber es ist nicht isoliert, es ist in einem Gefüge von Relationen gefangen, das noch nie so komplex und beweglich war. [...] Und sogar das benachteiligteste Selbst ist niemals machtlos gegenüber diesen Nachrichten, die es durchqueren« (Lyotard 2005, 55).

Das soll die letzte Bemerkung sein. Die meisten Dinge sind kompliziert, der gesellschaftliche Zusammenhang ist es. Er ist ein immer fluider. Teil desselben sind die Druckwellen. Wir müssen ständig neu bestimmen, was für uns von Wert ist. Der Versuch zur Verständigung scheint mir ein wertvoller zu sein. Natürlich muss nicht alles akzeptiert werden, Dinge lassen sich in letzter Konsequenz verbieten. Ich will das mitunter gefährliche Potential von Druckwellen in keiner Weise beschönigen. Es wäre furchtbar, wenn manches, was gesagt wird, sich als akzeptierte Norm etablierte. Aber gerade deshalb können Druckwellen auch immer wieder Anlass sein, sich der Fragilität und Fabriziertheit des sozialen Bandes bewusst zu werden und sich zu ihm ins Verhältnis zu setzen.

---

15   Freilich nur eine Druckwelle in unserem kleinen Bezugssystem, auf die wir auf das Gefallen von *Bitchfresse* gehofft hatten.

16   Das liest sich hier beleidigter, als es war. Es war wiederum einfach ein Spiel mit den Spielregeln des Diskurses selbst.

Literaturverzeichnis

Butler, Judith. 1988. »Performative Acts and Gender Constitution: An Essay in Phenomenology and Feminist Theory.« *Theatre Journal*, Vol. 40, No. 4: 519-31.

Lyotard, Jean-François. 2005. *Das postmoderne Wissen. Ein Bericht.* Wien: Passagen.

Reckwitz, Andreas. 2003. »Grundelemente einer Theorie sozialer Praktiken. Eine sozialtheoretische Perspektive.« *Zeitschrift für Soziologie*, Jg. 32, Heft 4: 282-301.

Reckwitz, Andreas. 2018. *Die Gesellschaft der Singularitäten.* Berlin: Suhrkamp.

Wolbring, Fabian. 2015. *Die Poetik des deutschsprachigen Rap.* Göttingen: Vandenhoeck & Ruprecht.

Songs

Die Fantastischen Vier (1991). Böse. Album: *jetzt geht's ab.*

Jay-Z (2001). Izzo. Alblum: *Jay-Z, MTV-Unplugged 20.*

Kitty Kat (2009). Bitchfresse (L.M.S.). Album: *Miyo!*

Kool Savas (1999). *LMS.* Single.

Pelham, Moses (2004). Back. Album. *Geteiltes Leid 2.*

Websites

Cicero. Magazin für politische Kultur. »Schön, dich hier zu haben.« https://www.cicero.de/kultur/schön-dich-hier-zu-haben/39527, zuletzt abgerufen am 31.08.2021.

fadil kanaat. 2007. *Bushido bei Johannes B. Kerner – Teil 1.* Aufzeichnung der Sendung im ZDF. 04.06.2007. https://www.youtube.com/watch?v=pxu9c6rWmEo, zuletzt abgerufen am 31.08.2021.

Mannheimer Morgen. 2011. »Ausflug zum Gangsta-Rap«, 21.03.2011. https://www.morgenweb.de/mannheimer-morgen_artikel,-kultur-ausflug-zum-gangsta-rap-_arid,59275.html, zuletzt abgerufen am 31.08.2021.

New York Times. 2016. »Transcript: Donald Trump's Taped Comments About Women«, 08.10.2016 https://www.nytimes.com/2016/10/08/us/donald-trump-tape-transcript.html, zuletzt abgerufen am 31.08.2021.

Universität Paderborn. 2019. »Druckwellen. Fühlen & Denken.« https://kw.uni-paderborn.de/fach-musik/aktivitaeten/druckwellen, zuletzt abgerufen am 31.08.2021.

Feminist Battle Rap
Kein Genre, eine Querschnittsaufgabe

Sookee

Feministischer Rap – worum solls da schon gehen? Männerhass, Menstruationsblutung, Muschilecken? Die freudige Antwort lautet: Ja, ja und ja. Und alles daran hat seine Berechtigung.

Rap ist laut androzentrischer Geschichtsschreibung und sensationalistischer Mediendarstellung ein Boys-Club. Das ist als Fakt nicht zu leugnen: Die absolute Mehrheit derjenigen, die im Rap-Business den Ton angeben, sind heterosexuelle Cis-Männer. Frauen und Queers sind zwar seit der ersten Stunde Teil dieser Kultur, wurden aber jeher wegdominiert und hatten es entweder mit einem Rechtfertigungsdruck ob ihrer eigenen Existenz oder mit kompletter Diskreditierung ihrer selbstbestimmten Artikulation zu tun.

Nun ist es aber so, dass subkulturelles Identifikationspotenzial mitunter weitaus stärker sein kann als das Dominanzgebaren eines patriarchalen Auswuchses und so hat sich im deutschsprachigen Raum über das letzte Jahrzehnt eine stattliche feministische HipHop-Szene mit deutlichem Schwerpunkt auf Rap herausgebildet, der ich diesen Beitrag widmen möchte.

Ich habe diese Szene als Rapperin, Veranstalterin und Netzwerkerin seit Ende der 2000er Jahre mitgestaltet und schreibe hier also aus einer Innenperspektive.

Feminismus ist als Queerfeminismus nicht daran interessiert, dass Frauen (und Menschen anderer Gender-Identitäten abseits cis-geschlechtlicher Männlichkeit) von Männern anerkannt werden, ihnen gleichgestellt sind und ihren sprichwörtlichen Teil vom Kuchen bekommen.

Queerfeminismus stellt das gesamte auf männliche Dominanz und Gewalt ausgerichtete Gefüge in Frage. Auf Rap gemünzt hieße das etwa: Wir wollen keine Features mit frauenverachtenden Rappern, wir wollen nicht auf der Gästeliste von Partys stehen, auf denen nur misogyne und queer- und behindertenfeindliche Songs gepumpt werden, wir wollen keine Verträge mit Plattenlabels, die (Hetero-)Sexismus reproduzieren oder davon profitieren.

Wir wollen, dass den Rape Culture-Rappern die Fans in Scharen davonlaufen, weil sie verstehen, dass Sexismus kein Entertainment ist. Egal wie sehr der Beat knallt. Wir wollen uns auf Konzerten, Partys und Jams bewegen können, ohne dass fremde Hände ungefragt auf unseren Ärschen platziert werden und auf Tracks feiern, die nicht randvoll mit diskriminierender Sprache und gewaltvollen Aussagen sind. Wir wollen unsere Musik unter die Leute bringen, ohne ständig die Blockaden einer cis-männlich dominierten Musikindustrie aufwändig und langwierig umschiffen zu müssen. Wir wollen HipHop-Enthusiast*innen sein, ohne darin infrage gestellt zu werden. Von unserer Musik leben können oder sie verschenken. Über HipHop fachsimpeln und eigene Strukturen aufbauen. In jedem Fall wollen wir selbstbestimmt wir selbst sein, ohne patriarchale Zurichtungen ertragen oder bekämpfen zu müssen.

Mainstream-Rap unterdessen hat sich weitestgehend ignorant gegenüber eigenen problematischen Repräsentationen als Teil der Unterhaltungsindustrie vollends in der kapitalistischen Welt eingerichtet. Jede Form des Kapitals muss hier mehr werden. Jeder Move ist darin quantifizierbar. Alles ist Teil der Produktpallette und diese will stetig erweitert werden. Darin liegt meines Erachtens auch die Notwendigkeit zur drastischen Zuspitzung dessen, was beispielsweise als Battle-Rap mehrheitsmedial mit »unter der Gürtellinie« beschrieben wird und was die Rückendeckung einer patriarchal eingerichteten Gesellschaft hat.

Battling war ursprünglich ein situatives Kräftemessen. Meist in der Form des Freestyling zwischen zwei ebenbürtigen MCs in Anwesenheit anderer der Kultur Zugehöriger ausgetragen. Aus diesen Cypher-Momenten hat sich mit der Zeit ein Genre herausgebildet, das für seinen aggressiven, meistenteils auch sexistischen, behinderten- und queerfeindlichen, rassistischen und antisemitischen Ton bekannt ist. In diesem Genre braucht es nicht zwangsläufig ein reales Gegenüber. Es geht nicht mehr primär um die Wechselseitigkeit in einer Cypher, sondern um die Imagepolitik, die hier nicht nur über die Selbstdarstellung als überlegen, sondern über das Othering eines fiktiven Gegenübers funktioniert. Nun braucht es in diesem Setting keine tatsächlichen Frauen, Queers oder Menschen mit Behinderungen, um sich sprachlich diskriminierend zu verhalten. Der gesellschaftliche Bezugsrahmen bietet hier genügend Referenzen, um mit der Idee von Minderwertigkeitszuschreibungen »auszuteilen«.

Inzwischen haben verschiedene Entwicklungen im Rap-Mainstream dafür gesorgt, dass die strengen Genre-Grenzen sowohl musikalisch als auch inhaltlich aufweichen. Insofern gibt es kaum noch mehr die klassischen Battle-Rapper*innen von einst. Single- und Alben-Releases werden heute vor allem unter den verkaufsorientierten Artists sehr stark kalkuliert und an der Gestaltung der eigenen Hörer*innschaft ausgerichtet. So hätte in den 2000ern ein*e Rapper*in, die*der für ihren*seinen konfrontativen Sound bekannt ist, nicht ohne Weiteres ein unironisches Liebeslied oder eine Ballade in eine Veröffentlichung eingebracht. Heute sind die PR-Anforderungen sehr viel entgrenzter.

So können auch Rapper*innen, die eigentlich keine Battle-lastigen Songs machen, in die Vollen gehen, wenn es beispielsweise darum geht, Beef – also einen Konflikt – mit einem anderen Rapper*innen öffentlichkeitswirksam auszutragen.

Battling hat also seinen Weg von einem Open-Mic-artigen Event über ein Rap-Genre hin zu einem Tool oder einer beliebig abrufbaren angriffslustigen Haltung, die in Songs oder insgesamt einer Performance dauerhaft oder punktuell anzutreffen ist. Worin liegt also die oben angesprochene Zuspitzung? Battling hat im deutschsprachigen Raum eine mehr als 30-jährige Kontinuität. Es braucht also viel Erfindungsreichtum, immer wieder schlagkräftige Aussagen hervorzubringen, die in der Aufmerksamkeitsökonomie unserer mediatisierten Gegenwart überhaupt noch ziehen. Was zur Folge hat, dass eine Formulierung wie »Unter der Gürtellinie« wie ein Relikt aus den 1990er Jahren klingt. Ich habe kein Interesse daran konkrete Beispiele anzuführen und somit sensationalistischen Tendenzen, die in der Bearbeitung bzw. Rezeption solcher Themen immer wieder mitschwingen, zu bedienen. Ich will den Produzent*innen von diskriminierendem Output keinen Raum geben. Insbesondere solchen nicht, die menschenfeindliche Statements ohne Umschweife mit einer Marktlogik rechtfertigen.

Ich will mich lieber denjenigen widmen, die einerseits von besagten Aussagen, Atmosphären und Strukturen betroffen sind und sich andererseits ihnen gegenüber wehrhaft zeigen.

Die eingangs angesprochene queerfeministische Rap-Szene setzt sich aus genau solchen Personen zusammen. Auch wenn hier keine einheitlichen Prinzipien darüber existieren, wie mit patriarchalen Realitäten im Rap oder sonstwo umzugehen sei und jede Person für sich entscheidet, wie sie sich dazu positioniert, hierin verhält, gegebenenfalls Widersprüche verhandelt, so eint die Szene doch ein Problembewusstsein. Dieses Problembewusstsein wird nicht nur in Songs vermittelt, es werden auch solidarische Handlungsräume kreiert, die die vermeintliche Definitionshoheit cis-männlichen Dominanzgebarens aushebelt. Einerseits geschieht dies in Songs, Videos und unterschiedlichsten aktivistisch-künstlerischen Formen und Formaten ringsum des musikalischen Zentrums. Andererseits auch durch die Art und Weise wie die Szene einen sehr kritisch-reflektierenden Umgang mit typisch neoliberalen Denkmustern wie Konkurrenz, Leistungsanforderungen und Produktivitätszwängen pflegt. Insofern gibt es auch keine Battling in der klassischen Form: Die Protagonist*innen sehen keinen Wert darin, sich als Kontrahent*innen voreinander aufzubauen und die eine gegenüber dem anderen triumphieren zu lassen. Es widerspricht dem solidarischen Prinzip. Wettbewerb ist keine Praxis, die in queerfeministischen Räumen öffentlichkeitswirksam zelebriert wird. Natürlich schließt das nicht aus, dass queerfeministische Rapper*innen sich spaßeshalber im Freestyle aufs Korn nehmen. Aber von der marketingtechnisch ausgeklügelten Bühnenperformance samt Jury und zahlendem Publikum, wie sie in zahlreichen prominenten Battle-Tournaments des Mainstream-Rap on- und offline praktiziert wird, ist das weit entfernt. Ganz im Gegenteil: Die Szene ist offen für Interessierte, für Neuzugänge, für Anfänger*innen – die sich weder erst skilltechnisch beweisen müssen noch als »Toys« abgewertet werden, nur weil sie (bislang) kein Szene-Standing haben.

Nichtsdestotrotz schlagen diese Rapper*innen ihre Schlachten – in der realen Welt. Da für sie als von Sexismus, Antisemitismus, Rassismus, Queer- und Transfeindlichkeit, von Body-Shaming und Behindertendiskriminierung Betroffene oder deren Verbündete das stillschweigende Hinnehmen dieser Realitäten keine Option ist, befinden sie sich in der konstanten – mal offensiveren, mal subtileren – Auseinandersetzung damit. Und so wie Malerei, Tanz und jede andere Form des kreativen Ausdrucks von Menschen genutzt werden, um kollektive Lebensrealitäten und strukturelle Erfahrungen oder persönliche Momente und Phasen in der eigenen Biographie auszusprechen, zu reflektieren und zu verarbeiten, so ist es in dem kulturellen Feld, das sich – ohne dass es eine feste und von allen damit Assoziierten gebrauchte Bezeichnung sei – als Queerfeminist-Rap begrifflich rahmen lässt.

Und so entstehen immer mehr und Songs, die sich gegen patriarchale Ausdrücke zur Wehr setzen. Nachfolgend seien exemplarisch drei Songtexte vorgestellt, die genau das unternehmen: Sie thematisieren erstens Erfahrungen mit geschlechtsbezogener Gewalt und skandalisieren die sexistischen Denk- und Verhaltensweisen, aus denen sich diese Gewalt speist. Sie überführen zweitens diese Berichte in eine kreative Form mit therapeutischem Wert, der nicht nur für sie selbst eine persönliche, sondern auch für alle möglichen

Rezipient*innen heilend-empowernde Wirkung entfalten kann. Und sie tragen drittens über diesen Akt der Selbstermächtigung zu einem gesellschaftlichen Diskurs bei, der im Sinne der #metoo-Bewegung nicht länger gewillt ist, geschlechtsbezogene Gewalt hinzunehmen oder das dem Täter dienliche Schweigen darüber als mehrheitlichen Umgang mit Demütigungen und Diskriminierungen fortzuführen.[1]

Finna: »Wuttext«[2] – Wut statt Aggression

Der Songtext der Rapperin Finna thematisiert einen Übergriff in einem Party-Kontext. Zwar wird nicht exakt benannt, was genau vorgefallen ist, doch die Lyrics legen nahe, dass eine cis-männliche Person die körperliche Integrität des lyrischen Ichs nicht respektiert hat. Diese Erfahrung, die nicht die erste dieser Art zu sein scheint, wird als freiheitsbeschränkend und beängstigend beschrieben. Die Sprecherin entscheidet sich, sich zur Wehr zu setzen, was kein einfacher Entschluss ist, da sie selbst nicht als Troublemaker gelten will und dies einigen Mut erfordert.

Sie konfrontiert den Täter mit seinem Verhalten und betont dabei, dass ihr Aussehen und Auftreten keinerlei Einladung impliziere: Kein Outfit, kein Tanzstil und keine Ausgelassenheit rechtfertigen Objektifizierung, Anstarren, Bedrängen, Anfassen oder Schlimmeres. Die Sprecherin kämpft mit ihrer Wut und ihren Gewaltphantasien, die der Täter in ihr auslöst. Vielmehr macht sie deutlich, dass sie eigentlich einvernehmlich handeln will und Gefühle der Wut und Ohnmacht, die den Gewaltphantasien vorausgehen, belastend sind. Letztlich verlässt der Täter im Anschluss an die Konfrontation den Ort des

---

1   Hier sei erwähnt, dass jede*r Betroffene*r für sich entscheidet, ob oder wann eine Aufarbeitung des Erlebten mit der öffentlichen Thematisierung dessen einhergeht. Jede Entscheidung, die hier selbstbestimmt getroffen wird, hat ihre Berechtigung. Kein Mensch muss ihre Erfahrung etwa mit sexualisierter Gewalt vor Anderen bezeugen. Nichtsdestotrotz existiert eine Praxis des Silencing, die dafür sorgt, dass durch Einschüchterungen oder Bedrohungen Betroffene von Diskriminierungen und Demütigungen nicht ihre Stimme gegen die Täter*innen erheben, was diesen insofern zuarbeitet, als dass sie weder Konsequenzen zu befürchten haben und somit ihr gewaltvolles Verhalten fortsetzen können.

2   Der Text wird bislang nur im Live-Programm der Musikerin aufgeführt. Ein Recording bzw. Veröffentlichung des Liedes existiert noch nicht.

Geschehens und die Sprecherin und ihre Verbündeten können sich wieder unbeschwert(er) der Feier widmen.

Ich war viel zu lange leise hielt zu lange meine Fresse
Weil ich nicht gerne beiße und nicht so gerne stresse
Stress nicht so rum ich bin der Stressfaktor
Ich nehm all meinen Mumm wie eine Boa Constriktor

Und jetzt wird geritten durch den Club durch die Luft
mehr als ein Loch zum Ficken du dreckiger Schuft
Ich will Respekt Alter das hat keine verdient
dass du dich an uns wie an ner Theke bedienst

Ich bin kein Frischfleisch auch wenn ich lecker ausseh
Lass ma den scheiß oder willst du dass ich mit dir rausgeh
Aufs Maul digger und zwar von mir persönlich
Erst brech ich dir die Finger und dann wirds tödlich

Ich würd gern anders reden anders denken anders handeln
und auf ganz anderen Ebenen mit dir Konsens aushandeln
doch leider hörst du mir nicht zu alles ist dir scheißegal
Gewalt steht mir nicht zu aber was du tust ist brutal

Reduktion auf mein Außen mein scheinbares Geschlecht
Heb die verbale Faust in deinem Magen ist sie echt
Du reißt mich aus der Haut leider zu vertraut mein Atem geraubt
meiner Würde beraubt unerlaubt hast du mir grad den Abend versaut

Meine Wut ist so groß der Schock sitzt so tief
Ich kanns nicht glauben wegen Rock dass das gerade so lief
Wie ein Film in Dauerschleife unerwünschtes Repeat
Wenn ich jetzt nach dir greife sitzt der Kloß noch zu deep

Doch ich kann mich wehren der Raum gehört dir nicht
Hör auf dich zu beschweren du mieser kleiner Wicht
Gerade noch gegrabscht wie n Großer
jetzt verbal zermatscht wie n Looser

Stehst du da ich hol meine Würde zurück
Du gehst wunderbar was für ein Glück
Die Party kann losgehen alle fühlen sich frei
Kannst du mich verstehen dann bist du dabei

Die große Leistung dieses Texts von Finna besteht ganz klar in der Unterscheidung von Wut und Aggression. Wo der benannte Täter ein aggressives, also destruktiv-schädigendes Verhalten an den Tag legt, gelingt ihr eine Transformation der eigenen Wut, die durch besagtes Verhalten ausgelöst wird, in eine förmlich schöpferische Energie: Der Safer Space, der durch den Täter als solcher massiv gefährdet war, wird durch ihre Wut, die durchaus zu den eigenen Gewaltphantasien steht, wieder hergestellt, indem sie den Täter konfrontiert und nicht nur ihre eigene Integrität, sondern auch einen kollektiven Raum stellvertretend für alle, mit denen sie sich solidarisch erklärt, zurückgewinnt. Hierbei riskiert sie nicht nur weitere Verletzungen, sondern auch die Offenlegung ihrer Verletzlichkeit. Die Größe einer solchen Handlung ist jeder Person, die schon einmal für sich eingestanden ist, auch wenn sie zuvor in die Rolle der Unterlegenen gedrängt wurde, bewusst. Hierin liegt eine empowernd-inspirierende Kraft, die in dem Text deutlich spürbar ist, zumal Finna das lyrische Ich sogar noch in einer höchst konfliktreichen Situation den Wunsch nach Einvernehmlichkeit äußern, das eigene Strukturbewusstsein hinter der eigenen Emotion nicht zurücktreten und die Kollektivität sowohl der Erfahrungswissens als auch des Raumes nicht aus dem Blick verlieren lässt. Das Besondere daran: Wer Finnas Arbeit und ihre Person kennt, weiß, dass das hier keine stilisiert-konstruierte Form ist. Der Text spricht exakt die Sprache, die sie auch abseits des musikalischen Rahmens wählt. Welche Realness-Debatte im HipHop kann da mithalten?

Mariybu: »Toxic«[3] – Differezierung statt Pauschalisierung

»Toxic« der Rapperin Mariybu bespricht die Perspektive einer Frau – als »Marie« benannt –, die vor längerer Zeit missbräuchliche Erfahrungen in einer Beziehung mit einem Mann gemacht hat. Der Text beginnt mit der Beobachtung der Sprecherin, dass der betreffende Mann sich ohne jegliches

---

3   Der Song wurde 2021 auf der EP »Bitchtalk« von Mariybu über das Label 365xx Records veröffentlicht.

Schuldempfinden selbstbewusst im öffentlichen Raum bewegt und sie darüber zwangsläufig in Erinnerungen an dessen verletzendes Verhalten, das er
augenscheinlich nicht nur ihr gegenüber an den Tag gelegt hat, verfällt.

Die Sprecherin skizziert unter anderem an Formen von Manipulation,
Diffamierung und Unterdrückung, die sie aufgrund ihres damalig jungen Al-
ters nicht einordnen oder sich ihnen zur Wehr setzen konnte. Auch wird se-
xualisierte Gewalt angedeutet. Heute – und das wünschte sie ihrem jüngeren
Ich sagen zu können – weiß sie Liebe von Machtmissbrauch zu unterscheiden.

Sie spürt immer noch eine starke Wut, einen regelrechten Ekel gegen den
Täter, der weiterhin in Beziehungen mit Frauen ist, um die sich die Sprecherin vor dem Hintergrund ihrer Erfahrung sorgt. Dass der betreffende Mann
auf eine schwierige Kindheit zurückblickt, räumt die Sprecherin ein. Aber sie
markiert, dass es an ihm sei, mit seiner eigenen Geschichte insofern verantwortungsvoll umzugehen, als dass er sich als erwachsener Mensch mit eben
jener auseinandersetzen muss, um die Folgen des eigenen Leids nicht zum
Leid Anderer werden zu lassen.

> Mit deinem hässlichen Grinsen läufst du durch die Gegend
> Du denkst es kann dir hier keiner mehr irgendwas nehmen
> Fühlst dich so sicher wie vorher noch nie in deinem Leben
> Dabei bist du der Grund warum heut so viele fehlen
>
> Du hast dir genommen ohne einmal zu fragen
> Wir können nicht vergessen auch nicht nach den Jahren
> Damals so jung wollte mich nicht beklagen
> Ich dachte das muss so würd mir heut gern sagen
>
> Ey Marie verlass ihn das ist nicht okay
> Was er mit dir macht tut dir nur weh
> Du bist eigentlich stark und er steht dir im Weg
> Will dich unterdrücken versucht zu verdrehen
>
> Alle dachten du bist so ein nicer Typ
> Doch du hast manipulieren nur zu gut geübt
> Ja jetzt check ich ich war damals nicht verliebt
> Und weiß endlich sowas hab ich nicht verdient
> Du bist toxic

Digga bockt nicht bockt nicht
Seh ich deine Optik
ist bei mir vorbei und dann kotz ich

Es tut mir so leid zu sehen du hast ne Neue und machst immer weiter
Ich hoffe für sie so sehr hast dich geändert und machst es ihr leichter
Weiß nicht was ich machen soll muss ich zugucken ja kann ich ihr schreiben
Ich will nicht dass das gleiche ihr passiert frag mich muss sie drunter leiden

Deine Kindheit war hart ja ich weiß war nicht leicht
Doch entschuldigt nicht dass du bis heute nicht weißt
Dass du mit deinem Verhalten Traumata verteilst
Du bist alt genug Junge werd groß es ist Zeit

Stattdessen manipulierst du machst den Schwachen
Sagst wir erzählen Lügen um dich schlecht zu machen
Verdrehst wieder alles weiß nicht sollen wir lachen
Ich komm nicht drauf klar wie Narzissten das schaffen

Alle dachten du bist so ein nicer Typ
Doch du hast manipulieren nur zu gut geübt
Ja jetzt check ich, ich war damals nicht verliebt
Und weiß endlich sowas hab ich nicht verdient

Du bist toxic
Digga bockt nicht bockt nicht
Seh ich deine Optik
Ist bei mir vorbei und dann kotz ich

Schon im Titel des Songs bezieht sich Mariybu auf die Existenz männlicher Toxizität, einem Verhaltensspektrum, das sich über die Herabwürdigung und Abwertung weiblicher Identitäten selbst aufrechterhält. Die im Text aufgeführten Erscheinungsformen wie machtstabilisierende Manipulationen und Lügen bei gleichzeitiger Selbstdarstellung als Nice Guy gehört genauso zu diesem Phänomen wie Trivialisierung, Leugnung oder Ausübung von sexualisierter Gewalt. Auch die im Text benannte Ignoranz gegenüber der Kritik an derlei Verhaltensweisen sind immanent, sodass eine Verantwortungsübernahme über in Kauf genommene oder ausgelöste Traumata für toxische Männlichkeit nicht zur Debatte stehen.

Toxische Männlichkeit ist also eine soziokulturell zu analysierende Struktur mit politischer Tragweite, die aber auch als narzisstische Männlichkeit eine psychopathogene Ebene erreichen kann. Obwohl Mariybu das lyrische Ich ihre schmerzhaften, traumatischen Erfahrungen mit einem toxischen Mann aussprechen lässt und sie damit öffentlich macht, leugnet sie weder die Leiderfahrungen des Täters noch pauschalisiert sie sein Verhalten als allgemein männlich. Hiermit wächst sie über das gängige Battle-Schema hinaus: Sie räumt dem »Gegner« Reflexions- und Entwicklungsspielraum ein, indem sie an das Verantwortungsbewusstsein eines Erwachsenen appelliert. Zudem meidet sie auch die Zementierung des Feindbildes, indem sie eine Person als Pars pro toto für Cis-Männer an sich aufruft, ohne dabei die tiefgreifende Gewaltausübung des Täters abzumildern oder die eigenen Gefühle, die daraus hervorgegangen sind, zu leugnen. Sie steht zu sich und ihrer Beziehungsgeschichte und formuliert dabei sogar noch ein solidarisches Fürsorgeangebote für andere von dieser männlichen Toxizität betroffenen Frauen.

Babsi Tollwut: »Fischfänger«[4] – Ermächtigung statt Unterdrückung

In dem Songtext zu »Fischfänger« unternimmt Babsi Tollwut einen Streifzug durch die weibliche Biographie des lyrischen Ichs, die ab dem Moment der Geburt mit degradierenden, herabwürdigenden, objektifizierenden Sexismen qua Geschlecht umgehen muss. Die Sprecherin beschreibt zahlreiche Situationen und Szenen durch Kindheit, Jugend und Erwachsenenleben hindurch, in denen ihr Kompetenzen, Wissen und Neigungen abgesprochen werden und ihr im konstanten Vergleich mit männlichen Altersgenossen eingebläut wird, eine Verliererin zu sein. Zu der aggressiv-bewertende Sexualisierung ihrer Person kommt die paradoxe Behauptung, dass der weibliche Körper, insbesondere die Menstruation, Grund für Scham und Schande sei. Weder der öffentliche noch der digitale Raum bieten hiervor Sicherheit. Ganz im Gegenteil: Überall wartet der ungefragte Kommentar eines distanzlosen

---

4   Das Lied wurde auf dem Album »HipHop ist am Arsch« (2019) von Babsi Tollwut veröffentlicht.

Mannes, der die persönlichen Grenzen nicht nur nicht respektiert, sondern mutwillig überschreitet.

Die Sprecherin beschreibt auch ihren Umgang mit dieser Realität und unterschlägt dabei nicht, dass dieser als ambivalent empfunden werden kann. Einerseits wird sie in eine bestimmte weibliche Rolle hineingezwungen, andererseits wird sie dafür sanktioniert, wenn sie sie erfüllt. Sie entscheidet sich für die eigene Handlungsfähigkeit innerhalb eines Systems, das ihr eine Selbstbestimmung absprechen will – auch wenn diese Handlungsfähigkeit widersprüchlich erscheint.

Ich bin ahnungslos geboren ziemlich hässlich und mit Glatze
Und das Ding war entschieden als die Fruchtblase platzte
Denn mit jeden Zentimeter den ich wachse
Entwickel ich mich von nem Mensch zu ner Matratze

Ich weiß dann früh Bescheid über meine Wertlosigkeit
Vergleich mich mit den Jungs und scheine wertlos zu sein
Ich hab immer das Gefühl ich kann weniger als sie
Wie sehr ich mich auch bemüh ich versteh davon nicht viel

Mein Zustand bleibt immer mangelhaft
Wie meine Mathenote und meine Ballmannschaft
Denn Mädchen und Ballsport passen nicht zusammen
Hängt ja immer noch ein Fädchen von einem Tampon dran

Der Körper in dem ich wohne ist ein Defizit
Ich brauch Hygieneartikel, weil er eklig ist
Aber hüte dich davor dass jemand die sieht
Halt deine Faust fest geschlossen oder im Rucksack ganz tief.

Ich bin ein Goldfisch im Glas und ihr seid Fischfänger
Drecksäcke mit Ständer, wegstecken, Augenränder
Und auch wenn ich mich veränder alles bleibt wie es ist
Jeder Weg jeder Tag ein Kampf nich nur für mich

Ich spreche sie perfekt eure Gewaltsprache
Und ficke dann dich indem ich deine zu meiner Gewalt mache

Und ich nenn dich einen Ficker weil ich Liebe mache
Und damit manchmal mir und andern Utopien verschaffe

Wenn ich scheiße Fahrrad fahre bin ich eine Fotze
Und ich checke deine Abwertung daran wie du glotzt
Ich bin ein Objekt drei gefickte Löcher
Wir sind alle Pornotöchter Bitches und Schlampen noch und nöcher

Ich kann mich kaum mehr bewegen ohne Grabschen und Reden
Jede zweite Männergruppe teilt mir mit wie sie mich sehen
Meine Titten sind zu klein ich bin süß
Ich bin zu schlau für Rap oder oder guck immer mies

Wie geht's mir denn so oder schmeckt mir mein Eis
Oder ganz kreativ Baby sag mir dein Preis
Die U-Bahn die Straße ein Youtube Channel
Werd beschimpft kommentiert von jedem Straßen-Bengel

Ich hab Stockholm Syndrom kooperiere und benutzt das
Spiel dein Spiel mit so wie du mich benutzt hast
Und ich geb manchmal nach, ich geb manchmal Arsch
Weiß was mein Part ist und krieg Sachen dafür gratis

Verurteil mich ich bin fragwürdig
Doch bleib ich handlungsfähig und hab Spaß damit
Und solange du so dumm bist die Scheiße wird bleiben
Werde ich deine Scheiße auf dir dann verreiben

Ich bin ein Goldfisch im Glas und ihr seid Fischfänger
Drecksäcke mit Ständer, wegstecken, Augenränder
Und auch wenn ich mich veränder alles bleibt wie es ist
Jeder Weg, jeder Tag, ein Kampf nich nur für mich

Ich spreche sie perfekt eure Gewaltsprache
Und ficke dann dich indem ich deine zu meiner Gewalt mache
Und ich nenn dich einen Ficker weil ich Liebe mache
Und damit manchmal mir und andern Utopien verschaffe.

»Fischfänger« ist ein sehr ehrlicher Text, in dem reale Erfahrungen mit Sexismus durch keinen sozialverträglichen Beauty-Filter beschönigt werden. Babsi Tollwut artikuliert eindrücklich die 24/7-Realität einer Frau (oder weiblich gelesenen Person) im Normalzustand der patriarchalen Umgebung. Der 360°-Zugriff cis-männlicher Zurichtung und Gewalt, wie der rundum Blick in ein Goldfischglas, macht das Ausmaß dessen, was sich mit dem Begriff Rape Culture zusammenfassen lässt, deutlich. Sie spricht über Ekel, internalisierte Minderwertigkeitsgefühle, über die Bedeutsamkeit von trivial anmutenden Alltagskleinigkeiten und das Hineinwachsen in die Angst vor der eigenen Courage.

Sie greift auf drastische Bilder zurück, nutzt zum Teil extreme und verstörende sprachliche Mittel und steht vollends hinter der Strategie, darüber den Doppelstandard dieser androzentrisch-misogynen Welt offenzulegen. Gleichzeitig hält sie an einer in der Sanftheit liegenden Stärke fest, beruft sich auf kollektive Wege hin zu einer gelebten Utopie, die mitunter durch ausgesprochen persönliche und intime Gefilde führen und die eigene Verletzlichkeit nie leugnen. Der implizit liebevolle Umgang mit der eigenen Vulnerabilität sorgt dafür, dass die erlebte Unterdrückung nicht »nach unten« an Schwächere weitergereicht wird, wie es im Mainstream-Battle-Rap der Fall ist. Vielmehr wird hier eine Atmosphäre geschaffen, in der zu der eigenen Wut und den eigenen Ohnmachtsgefühlen gestanden und daraus empowernde Energie geschöpft werden darf.

Allen drei Texten ist gemein, dass sie auf den Luxus des Spiels, den Eskapismus ins Fiktive verzichten und sich einer Realität widmen, der sie und mehr als die Hälfte der globalen Gesellschaft ausgesetzt sind. Finna, Mariybu und Babsi Tollwut haben schon längst eine Notwendigkeit diese Realität zu benennen und sich ihr unerbittlich entgegenzustellen erkannt.

Feministischer Rap lässt sich nicht vom Patriarchat korrumpieren. Er lässt sich nicht von den Playern des Games zur Queen erklären, nicht umschmeicheln, nicht aufwerten, nicht mal legitimieren. Feministischer Rap zieht die Existenzberechtigung aus sich selbst. So braucht es auch kein Othering, keine Hierarchisierungen und erst recht keine Abwertungen, um sich selbst konstituieren zu können. Alles, was es braucht, ist der freiheitliche Gedanke, dass die Macht, die die vermeintlichen Regeln des Spiels vorgibt, lediglich eine patriarchal-neoliberale Erfindung und damit obsolet ist. Feministischer Rap ist Battle-Rap gegen patriarchale Strukturen, die aufs engste mit kapitalistischen, ableistischen, rassistischen, antisemitischen, queerfeindlichen Mechanismen verknüpft sind.

Battle-Rap vom feministischen Standpunkt aus besteht also nicht im Gegeneinander zwischen Einzelnen. Nicht im sich Aufbäumen, Übertreiben,
Austeilen, Überhöhen und Attackieren. Feministischer Battle-Rap besteht in
der Demaskierung aggressiver Männlichkeit, oder eben auch in der Dekonstruktion der misogynen und faschistoiden Tools, derer sich Battle-Rap im
Mainstream bedient. Feministischer Battle-Rap ist also eine Meta-Disziplin,
die sich über den Androzentrismus des Egozentrismus (und andersrum) hin-
wegsetzt und sich kollektiviert. Solidarität ist hierbei die Stärkste Waffe. Und
selbst wenn ein*e feministische*r Rapper*in ihre*seine persönliche Fehde mit
dem Patriarchat oder seinen Repräsentant*innen in einem Song zur Sprache
bringt, findet sich immer eine Ebene des Strukturellen hierin, wird immer
auch Raum für Andere geschaffen. In jedem Ich ist ein Wir.

UNIVERSITÄT
PADERBORN

DI, 28. MAI 2019
AUDIMAX UNI PADERBORN
BEGINN 18:00 UHR

DRUCK WELLEN

Fühlen & Denken

LAUT
-Sprecher*in

„DAS WIRD MAN WOHL NOCH SAGEN DÜRFEN!"

Pop und Medien zwischen Investigation, Aufklärung, Vermittlung, Boulevard, Kunst und Lügenpresse. Ein Podium zu Journalismen und Popkulturen mit der künstlerischen Performance SPRACHEN DES HASSES von MAX MICHAEL ROHLAND und TATJANA POLOCZEK.
Eintritt frei.

Organisator*innen: Jun.-Prof.in Dr.in Beate Flath, Ina Heinrich, Prof. Dr. Christoph Jacke, Prof. Dr. Heinrich Klingmann, Ulrich Lettermann, Maryam Momen Pour Tafreshi

PODIUMSGÄSTE:

FARAH BOUAMAR
Mitbegründerin des YouTube-Satirekanals
„Datteltäter", Drehbuch-Co-Autorin

SONJA EISMANN
Mitbegründerin und Mitherausgeberin von
„Missy Magazine", Journalistin

HANS LEYENDECKER
Investigativjournalist u.a. „SZ", Präsident des 37.
Deutschen Evangelischen Kirchentages 2019

INGO ZANDER
Sozialwissenschaftler, freier Journalist u.a. WDR

MODERATION:

JUN.-PROF.in DR.in BEATE FLATH
Universität Paderborn

MEHR INFOS:

(Pop)Kulturelle Öffentlichkeiten im Kontext der Neuen Rechten[1]

Simone Jung

»Nirgendwo gelangt die politische Lage so früh, so deutlich und unmittelbar zur Erscheinung wie im Pop«, schreibt Jens Balzer (2018) im Kulturteil von *Zeit-Online* anlässlich des Skandals um die Konzertabsage von Feine Sahne Fischfilet (FSF) am Bauhaus in Dessau. Die Absage eines Konzerts der Punkband durch die Bauhausdirektorin Claudia Perren nach Drohungen von rechten Gruppierungen löste im Herbst 2018 eine Debatte im deutschen Feuilleton aus. Als Sammelbegriff für ästhetische Phänomene mit massenhafter Verbreitung kann Pop vieles sein: Provokation, Subversion, Vergemeinschaftung, Sinnstiftung, Vergnügen (vgl. Jacke 2018). Finden sich die genannten Möglichkeiten auch in der Band FSF wieder, so artikuliert sich in der Vorstellung von Balzer eine alternative Idee: Pop wird hier als Frühwarnsystem und Seismograph wahrgenommen und damit anschlussfähig für einen Popbegriff als »Kultur des Konflikts« (Fiske 2003, 16). In dieser Perspektive kann Popkultur als ein kultureller Prozess und Möglichkeitsraum der politischen Auseinandersetzung verstanden werden, in dem sich Definitions- und Benennungskämpfe um Identität und Macht artikulieren.

Als einer der »augenfälligsten Manifestationen« der Globalisierung (Mrozek 2018, 28) wird Popkultur als Vorreiter der Pluralisierung im Kampf um eine offene liberale Gesellschaft geltend gemacht. Insbesondere gesellschaftspolitische Themen wie Feminismus, Queer, Gender, Sexismus und Rassismus werden in Deutschland im popkulturellen Raum kultiviert und erhalten Eingang in den allgemeinen Diskurs. Die Debatten werden seit den 1980er Jahren vor allem in Musikzeitschriften wie *Sounds* und *Spex* und gegenwärtig etwa im

---

[1] Es handelt sich um eine überarbeitete Fassung des Beitrags »Kritische Öffentlichkeiten? Formen der Skandalisierung in der Kulturpublizistik am Beispiel der Band Feine Sahne Fischfilet«, der in der Zeitschrift *Berliner Debatte Initial* (2/2020) erschienen ist.

Missy Magazine geführt. Als politische Plattformen für alternative Positionen und marginale Diskurse entgrenzen sie den politischen Diskurs und brechen nicht zuletzt konventionelle Verständnisse von Politik (und Pop) auf.

Zugleich ist die Popkultur im 21. Jahrhundert mit neuen Formen von kulturellen Konflikten konfrontiert. Rechtspopulistische und nationale Strömungen forcieren den popularen Kampf und stellen die Errungenschaften des liberalen Pluralismus in Frage. Pluralisierung findet nicht mehr nur als Möglichkeit der Selbstverwirklichung im Modus der Öffnung von Lebensformen Betrachtung, sondern auch als potentielle Gefahr für den Bestand des Staates und den Zusammenhalt der Gesellschaft. Wurden bereits in den 1990er Jahren spezifisch nach den ausländerfeindlichen Angriffen auf das Asylbewerberheim in Rostock-Lichtenhagen Kämpfe gegen rechts geführt, erinnert sei an die »Lichterketten-Bewegung« und die Konzerte von Herbert Grönemeyer, Nina Hagen und die Toten Hosen oder an die Gründung der sogenannten Wohlfahrtsausschüsse, so erreichen die politischen Auseinandersetzungen im 21. Jahrhundert eine neue Dimension. Insbesondere die im Jahr 2013 gegründete Partei »Alternative für Deutschland« (AfD) verfolgt eine nationale Kultur, die dichotom zu den Bestrebungen der Pluralisierung seit der Nachkriegszeit steht, wie sie von der Linken der 1968er Generation und der »Pop-Linken« seit den 1980er Jahren eingeleitet und durchgesetzt wurde. Entgegen der kulturellen Öffnungsprozesse forciert die AfD einen Kulturessentialismus, der die Errungenschaften in der Idee einer offenen Gesellschaft herausfordert. Mit Bezugnahme auf Signifikanten wie Volk, Nation und Religion und einer aggressiven Abgrenzung der eigenen Kultur nach außen – spezifisch durch die Abwertung der kosmopolitischen Eliten und Migrant*innen – soll die »künstliche Homogenisierung der ›eigenen Kultur‹« (Reckwitz 2019, 54) erreicht werden. Das Narrativ führt in Konsequenz zur Ausgrenzung fremder Kulturen, die in der politischen Logik des Rechtspopulismus als das »kulturell Andere« erscheinen und vom Diskurs ausgeschlossen werden; zu Feinden mutiert, erfahren sie eine symbolische Vernichtung, um die eigene Identität zu erhalten (vgl. Laclau & Mouffe 1991).

Die Debatte um die Konzertabsage von Feine Sahne Fischfilet am Bauhaus

Insbesondere Bildungs- und Kultureinrichtungen werden seit einigen Jahren zu Zielobjekten der Neuen Rechten. »Wenn der Kulturessentialismus über die sozialen Trägergruppen der Modernisierungsverlierer hinaus selbst Einfluss ausübt, dann ist es insbesondere über den Weg des Staates, zum Beispiel über die staatliche Kultur-, Bildungs- und Migrationspolitik,« stellt Andreas Reckwitz fest (2019, 47). Ereignisse wie die Bombendrohung am Friedrichstadt-Palast in Berlin im Herbst 2017 nach einer Erklärung des Intendanten, sein Haus wolle sich künftig von AfD-Wähler*innen abgrenzen, oder Störungen von Theatervorstellungen durch Mitglieder der Identitären Bewegung lösen eine öffentliche Diskussion über den Umgang mit der Neuen Rechten an Kulturinstitutionen aus (vgl. Haus der Kulturen der Welt 2019). Auch die Debatte um die Konzertabsage von FSF am Bauhaus entspringt einem Konflikt zwischen linken und rechten Deutungskulturen. Nach der Ankündigung des Auftritts von FSF mobilisierten sich rechte Gruppierungen aus dem regionalen Umfeld in sozialen Netzwerken, worauf hin die Entscheidungsträger*innen am Bauhaus das Konzert unter Berufung auf das Hausrecht untersagten (vgl. Pressemitteilung 2018). Die 2007 in Greifswald gegründete Punkband ist für ihr politisches Engagement in Mecklenburg-Vorpommern gegen den lokalen Rechtsextremismus bekannt und taucht in den Jahren von 2011 bis 2014 viermal im Verfassungsschutzbericht wegen linksextremistischer Äußerungen auf. Debatten um Popkultur und gewaltverherrlichende Songtexte sind an sich kein neues Phänomen. Erst kürzlich entzündete sich eine Kontroverse um das Genre Gangster-Rap und die sexistischen Einlassungen der Rapper Kollegah und Farid Bang oder um die patriotischen Texte der Deutschrockband Frei.Wild (vgl. Balzer 2019; Der Spiegel 2020; Seeliger & Dietrich 2017). In der Debatte um die Band FSF artikuliert sich jedoch eine Besonderheit: Es handelt sich um eine explizit linke Band.

An Popularität im deutschsprachigen Raum gewinnt die Band gerade in den letzten Jahren. Während der Landtagswahlen 2016 organisierte sie die Festivalreihe »Noch nicht komplett im Arsch: Zusammenhalten gegen den Rechtsruck« oder unterstützte die Politikerin Katharina König-Preuss von der Partei Die Linke. Die Abgeordnete des Thüringer Landtags setzte sich im Herbst 2018 gegen Anträge der thüringischen AfD und CDU ein, die das Landesprogramm für Demokratie, Toleranz und Weltoffenheit unter dem Vorwurf der »Förderung linksextremistischer Veranstaltungen« anlässlich des Festivals »Aufmucken gegen Rechts« einzuschränken versuchten. Überregionale Bedeutung erhält die Band durch ihren Auftritt beim »Wir sind mehr«-Konzert gegen Rassismus nach den rechtsextremen Ausschreitungen in Chemnitz im Jahr 2018, bei dem neben der ostdeutschen Band Kraftclub und dem Rapper Materia auch die Toten Hosen auftreten. Bundespräsident

Frank-Walter Steinmeier empfahl die Veranstaltung auf Facebook ähnlich wie zuvor der damalige Justizminister Heiko Maas (beide SPD), der im Jahr 2016 nach einem Konzert der Band in Rostock twitterte: »Tolles Zeichen gegen Fremdenhass und Rassismus«. Die *Bild* titelt: »Warum wirbt Steinmeier für linksradikale Rocker?« (2018) und die damalige CDU-Generalsekretärin Annegret Kramp-Karrenbauer kritisiert die Aktion:

> »Denn das, was wir wollen, ist, unsere Demokratie und unseren Rechtsstaat gegen rechts zu schützen. Und wenn man das dann mit denen von Links tut, die genau in der gleichen Art und Weise auf Polizeibeamte verbal einprü- geln [...], dann halte ich das für mehr als kritisch.« (Dpa, AfP 2018)

Die Debatte um den Auftritt von FSF am Bauhaus steht in der Tradition ei- ner Konfliktlinie, in der die Popkultur zur Projektionsfläche für die Kämpfe um Hegemonie im Spannungsfeld von linken und rechten Interessen in der Politik wird. *Musikexpress*-Redakteur Anton Koch spricht angesichts der Ent- wicklungen von einer Band, die »längst den Wirkungsgrad eines Mainstream- Acts erlangt hat« (2018). Wenn maßgeblich durch Parteien wie AfD und CDU politische Maßnahmen gegen »Punkrock-Bands« angekündigt und Konzert- verbote ausgesprochen wurden und FSF bereits häufiger in der öffentlichen Debatte stand, dann stellt sich zunächst die Frage: Was ist hier anders, unter welchen Bedingungen löst das Ereignis der Konzertabsage eine Debatte im deutschen Feuilleton aus? Wie also ist die historische Situation beschaffen, um einen kulturpublizistischen Dissens zu entzünden?

Wie Jens Uthoff (2018) schreibt, kam es zwar »in der Vergangenheit schon vor, dass etwa Kommunalpolitiker ein FSF-Konzert bei einem Stadtfest in Riesa 2013 verhindert haben«, nun aber werde »die Band im Namen einer renommierten Kulturstiftung – dessen Stiftungsratsvorsitzender Sachsen- Anhalts Kulturminister Rainer Robra (CDU) ist – ausgeladen«. Sowohl bei dem Auftrittsort als auch bei dem Entscheidungsträger handelt es sich also um eine hochkulturelle Institution, weshalb das Ereignis als »besorgnis- erregend« (ebd.) eingeordnet wird. Die Entscheidung der Konzertabsage bezieht sich auf ein allgemeines, über den popkulturellen Partikulardiskurs hinausweisendes Ereignis und gewinnt dadurch an sozialer Relevanz. Staat- lich finanzierte Einrichtungen der Hochkultur wie das Bauhaus Dessau bzw. die Kulturstiftung Bauhaus Dessau richten sich idealtypisch an ein breites Publikum in Tradition der bürgerlichen Kultur und ihrem Bildungsideal (vgl. Gebesmair 2018). Wenn das Konzert im Rahmen der ZDF-Konzertreihe »zdf@bauhaus« zur Zeit des Jubiläums »100 Jahre Bauhaus« stattfinden soll, dann ist zudem davon auszugehen, dass der Konflikt um die Band FSF verstärkt im Fokus der medialen Aufmerksamkeit steht.

Als Institution der Hochkultur und gemeinnützige Stiftung des öffentlichen Rechts ist die Kulturstiftung Bauhaus Dessau vielfältig mit der politischen Sphäre verflochten: Einerseits wird sie durch das Land Sachsen-Anhalt, den Beauftragten der Bundesregierung für Kultur und Medien (BKM) sowie die Stadt Dessau-Roßlau gefördert, zum Zweiten gehört die Staatskanzlei des Landes Sachsen-Anhalt zur Aufsichtsbehörde der Stiftung (Bauhaus Stiftung 2018). Als zentral für die Herausbildung des Konflikts kann in diesem Zusammenhang die mediale Präsenz der AfD im Thüringer Landtag sowie ihr Wirken in der lokalen Öffentlichkeit im Vorfeld der Debatte bestimmt werden. Bereits vor der Veröffentlichung der Stellungnahme der Bauhaus-Stiftung bezieht der Lokalpolitiker Andreas Mrosek (2018) von der AfD Position:

>»Es ist ein Skandal, dass ein von Zwangsabgaben finanzierter und zur Ausgewogenheit verpflichteter öffentlich-rechtlicher Sender einer linksextremistischen Band ein solches Forum bietet. Dadurch wird wieder einmal deutlich, dass die bundesdeutschen Medienschaffenden zumeist selbst knietief im roten Sumpf stehen, wenn sie mit solchen Texten und dahinterstehenden Ideologien ganz offen sympathisieren.«

Weiterhin setzt er den CDU-Politiker Rainer Robra unter Druck, der zugleich Kulturminister des Landes Sachsen-Anhalt und Stiftungsratvorsitzender im Stiftungsrat des Bauhauses ist:

>»Ich verlange von Robra eine öffentliche Stellungnahme dazu, dass das ZDF einer solchen Band und solchen Texten eine Bühne bietet. Andernfalls ist offenbar davon auszugehen, dass der Staatsminister mit der ideologischen Ausrichtung der Band offenbar ebenso wenig ein Problem hat, wie mit den verhetzenden und menschenverachtenden Texten dieser Linksextremisten.« (Ebd.)

Als die Entscheidung der Absage des Konzertes von FSF durch die Bauhaus Stiftung öffentlich über *DPA*-Meldungen gestreut wird, bilden sich zahlreiche Reaktionen vor allem im linksliberalen und popkulturaffinen Spektrum des Feuilletons aus. Welche Positionen und welche Antagonismen stehen sich im Konflikt gegenüber? Wie wird der Konflikt repräsentiert und medial inszeniert? Die Artikulation der Verknüpfung von CDU und AfD im gemeinsamen Kampf gegen links kann als zentrale Strategie der Politisierung des Diskurses identifiziert werden, weshalb sie im Folgenden genauer in den Blick genommen wird. Balzer (2018) spricht im Kulturteil von *Zeit-Online* beispielsweise von einer »Geistesverwandtschaft von CDU und AfD«; in der *TAZ* erkennt wiederum Uthoff (2018) »ein überaus schlechtes Zeichen, wenn der rechte Flügel der CDU aktuell den Argumentationslinien der Rechtspopulisten folgt und deren Schema Linksextremismus gleich Rechtsextremismus übernimmt«. Exemplarisch an dem Artikel »Die Perversion von Politik und Kunst« von Balzer kann die politische Strategie verdeutlicht werden. Der Kritiker schreibt:

> »Falls jemand beispielsweise noch geglaubt haben sollte, dass es im Deutschland des Jahres 2018 eine unüberbrückbare Kluft zwischen dem bürgerlichen Konservatismus und der Neuen Rechten gibt, dann zeigt die Gruppe FSF das Gegenteil auf: So wie sie beide in der Aggression gegen sich eint, demonstriert sie die Geistesverwandtschaft von CDU und AfD. Jetzt wieder in Sachsen-Anhalt, wo offenbar auf politischen Druck ein Konzert von FSF im Bauhaus in Dessau verboten wurde.« (Balzer 2018)

Balzer konstruiert über das Narrativ der »Geistesverwandtschaft von CDU und AfD« eine Kollektivierung von konservativen und rechten Diskursen in Abgrenzung zu einem gemeinsamen Gegner: die Linke, die hier exemplarisch durch die Band FSF verkörpert wird. Auf diese Weise polarisiert er den Diskurs und installiert einen potentiellen Antagonismus, der sich über zwei Fronten bestimmt: Das Lager der Linken und das der Rechten.

Nicht allein die Absage des Konzertes einer Punkband an einer hochkulturellen Einrichtung noch die Verbindung der Stiftung zur Politik (»politischer Druck«) entzünden jedoch den Dissens. Es ist vielmehr die Art und Weise, wie die Bauhaus-Stiftung ihre Entscheidung begründet und wie die Stellungnahme medial aufbereitet wird. Die Stiftung führt ihre Entscheidung zwar zunächst auf die Bedrohung durch rechte Gruppierungen in den Sozialen Medien zurück. Insbesondere der nächste Absatz sorgt jedoch für Irritationen im öffentlichen Diskurs:

> »Das Bauhaus Dessau ist historisch und zeitgenössisch ein Ort für alle Menschen unabhängig von Herkunft, Geschlecht und Nationalität. Politische extreme Positionen, ob von rechts, links oder andere finden am Bauhaus Dessau keine Plattform, da diese die demokratische Gesellschaft – auf der auch das historische Bauhaus beruht – spalten und damit gefährden.« (Pressemitteilung 2018)

Im letzten Absatz heißt es: »Um nicht erneut zum Austragungsort politischer Agitation und Aggression zu werden, auch vor dem Hintergrund des Status als UNESCO-Welterbe, hat die Stiftung Bauhaus Dessau auf Berufung auf ihr Hausrecht das ZDF aufgefordert, das Konzert abzusagen« (ebd.). Die Rhetorik der Stiftung birgt einen politischen Moment, der den Konflikt schürt: Wenn Aussagen wie »politische extreme Positionen, ob von rechts, links oder andere finden am Bauhaus Dessau keine Plattform« von Presseagenturen mit der Aussage »Die Stiftung begründete die Absage mit der politischen Ausrichtung der Band« kombiniert werden, dann verschärft sich der Eindruck, das Bauhaus habe sich bei seiner Entscheidung politisch beeinflussen lassen. Während Politiker*innen der AfD und Teile der CDU die Band in ihren öffentlichen Stellungnahmen bereits als »linksextremistisch« bezeichnen, wird dies von liberalen Akteur*innen nicht erwartet. Die Meldung unterbricht gängige Wahrnehmungsstrukturen im kulturellen Feld, das die Entscheidung als Angriff auf die eigene Kultur bewertet.

Auch Balzer (2018) verschärft den Konflikt zwischen Linken und Rechten, wenn er die Entscheidung der Stiftung mit dem behaupteten Linksextremismus der Band in Verbindung bringt. Zum einen verweist er auf die Ambivalenz der Künste und kommt auch nach eingehender Prüfung – u.a. unter Einbezug der Definition von Linksextremismus durch das Amt für Verfassungsschutz – zum Ergebnis: »Dieses Vorhaben kann man aus dem musikalischen Werk der Band nicht herauslesen«. Zum anderen vermittelt der Beitrag das Bild einer Allianz und kündigt eine Verschiebung im künstlerischen Feld nach rechts an: Neben CDU und AfD – dem konservativen Bürgertum und der Neuen Rechten – tritt auch die Bauhaus-Stiftung als Gegner der Linken respektive linksextremistischer Gruppierungen auf, wie es bereits der Titel suggeriert: »CDU, AfD und Bauhaus wollen nicht, dass FSF in Dessau auftritt« (ebd.).

In eine ähnliche Richtung weist auch Uthoff (2018), wenn er die Aussage der Bauhaus Stiftung, »politische[n] extreme[n] Positionen, ob rechts, links« wolle man »keine Plattform« geben, in Relation mit dem Tweet des Europaabgeordneten Sven Schulze von der CDU setzt, der »die Absage mit Verweis auf ebendiese Textstelle gutheißt«. FSF werde »von Konservativen und Rechten oft als gewaltverherrlichend und linksextrem eingestuft« und seien damit »längst ein Symbol dafür geworden, wie Links- und Rechtsextremismus hierzulande verhandelt wird«. Wie Balzer deutet auch Uthoff die Popkultur als Seismograph, »wenn der Umgang mit der Band die politische Spaltung insbesondere in Ostdeutschland wieder(spiegelt).«

Damit erhält ein weiteres Narrativ Eingang in die Debatte: die »Hufeisen-
theorie« des Chemnitzer Politikwissenschaftlers Eckhard Jesse (vgl. Backes
& Jesse 1996), die insbesondere seit den Ereignissen in Chemnitz an Resonanz im öffentlichen Diskurs gewonnen hat. Ähnlich wie Uthoff verweist der
Literaturkritiker Dirk Knipphals (2018) in der *TAZ* auf das »Stichwort: Huf-
eisentheorie« und spricht angesichts der Ereignisse am Bauhaus von einem
»kulturpolitischen Desaster«, wenn »rechts und links als Extreme« gleichge-
setzt werden. Koch macht im *Musikexpress* schließlich darauf aufmerksam,
dass die Band »immer wieder – vor allem in konservativen Medien – reflex-
haft als ›linksradikal‹ oder ›linksextrem‹ abgestempelt« wird und begreift den
Vorgang »eher als Taktik denn treffend« (2018). Ist im konservativen Politik-
ressort der *FAZ* beispielsweise von »linksextremen Bands« »jenseits des guten
Geschmacks« (van Lijnden 2018) die Rede, kann die Gleichsetzung mit Bezugnahme auf den Verfassungsschutz als politische Strategie gedeutet werden,
wie sie etwa vom CDU-Politiker Detlef Gürth in der Debatte eingesetzt wird:
»Gerade weil wir einer Verrohung der Gesellschaft glaubhaft entgegentreten
wollen, müssen wir bei linksextremen Äußerungen genauso wachsam sein,
wie bei rechtsextremen« (Landtag von Sachsen-Anhalt 2018). Vor diesem Hintergrund kommt Lars Weisbrod (2018) im Kulturteil der *Zeit* zum Ergebnis:
»Verfassungsschutzberichtshaftigkeit prägt die Diskurslage.«
    Aus einer vermeintlich harmlosen Entscheidung einer Institution ist
ein Politikum geworden, aus einem losen Ereignis eine politische Debatte. Dabei sind es nicht nur Journalist*innen, sondern auch Akteur*innen
aus dem politischen und kulturellen Feld, die ihre Stimme gegen die Entscheidung erheben. In einem Offenen Brief von Künstler*innen auf der
Online-Plattform *change.org* heißt es beispielsweise: »Besorgniserregend ist,
wie die Politik durch offenkundige Weisungen in eine kulturelle Einrichtung hineinregiert« (vgl. Bartsch 2018). Auch die Politik bezieht öffentlich
Stellung, wenn etwa die Kulturstaatsministerin Monika Grütters von der
CDU anmahnt, es dürfe »niemals der Eindruck entstehen, dass der Druck
der rechtsextremistischen Szene ausreicht, ein Konzert zu verhindern« (Dpa
2018a). Der Berliner Kultursenator Klaus Lederer (2018) von der Linken und
zugleich Vorsitzender des Bauhaus Verbundes lädt die Band nach Berlin ein
und kritisiert: »Wenn man das aufgibt, was das Bauhaus ausmacht, damit
die Tapete heile bleibt, dann hat man die Idee verraten.« Jürgen Trittin (2018)
von den Grünen twittert: »Wer Feine Sahne Fischfilet aus Dessau verbannt,
tritt die Geschichte des Bauhauses mit Füßen.« Die Band selbst postet auf
Facebook: »Dass das Bauhaus einknickte vor dieser rechten Allianz, setzt

neue Maßstäbe in Sachen Erbärmlichkeit. [...] Die CDU in Sachsen-Anhalt betreibt in diesem Punkt nichts anderes als einen Schulterschluss mit AFD und Nazi-Kameradschaften.«

Im öffentlichen Diskurs bildet sich eine Allianz im linksliberalen Spektrum gegen die Bauhaus-Stiftung aus, um die Entscheidung der Konzertabsage öffentlich wirksam zur Verhandlung zu bringen. Unter dem Druck der Öffentlichkeit betritt schließlich Claudia Perres die Bühne. In einem Interview mit *Zeit-Online* (Weiser & Schneider 2018) benennt die Bauhausdirektorin zunächst zwei Gründe für ihre Entscheidung: Erstens wollen »wir den Rechtsradikalen vor dem Bauhaus keine Plattform bieten«, zweitens sei das »Bauhaus-Gebäude eine Unesco-Weltkulturerbestätte, die eines ganz besonderen Schutzes bedarf«. Wenn Perres den Rechtsextremismus als ausschlaggebend für die Absage anführt und bekräftigt: »Es ist nicht um die Band gegangen, ich wollte nur den Rechten [...] kein Forum bieten«, dann trägt sie zur Entschärfung des Konflikts bei. Entgegen der medialen Deutung habe sie ferner »nicht gesagt«, dass es sich bei FSF um eine »politisch extreme« oder »linksextreme« Band handele. Zudem geht sie auf die Kritik der politischen Einflussnahme ein und korrigiert in Teilen das mediale Bild: Die Entscheidung sei in Abstimmung mit dem Land und der Stadt getroffen – u.a. mit dem Stiftungsratsvorsitzenden Rainer Robra. Eine Instrumentalisierung durch die AfD habe jedoch nicht stattgefunden (»Der Abgeordnete hat hier etwas behauptet, was einfach nicht der Wahrheit entspricht«); die Konzertabsage sei bereits vor Kenntnisnahme durch die AfD getroffen worden (»Meine Entscheidung hatte nichts mit der AfD zu tun«).

Die »konfuse« Kommunikation der Stiftung (Machowecz 2018) und mehrdeutige Aussagen wie »es ist wichtig, dass wir ein internationaler, offener und transparenter Ort gesellschaftlicher Debatten sind« (Dpa 2018b) werfen neue Fragen auf: Wie aber sieht diese Debatte aus? Wer darf hier sprechen und wer nicht? Der Kunstkritiker Niklas Maak (2018) etwa stellt »Musealisierer und Politisierer« kritisch gegenüber und fragt in der *FAZ*: »Ist das historische Bauhaus vor allem ein Exponat? [...] Oder soll es immer noch ein Ort für Debatten, Konflikte, Leben und die damit eventuell einhergehenden Verwüstungen sein?« Er kommt zum Ergebnis: »Im Bauhaus 2018 wird nur das gesagt, worauf sich alle einigen können.«

Schlussfolgerungen und Ausblick

Das Ereignis der Konzertabsage von FSF am Bauhaus in Dessau eröffnet einen politischen Sprechraum, in dem eine Vielzahl an Stimmen unterschiedlicher Kulturen und Felder Eingang erhalten, um die Entscheidung der Bauhaus-Stiftung zur Verhandlung zu bringen: Subkultur und Punk, Hochkultur und Kunst, Linke und Rechte, Politiker*innen, Journalist*innen und Künstler*innen. Normativ aufgeladene Begriffe wie »Linksextremismus«, »AfD«, »Neue Rechte«, »Punk«, »Hochkultur« und »Kunstfreiheit« sind mehrdeutig und produzieren in ihrer Widersprüchlichkeit eine Vielzahl an Interpretationen, um die gestritten werden kann (vgl. Laclau & Mouffe 1991, 165). Insbesondere das »Links-Rechts-Narrativ« triggert und bildet einen affektiv strukturierten »Knotenpunkt« in der Debatte (vgl. ebd., 164), um den herum sich Stimmen aus unterschiedlichen Identitätsdiskursen in Bezug setzen und versammeln, um sich gegen die Entscheidung in Stellung zu bringen. Die Ausbildung der Äquivalenzkette, das heißt die Artikulation von Interessen über gemeinsame Elemente in Negation zu einem Außen (ebd., 183) – die Verknüpfung von CDU, AfD und Bauhaus im Kampf gegen linksextremistische Gruppierungen – fixiert sich durch Wiederholung im öffentlichen Diskurs und gewinnt an Deutungshoheit, fordert letztlich die Entscheidungsträgerin der Bauhaus-Stiftung zu einer öffentlichen Stellungnahme heraus.

Die Mobilisierung der Stimmen zu einer öffentlichen Versammlung entspringt einem genuin politischen Interesse: Sie dient der Stabilisierung eines gefährdeten Deutungsdiskurses und der Verteidigung der Freiheit von Kunst und Kultur. Rechtspopulismus und Nationalismus lassen nicht nur die liberale Ordnung brüchig werden, auch im kulturellen Feld aktualisieren sich Antagonismen aus dem rechten Spektrum. Im Versuch, »das Feld der Diskursivität zu beherrschen, das Fließen der Differenz aufzuhalten, ein Zentrum zu konstruieren« (ebd., 150), fixiert die linksliberal gestimmte Kulturpublizistik den Diskurs, um die Kontingenz zu schließen. Die Popkultur respektive Kunst wie auch das Feuilleton als kritische Instanz erweisen sich als Seismographen (Todorow 2008) und »gesellschaftliche Taktgeber für Moral« (Ziemann 2011, 239), die vor Abweichungen des Bestehenden warnen und kulturellen Transformationen – in Richtung rechts – vorzubeugen suchen.

Zugleich trägt die Popularisierung von rechtspopulistischen Diskursen im Feuilleton zu einer Verstärkung der von ihm bekämpften Diskurse bei. Hegemonietheoretisch betrachtet sind nationale Semantiken dann erfolgreich, wenn sie sich mit dem konservativen Diskurs der sogenannten bürgerlichen Mitte verknüpfen. Für die Bauhaus-Debatte ließe sich paradoxerweise von einem Erfolg der Neuen Rechten sprechen. Fließen rechtspopulistische Narrative medial vermittelt in den öffentlichen Diskurs, sind Diskursverschiebungen nach rechts zu beobachten, wenn sich etwa die Vorstellung der Gleichsetzung von Linksextremismus und Rechtsextremismus im allgemeinen Wahrnehmungshorizont verstärkt oder rechtspopulistische Semantiken und Strategien in den allgemeinen Sprachgebrauch einwandern, um sich zu normalisieren. Im Herbst 2019, also ein Jahr später, empörten sich beispielsweise lokale CDU-Politiker*innen und eine Bürgerinitiative im Vorfeld eines Konzertes der Band FSF. Sie riefen in Flugblättern zur Verteidigung der »demokratischen Struktur unseres Vaterlandes« auf und organisierten mit Verweis auf den Verfassungsschutzbericht »Mahnwachen gegen Linksanarchisten« (Leppert 2019). Populistische Ausrichtungen sind nicht exklusiv bei sozial »Abgehängten« und »Bildungsfernen« zu verorten, sie finden sich ebenso bei Akademiker*innen, Beamt*innen und Parteipolitiker*innen (Feine Sahne Fischfilet 2019).

Schlussendlich verweist die Debatte auf die Offenheit und Unabgeschlossenheit moderner Gesellschaften. Kulturelle Errungenschaften wie die Pluralisierung sind nicht naturgegeben oder Effekte einer vorausliegenden Einheit, sondern Ergebnis von politischen Auseinandersetzungen und Ausdruck von Macht- und Herrschaftsverhältnissen (vgl. Laclau & Mouffe 1991, 144-45), die immer wieder neu erkämpft werden müssen. Im Unterschied zum Verständnis von Popkultur als »Kultur des Konflikts« (Fiske 2003, 16) artikuliert sich in der Debatte um FSF noch ein tieferes Verständnis des Politischen. In Konfrontation zweier gegensätzlicher Auffassungen dessen, was Kultur ist, offenbaren sich Kämpfe, die Reckwitz (2019, 29-63) als »Widerstreit zweier Kulturalisierungsregimes« bezeichnet: der Kampf zwischen einem kulturellen Essentialismus und einem liberalen Pluralismus, in denen sich Kulturen im Spannungsverhältnis von modernistischen und postmodernistischen Identitäten unversöhnlich gegenüberstehen. (Pop)Kultur erscheint dann nicht mehr allein als Sinnsystem von Werten und Normen, in ihr artikulieren sich vielmehr Kämpfe um die Ordnung der Kultur selbst.

Literatur

Backes, Uwe & Eckhard Jesse. 1996. *Politischer Extremismus in der Bundesrepublik Deutschland*. Bonn: Bundeszentrale für politische Bildung.

Balzer, Jens. 2018. »Die Perversion von Politik und Kunst.« *Zeit-Online*, 19.10.2018. https://www.zeit.de/kultur/musik/2018-10/feine-sahne-fischf ilet-bauhaus-konzert-abgesagt, zuletzt abgerufen am 31.08.2021.

Balzer, Jens. 2019. *Pop und Populismus*. Hamburg: Körber Stiftung.

Bartsch, Michael. 2018. »Verrat an der eigenen Sache.« *Die Tageszeitung*, 19.10.2018. https://taz.de/Bauhaus-sagt-Feine-Sahne-Fischfilet-ab/ !5539599&s=/, zuletzt abgerufen am 31.08.2021.

Bauhaus Stiftung. 2018. *Förderer und Partner*. Stand April 2018. https://www.b auhaus-dessau.de/de/stiftung/partner-foerderer/die-stiftung-bauhaus-dessau-bedankt-sich.html, zuletzt abgerufen am 31.08.2021.

Der Spiegel. 2020. »Die Faszination des Gangsta-Rap. Wie böse Jungs und Clan-Romantik die Kinderzimmer erobern.« *Der Spiegel*, Nr. 5, 2020. htt ps://www.spiegel.de/spiegel/print/index-2020-5.html, zuletzt abgerufen am 31.08.2021.

Die Bild. 2018. »Warum wirbt Steinmeier für linksradikale Rocker?« *Bild-Zeitung*, 02.09.2018. https://www.bild.de/politik/inland/politik-inland/k onzert-in-chemnitz-warum-wirbt-steinmeier-fuer-linksradikale-rocker -57023684.bild.html, zuletzt abgerufen am 31.08.2021.

Dpa/AFP. 2018. »CDU-Spitze kritisiert Bundespräsidenten für Konzert-Unterstützung.« *Zeit-Online*, 03.09.2018. https://www.zeit.de/politik/deutschland/2018-09/annegret-kramp-karre nbauer-frank-walter-steinmeier-chemnitz-wirsindmehr-kritik, zuletzt abgerufen am 31.08.2021.

Dpa. 2018a. »Kritik an Konzert-Absage im Bauhaus reißt nicht ab.« *Zeit-Online*, 20.10.2018. https://www.zeit.de/news/2018-10/20/kritik-an-konz ert-absage-im-bauhaus-reisst-nicht-ab-181020-99-453560, zuletzt abgerufen am 31.08.2021.

Dpa. 2018b. »Bauhaus-Stiftung verteidigt Konzertabsage.« *Zeit-Online*, 22.10.2018. https://www.zeit.de/kultur/musik/2018-10/bauhaus-dessau-konzert-feine-sahne-fischfilet-stellungnahme, zuletzt abgerufen am 31. 08.2021.

Feine Sahne Fischfilet. 2019. »Unsere rasenden Reporter decken auf....« *Facebook*. 30.10.2019. https://www.facebook.com/feinesahnefischfilet/videos/ 2672691376155218/%3Ft=0, zuletzt abgerufen am 31.08.2021.

Feine Sahne Fischfilet. 2018. »Es ist doch wohl klar, dass wir am 6.11. in Dessau spielen werden!« *Facebook*. 19.10.2018. https://de-de.facebook.co m/feinesahnefischfilet/posts/es-ist-doch-wohl-klar-dass-wir-am-611-in-dessau-spielen-werdenam-6-november-woll/2321724654508948/.

Fiske, John. 2003. *Lesarten des Populären. Cultural Studies Band 1*. Wien: Löcker.

Gebesmair, Andreas. 2015. »Die Erfindung der Hochkultur.« *Zeitschrift für Kulturmanagement* (2): 77-95.

Haus der Kulturen der Welt. 2019. »Diskussion: Politische Rolle kultureller Institutionen.« 19.01.2019. https://www.hkw.de/de/app/mediathek/audio /69683, zuletzt abgerufen am 31.08.2021.

Jacke, Christoph. 2018. »Pop.« In *Der Kreativitäts-Komplex. Ein Vademecum der Gegenwartsgesellschaft*, herausgegeben von Timo Beyes & Jörg Metelmann, 218-224. Bielefeld: transcript.

Jung, Simone. 2020. »Kritische Öffentlichkeiten? Formen der Skandalisierung in der Kulturpublizistik am Beispiel der Band Feine Sahne Fischfilet.« *Berliner Debatte Initial* (2): 96-108.

Jung, Simone. 2021. *Debattenkulturen im Wandel. Zum Politischen im Feuilleton der Gegenwart*. Bielefeld: Transcript.

Koch, Anton. 2018. »Bauhaus-Debatte: Warum die harsche Kritik an Feine Sahne Fischfilet großartig ist.« *Musikexpress*, 22.10.2018. https://www.m usikexpress.de/feine-sahne-fischfilet-kritik-links-rechts-1122870/5/, zuletzt abgerufen am 31.08.2021.

Laclau, Ernesto & Chantal Mouffe. 1991. *Hegemonie und radikale Demokratie. Zur Dekonstruktion des Marxismus*. Wien: Passagen.

Landtag von Sachsen-Anhalt. 2018. »Stenographischer Bericht, 57. Sitzung.« 24.10.2018. https://www.landtag.sachsen-anhalt.de/fileadmin/files/plen um/wp7/057stzg.pdf, zuletzt abgerufen am 31.08.2021.

Leppert, Georg. 2019. »Linke entsetzt über Mahnwache gegen Feine Sahne Fischfilet in Wetzlar.« *Frankfurter Rundschau*, 5.12.2019. https://www.fr.de /hessen/feine-sahne-fischfilet-wetzlar-linke-entsetzt-ueber-mahnwache -zr-13268114.html, zuletzt abgerufen am 31.08.2021.

Lijnden, Constantin van. 2018. »Die Texte der linksextremen Bands von Chemnitz sind skandalös und schockieren.« *Frankfurter Allgemeine Zeitung*, 10.09.2018. https://www.faz.net/aktuell/politik/inland/die-texte-der-link sextremen-bands-von-chemnitz-schockieren-15779272.html, zuletzt abgerufen am 31.08.2021.

Maak, Niklas. 2018. »Kulturpolitik in Deutschland – sollen wir alle so sein, wie das Bauhaus mal war?« *Frankfurter Allgemeine Zeitung*, 29.10.2018. ht tps://www.faz.net/aktuell/feuilleton/debatten/was-die-bauhausdebatte-ueber-die-deutsche-kulturpolitik-sagt-15860070.html, zuletzt abgerufen am 31.08.2021.

Machowecz, Martin. 2018. »Der Kampf mit Tabus.« *Die Zeit im Osten*, Nr. 44, 2018.

Mrosek, Andreas. 2018. »Auftritt linksextremer Hetzband in ZDF-Konzertreihe ist ein Skandal.« Pressemitteilung, 17.10.2018. https://www.afdbundestag.de/mrosek-auftritt-linksextremer-hetzband-in-zdf-konzertreihe-ist-ein-skandal/, zuletzt abgerufen am 31.08.2021.

Mrozek, Bodo. 2019. *Jugend, Pop, Kultur. Eine transnationale Perspektive*. Berlin: Suhrkamp.

Reckwitz, Andreas. 2019. *Das Ende der Illusion. Politik, Kultur und Ökonomie in der Spätmoderne*. Berlin: Suhrkamp.

Schneider, Johannes & Rabea Weiser im Gespräch mit Claudia Perren. 2018. »Das hat mit Feine Sahne Fischfilet gar nichts zu tun.« *Zeit-Online*, 24.10.2018. https://www.zeit.de/kultur/kunst/2018-10/claudia-perren-bauhaus-direktorin-dessau-feine-sahne-fischfilet, zuletzt abgerufen am 31.08.2021.

Seeliger, Martin & Marc Dietrich. Hgg. 2017. *Deutscher Gangsta-Rap II: Popkultur als Kampf um Anerkennung und Integration*. Bielefeld: transcript.

Speit, Andreas. 2018. »Feine Sahne Fischfilet nicht erwünscht.« *Die Tageszeitung*, 19.10.2018. https://taz.de/Stiftung-Bauhaus-sagt-ZDF-Konzert-ab/!5544290/, zuletzt abgerufen am 31.08.2021.

Todorow, Almut. 2008. »Feuilletondiskurs und seismographische Funktion von Kulturkommunikation.« In *Seismographische Funktion von Öffentlichkeit im Wandel*, herausgegeben von Heinz Bonfadelli, Kurt Imhof & Roger Blum, 281-99. Wiesbaden: VS Verlag für Sozialwissenschaften.

Trittin, Jürgen (@JTrittin). 2018. »Wer @Feine Sahne Fischfilet aus #Dessau verbannt, tritt die Geschichte des Bauhauses mit Füßen«. *Twitter*, 18.10.2018. https://twitter.com/jtrittin/status/1052851266777427968, zuletzt abgerufen am 31.08.2021.

Uthoff, Jens. 2018. »Unfeine Ausladung« *Die Tageszeitung*, 19.10.2018. https://taz.de/Bauhaus-sagt-Feine-Sahne-Fischfilet-ab/!5539600, zuletzt abgerufen am 31.08.2021.

Weisbrod, Lars. 2018. »Mehr Präsentkörbe, bitte! Was ist dran am Skandal um die Punk-Band Feine Sahne Fischfilet?« *Die Zeit*, Nr. 44, 2018.

Ziemann, Andreas. 2011. *Medienkultur und Gesellschaftsstruktur. Soziologische Analysen*. Wiesbaden: VS Verlag für Sozialwissenschaften.

Streite nicht mit einem Deutschen über seine Identität[1]

Ingo Zander

Kollektiver Wahnsinn und deutsche Identität

»Der Irrsinn der Bürger- oder Weltkriege bemächtigt sich des gesamten Kollektivs ... die Große Überflutung. Sintflut, im wahrsten Sinne des Wortes. Sie begrub mit ihren todbringenden Fluten die ganze Erde unter sich. Da die allgemeine Psychose sämtliche Beziehungen vergiftete, trieben wir alle auf dem Giftmeer ... Wie kommt es, dass diese Pandemie sich mit einem Mal Bahn bricht? Und warum weichen die Fluten auf einen Schlag wieder zurück? Lang lebe die kollektive geistige Gesundheit!« (Serres 2019, 20)

Michel Serres, französischer Philosoph und Ethnologe, Jahrgang 1930, hatte diese Einschätzung kurz vor seinem Tod 2019 niedergeschrieben. Serres irrte – der kollektive Irrsinn hatte nicht alle erfasst und eine lange Inkubationsphase, in der Adolf Hitler und seine Verbündeten in Deutschland und in der Welt den Wahnsinn ideologisch vorbereiten konnten Aber der kluge Michel Serres hatte andererseits auch recht, wenn er mit seiner Beobachtung als Zeitgenosse uns Nachgeborene auf die Dynamisierungsgefahren von menschenverachtenden Ideologien und Bewegungen aufmerksam machen wollte, die sich verselbständigen können. Darum geht es auch heute – wieder einmal.

---

1   Ingo Zander verstarb völlig unerwartet kurz vor Drucklegung dieses Sammelbandes. Die Herausgeber*innen schätzten Ingo Zander als kritischen und kompromisslosen Journalisten und hoffen, mit der Publkation dieses Beitrages zur nachhaltigen Sichtbarkeit seiner investigativen und unermüdlichen Arbeit beizutragen. Ein großer Dank geht an dieser Stelle an Clara Drechsler und Harald Hellmann, die diesen Text noch mit Ingo Zander diskutieren konnten und die vorliegende Version mit den Herausgeber*innen abgeglichen haben.

Und Michel Serres' Überschrift für seinen Essay als Frage ist klug gewählt: Was genau war früher besser?

Heute tragen vor allem die 2013 gegründete »Alternative für Deutschland« und die Ideologen der sogenannten »Neuen Rechten« (die sich seit etwa Mitte der 1960er Jahre herausbildete und nach dem knapp verpassten Einzug der NPD 1969 in den Bundestag auch in der NPD mehr Raum bekam) eine große Verantwortung dafür, dass Menschen meinen, dass es eine feste deutsch-nationale Identität geben könnte – ein gefährlicher Aberglaube. Der im Mordfall des Kasseler Regierungspräsident Walter Lübcke am 1. Juni 2019 dringend tatverdächtige langjährige Rechtsextremist Stephan Ernst hatte den zeitgeschichtlichen Zusammenhang für seine Motivation, den Politiker zu ermorden, vor Gericht (mit Bezug auf seinen früheren Gesinnungsgenossen H.) deutlich beschrieben:

> »H. habe erklärt, dass die Politiker mit Hilfe der Flüchtlinge das deutsche Volk zerstören wollten, er habe einen unbändigen Hass auf Politiker entwickelt. Als dann Lübcke in einer Bürgerversammlung sagte, dass es jedem, der die Werte des Landes nicht teile, freistehe, das Land zu verlassen – da sei klar gewesen, dass man dem Mann Gewalt antun müsse. Erst habe man geredet, wie man halt so rede: dass der Mann aufgehängt gehöre oder eine Kugel verdient habe. Das habe sich verdichtet, vor allem nach der AfA-Demonstration in Chemnitz im September 2018; im April 2019 habe der Entschluss festgestanden, Lübcke zu töten.« (Dobrinski 2020)

In Chemnitz hatte ich Ende 2018 und im Sommer 2019 selbst recherchiert. Nach dem Tod des 35-jährigen Chemnitzers Daniel H. in den frühen Morgenstunden des 26. August 2018 lief das gut besuchte Wochenend-Stadtfest zunächst am Sonntag weiter. Sören Uhle, Geschäftsführer der Wirtschaftsförderung der Stadt Chemnitz, der für die Organisation verantwortlich war, erinnert sich. »Es wurde aufgerufen zu einer spontanen Kundgebung, die nicht angemeldet war, sich um 16.30 h am Karl-Max-Platz zu treffen ... und zu zeigen, wer das Sagen in der Stadt hat.« Ein Chemnitzer hatte an dem Tag den rechtsradikalen Aufmarsch durch Zufall beobachtet, da er an diesem Sonntag in seinem Büro arbeitete. »Es war an sich ein sehr, sehr schöner Tag und das, was ich gesehen habe, dass ... der aufgeheizte Pulk auch anderen Menschen hinterher gerannt ist ... und die anderen Menschen ... auch vor sich hergetrieben haben ... am helllichten Tag.« Der aus dem Amt entlassene Bundesverfassungsschutz-Chef Hans-Georg Maaßen behauptet bis heute, es habe keine Hetzjagd auf Menschen in Chemnitz geben. Er bezieht sich dabei raffinierterweise aber immer nur auf ein im Internet kursierendes 19 Sekunden langes Handy-Video.

Kollektiver Wahnsinn in Ostdeutschland

Ein Jahr nach dem gewaltsamen Tod des Chemnitzers Daniel H. interviewe ich im Sommer 2019 in der Stadt rechtsgewirkte Männer meiner Generation. Männer, die im Osten aufgewachsen sind und mich wohl als Deutschen sehen, der seiner deutschen Identität im dekadenten Westen verlustig ging. Dieter Jörg L., Jahrgang 1957, ist Unternehmensberater. Er bezweifelt, dass es Ende August/Anfang September 2018 rechtsradikale Gewalt auf den Straßen von Chemnitz gegeben habe. »Also diese Berichte sind halt einfach nicht wahr. Das hat ja auch der Verfassungsschutz-Chef so nachher auch kundgetan – der frühere.« Zur Vorbereitung meiner Interviews schickt er mir noch eine Mail.

»Unser Land – das schöne – wird untergehen, mit ihm große Teile seiner Kultur, der Innovationsfähigkeit, des Wohlstandes sowieso, unsere Sozialsysteme, der soziale Frieden, wie viele große Kulturen in der Geschichte der Menschheit. Wir unterhalten und debattieren darüber schon seit über 20 Jahren ..., ganz besonders dann seit 2014. Wenn eine Kultur den zersetzenden Kräften nichts mehr entgegenzusetzen hat, ist das ihr Schicksal.«

Abschließend fragt er rhetorisch: »Bitte korrigiert mich, wenn ich die Lage zu pessimistisch sehe! Ich befürchte aber, es gibt nichts zu korrigieren! Leider?? ... So schätze ich die Lage unserer deutschen Nation ein ...« Und auf den Spuren von Carl Schmitt, den er nicht gelesen haben wird, fragt er drohend: »Ich habe das nie für möglich gehalten, was unseren Kindern & Enkeln & uns hier und heute angetan wird? ..., von den eigenen Politikern und von den Medien!«

Deutsche Brutsysteme und Bildungsbürger West

Deutsche Identitätssuche Ost – da können wir uns im Westen schnell stumm zunicken – jaja, die Spätfolgen der DDR und durch die Bundesrepublik Deutschland kapitalistisch-hegemonial organisierte Wiedervereinigung mit den bekannten gesellschaftlichen Verwerfungen – die Literatur dazu wächst an. Und wie sieht es im Westen aus – beispielsweise in den gebildeten Kreisen, die die Bücher des Publizisten Rüdiger Safranski zum deutschen Kulturgut immer wieder zu Bestsellern machen.

Wer ist deutsch für Rüdiger Safranski oder: wann kann man Deutscher werden – geht das überhaupt?

> »Kulturen sind Brutsysteme, die Menschen in eine bestimmte Façon bringen; so entstehen Unterschiede, die sich mischen können, aber eben nur bis zu einem bestimmten Grad. Außerdem sollte es auch einen Artenschutz für die Unterschiede der menschlichen Kulturen geben, nicht nur Artenschutz für Schnecken [...] Auch in Deutschland gibt es ein Volk, das steht sogar in der Verfassung. Und weil es ein Volk gibt und nicht nur eine ›Bevölkerung‹ im soziologisch-statistischen Sinne, gibt es eben auch Verantwortlichkeit ... ich meine, man merkt, dass man bei diesem Verantwortungsbegriff nicht den Bevölkerungsbegriff verwendet, sondern implizit den Wir-Begriff des Volkes.« (Hammelehle 2018)

Wolfgang Streeck, Sozialwissenschaftler, formulierte diese Ideologie 2021 verklausulierter.

> »Für den Einzelnen vollzieht sich Vergesellschaftung ... in historischen Räumen und Zeiten, in kontingent entstandenen, partikularen kulturellen Traditionen und institutionellen Ordnungen. Charakteristisch für Letztere ist, dass sie sich als lokale Ensembles zu distinkten Gesamtgesellschaften verdichten, die sich unter modernen Bedingungen mehr oder weniger passgenau als (National-)Staaten verfassen können.« (Streeck 2021, 181)

Wolfgang Streeck denkt nicht rassistisch, wie die »Neue Rechte«. Neurechte Ideologen sprechen von Ethnopluralismus, um nicht von Rasse als Basis von Nationen zu schreiben.

> »Ethnopluralismus‹ bezeichnet den Umstand, dass die Menschheit in Völker gegliedert ist, und verbindet damit die Wertung, dass diese Völker mit ihrer je eigenen Kultur erhaltenswert sind – eine in höchstem Maß vernünftige, wirklichkeitsbezogene Ansicht. Nichts anderes ist auch das Leitmotiv des AfD-Programms. [...] [Wir [setzen] uns auf allen Gebieten dafür ein, die ethnokulturelle Einheit, die sich deutsches Volk nennt, zu erhalten«,

schrieb der deutschvölkische AfD-Politiker Hans-Thomas Tillschneider als Facebook-Eintrag am 16.11.2017. (Meister, Biselli & Reuter 2019)

Deutsche Kultur unter Artenschutz

Die deutsche Kultur unter Artenschutz – das lässt sich nach der Erfahrung mit der Shoa nicht mehr als konservative Ideologie abtun, bestenfalls noch als zynische Ausblendung des Risikopotentials dieser Ideologie. Der indischstämmige amerikanische Anthropologe Arjun Appadurai hat vor über zehn Jahren in einem luziden Essay die unheilvolle Dynamik von ethnisch-nationaler Identität analysiert.

»Aggressive Identitäten … gehen aus Situationen hervor, in denen die Idee nationaler Volkszugehörigkeit erfolgreich auf das Prinzip ethnischer Einzigartigkeit reduziert wurde, so dass die Existenz einer noch so kleinen Minderheit innerhalb der nationalen Grenzen als unerträgliche Verunreinigung des nationalen Ganzen empfunden wird […]« (Appadurai 2009, 69)

Dabei gilt wohl als Faustregel – so habe ich es in journalistischen Recherchen immer wieder erlebt: Je unsicherer die individuelle Identität eines Menschen ist, desto mehr flüchtet er in andere Menschen herabsetzende kollektive Identitätsangebote.

Die Philosophin Hannah Arendt hatte im November 1944 im amerikanischen Exil in ihrem Essay »Organisierte Schuld« angesichts des Nationalsozialismus konstatiert, dass sich hinter der chauvinistischen Anmaßung von »Treue« und »Mut« ein verhängnisvoller Hang zur Untreue und zum Verrat aus Opportunismus verberge. Der Spießer – wie sie diese Zeitgenossen nennt – sei aber eine internationale Erscheinung und wir täten gut daran, ihn nicht im blinden Vertrauen, dass nur der deutsche Spießer solch furchtbarer Taten fähig ist, allzu sehr in Versuchung zu führen. Der Spießer sei der moderne Massenmensch.

»Der Spießer … hat die Zweiteilung von Privat und Öffentlich, von Beruf und Familie, so weit getrieben, dass er noch nicht einmal in seiner eigenen identischen Person eine Verbindung zwischen beiden entdecken kann. Wenn sein Beruf ihn zwingt, Menschen zu morden, so hält er sich nicht für einen Mörder, gerade weil er es nicht aus Neigung, sondern beruflich getan hat. Aus Leidenschaft würde er nicht einer Fliege etwas zu Leide tun.« (Arendt 2019, 405-6)

Politisch gesprochen, sei die Idee der Menschheit, von der man kein Volk ausschließen könne, die einzige Garantie dafür, dass nicht eine »höhere Rasse«

nach der anderen sich verpflichtet glauben könnte, den Naturgesetzen des »Recht des Stärkeren« zu folgen.

Identitäts-Spaltungen in bürgerlichen Kreisen und taktische Diskurse

Thilo Sarrazin, Publizist, ehemaliger sozialdemokratischer Finanzsenator in Berlin, ist vielleicht ein Spießer oder auch nicht – er ist jedenfalls ein Mann, den das deutsche Brutsysteme »in eine bestimmte Façon zu bringen« wusste. Das Brutsystem brütet auch nach der Shoa, auch wenn in der Öffentlichkeit (noch) selten von Rasse geredet wird. Es gibt sprachliche Ausweichmöglichkeiten. »Alle Juden teilen ein bestimmtes Gen, Basken haben bestimmte Gene, die sie von anderen unterscheiden,« hatte Sarrazin 2010 in einem Zeitungsinterview behauptet. (https://www.welt.de/politik/deutschland/article925589 8/Moegen-Sie-keine-Tuerken-Herr-Sarrazin.html).

»Ethnische Unterschiede sind natürlich immer auch also biologische Unterschiede«, sagte er mir in einem Interview 2018 »Das heißt, ethnische Unterschiede sind biologische Unterschiede. Und ob Sie da für diese Unterschiede jetzt den Begriff Ethnie wählen oder Rasse, ist eine taktisch bedingte Wortwahl.« Gesellschaftlich opportun war es für Menschen, die auf ihr bürgerliches Ansehen Wert legten, bis zu Thilo Sarrazin, nach der militärischen Niederlage Nazideutschlands nicht von der arischen und jüdischen Rasse zu sprechen. Das

»politische und persönliche Bestreben der einstigen NS-Eliten (hatte sich) im Verlauf der Jahrzehnte nahezu vollständig auf den Versuch beschränkt, ungeschoren davonzukommen, so dass eine ernsthafte politische Gefährdung, die über die Verdunkelung des deutschen Ansehens in der Welt hinausging, von hier aus nicht festzustellen war«,

bilanziert der Freiburger Zeithistoriker Ulrich Herbert ein halbes Jahrhundert später die politische Kultur der Bundesrepublik Deutschland.

»Die Strahlkraft der weltanschaulichen Aufladung der frühen 20er Jahre, die die erfahrene Wirklichkeit einer privilegierten, aus den ›Naturgesetzen‹ selbst extrahierten ideologischen Interpretation unterzogen und so gleichermaßen als Motivation wie als Legitimation des Handelns gewirkt hatte, hatte sich nach dem Ende des Krieges nicht mehr restituieren lassen.« (Herbert 1996, 537)

Dies schloss nicht aus, dass unterhalb der öffentlichen Oberfläche und in bürgerlichen Salons weiterhin braune Weltanschauung in klandestin selbstgebohrten Gängen fortpflanzten – demokratische Identitäten nur vorgetäuscht wurden.

Das prominenteste Beispiel für dieses identitäre Doppelspiel ist der Fall des Staatsrechtlers Theodor Maunz. Er begründete mit dem »Maunz/Dürig/Herzog/Scholz« ein Standardwerk unter den Kommentaren zum Grundgesetz und war von 1957 bis 1964 bayerischer Kultusminister. Nach seinem Tod 1993 wurde öffentlich, dass Maunz bis zu seinem Tod u.a. anonym in der National-Zeitung publizierte und dessen rechtsradikalen Verleger Gerhard Frey juristisch beriet. Solche Beispiele gehörten nicht zur Regel, sie gibt es aber auch heute immer wieder.

Judenvernichtung und Grateful Dead

Als Kind erzählte mein Vater, ein antifaschistischer Zimmermann, vom Krieg, der Kriegsgefangenschaft bei den Russen, die ihn gut behandelt haben, und davon, dass die Deutschen Millionen Juden umgebracht haben. Meine Mutter, die bis zur Flucht aus Angst vor den Russen in einer deutschen Bauernfamilie in Westpreußen in Polen lebte, sprach davon, dass sie sich immer mit Deutschland identifiziert hatten, bis die Deutschen kamen und sich als Mörder herausstellten. Warum – fragte ich immer wieder als Kind meine Eltern. Das Warum blieb eine ungelöste Frage, aber mit Nazis hatte ich im Alltag keine Erfahrungen machen müssen. Allerdings bekam ich als Jugendlicher mit, dass Nachbarn meiner Eltern in dem Mehrfamilienhaus in einem kleinen rheinischen Ort sich plötzlich als Nazis outeten. Der Mann – eine eher kleine Erscheinung neben seiner hochgewachsenen Frau, die nichts zu sagen hatte – äußerte beim nachbarschaftlichen Umtrunk mit Schnaps, dass Hitler nicht genügend Juden umgebracht habe. Mein Vater schmiss das Ehepaar sofort raus, so viel konnte ich in Erfahrung bringen – meine Eltern sprachen nicht gerne über den Bruch. Bis zum Auszug des Naziehepaars zehn Jahre später wurde kein Wort mehr mit ihnen geredet.

Mein Vater war ein sanftmütiger Mann, aber er musste dem Nazi aus dem Weg gehen, um keine Schlägerei anzufangen – meine Mutter versuchte, alle Alltagsbegegnungen zu vermeiden – frühe siebziger Jahre in der Bundesrepublik, ich war mit meinen langhaarigen Freunden in der Phantasie gerade dabei, in Kalifornien eine Farm zu gründen und laut Grateful Dead und

Youngbloods zu hören. Aber ich las auch Adorno und ahnte, was er verständlich machen wollte. Diese Literatur interessierte meine Freunde nicht, die sich den Drogen hingaben und ihr Leben schon früh verloren. »Das allein Individuelle führt in den Drogenexitus, das ist eine ganz natürliche Konsequenz, die noch zunehmen wird, solange Alternativen nicht in Sicht sind«, proklamierte Henning Eichberg, einer der führenden deutschen Vertreter der Neuen Rechten in den 1970er Jahren, in einem Interview mit der sich links verstehenden Zeitschrift »Ästhetik und Kommunikation« 1979 in einem dokumentierten Gespräch. »Diese Identität muss uns vielmehr als Kollektiv betreffen, als regionales und als nationales Kollektiv. Wir sind eben doch Deutsche« (Eichberg 1979, 130).

Henning Eichberg, der in den 1970er Jahren in Deutschland die sprachpolitisch prominenteste Phrase der Neuen Rechten – den Ethnopluralismus – ins rechtsextreme Milieu einbrachte, hasste die Amerikanisierung der deutschen Mentalität nach der Niederlage des Nationalsozialismus. Im Kielwasser der angloamerikanischen popmusikalischen Aufbruchstimmung teilte ich pop-philosophische Phantasien, wie sie dann ab 1980 in der SPEX ihren Ausdruck fanden. Ich erinnere mich noch an eine kleine Diskussion mit dem jüdischen Historiker Walter Grab in einem Hauptseminar an der Universität Duisburg zur Geschichte der deutschen Jakobiner als Intermezzo eines demokratischen Aufbruchs vor der 1848-Revolution. Walter Grab, 1919 in Wien geboren und 1938 nach Palästina ausgewandert, war einer der führenden Jakobinerforscher. Er gründete 1971 das Institut für Deutsche Geschichte an der Universität Tel Aviv und leitete es bis zu seiner Emeritierung 1986. Ich hatte als Student der Sozialwissenschaften bei den Historikern zwar nichts zu suchen, nutzte aber die Möglichkeit, mich in sein Hauptseminar einzuschleichen, als er 1980 für ein Jahr Gastprofessor in Duisburg war. Ich weiß nicht mehr, warum ich mir die Freiheit herausnahm, abseits seiner Vorlesungsagenda über die Lage der Demokratie in der Bundesrepublik mit ihm, der dem Holocaust entkommen war, zu diskutieren. Ich könnte heute noch rot anlaufen, wenn ich daran denke, dass ich mich stolz hinstellte und verkündete – Juden müssen sich immer weniger um Deutschland Sorgen machen, weil die westdeutsche Jugend tief amerikanisiert ist: »Wir lieben amerikanische Popmusik – ich besonders die Hippiemusik.« Er lächelte und sagte nur: »Na, wenn sie da so überzeugt sind ...«

Anschließend ging ich in seine Sprechstunde, versuchte mich zu erklären – ich studiere zwar im Hauptfach Politische Wissenschaften, könne mir aber auch vorstellen, das Fach zu wechseln und bei ihm eine Examensarbeit über die deutschen Jakobiner zu schreiben. Es kam anders, ich schrieb eine demokratietheoretische Diplomarbeit bei der Politikwissenschaftlerin Marieluise Christadler.

Die Neue Rechte in Frankreich als Vorbild für die Identitäre Bewegung in Europa

Schon Ende der 1970er Jahren hatte sich Marieluise Christadler fast als einzige Politikwissenschafterin in Deutschland intensiv mit dem damals neuen Phänomen der »Neuen Rechten« beschäftigt – was von mir als einem ihrer Studenten damals völlig ignoriert worden ist, muss ich gestehen. Bei der sogenannten »Nouvelle droite« – »Neue Rechte« (der Begriff kursiert in Medien und Wissenschaft seit Ende der 1970er Jahre für den 1969 von Alain de Benoist gegründeten neurechten Denkzirkel »Groupement de Recherche et d'Études pour la Civilisation Européenne« – GRECE) handelte es sich um ehemalige Aktivisten nationalistischer Studentengruppen der sechziger Jahre, die de Gaulle nicht verziehen hatten, Algerien in die Unabhängigkeit entlassen zu haben. Einer der führenden Köpfe war Alain de Benoist, ein rechtsradikaler Absolvent einer französischen Eliteuniversität. In Frankreich inspirierte sie 2003 die Gründung des Identitären Blocks, der 2012 in Deutschland auf Initiative des rechtsradikalen Kleinverlegers Götz Kubitschek und in Österreich durch Martin Sellner kopiert wurde. »Damit die ›große Politik‹ der Zukunft gemacht werden kann, muss die ›jüdisch-christliche Schuldkultur beseitigt (werden)‹«, ätzte Alain de Benoist 1981. Die aus ihr folgende »Sklavenmoral« sollte beseitigt werden:

»durch eine aristokratische panagische Moral Heiligsprechung der Welt, des Körpers, der Kraft, und der Gesundheit, als Zurückweisung des Jenseits, als die Untrennbarkeit von Ästhetik und Moral.« (Christadler 1983, 195)

Alain de Benoist denunzierte in seinen Büchern die Menschenrechte durchgängig als »humanistischen Aberglauben« und artikulierte in den 1970er und 1980er Jahren noch offen seinen weißen Rassismus. Später riet er seinen Lesern davon ab, von Rasse zu reden – passender sei der Begriff Ethnie.

Die Ethnien sollten als gleichberechtigt betrachtet werden, sich aber vor allem nicht biologisch vermischen. Henning Eichberg sprach in Deutschland in den 1970er Jahren vom Ethnopluralismus. Alain de Benoist, der sich als junger Mann gegen die Dekolonialisierung Algeriens im gewalttätigen rechtsextremen Milieu engagierte, versuchte, diesen verbrämten Rassismus mit einer antikolonialistischen Konnotation zu veredeln. Er gab vor, dass die Neue Rechte gegen die »Kolonialisierung« autochthoner Kultur in der Dritten Welt, Europa und in Frankreich kämpfe.

> »Als Beispiel für die Kolonialisierung der Dritten Welt durch die Metropolen verweisen Benoist und Faye auf die weltweiten Alphabetisierungsprogramme, die sich aus dem Recht auf Bildung legitimierten, in Wahrheit aber einheimische Erziehungsbräuche und Initiationsriten zerstörten.« (Christadler 1983, 191).

Identitäre Bewegung als »Astroturfing«

Die Ideologen der »Neuen Rechten« in Frankreich waren davon überzeugt, dass die Rechte nur dann die Macht übernehmen könne, wenn sie es durch ihre Beiträge schafften, vorab einen gesellschaftlichen Wertewandel durchzusetzen. Das nannten sie hochtönend Metapolitik oder kulturelle Hegemonie und bezogen sich dabei auf den italienischen antifaschistischen Autor Antonio Gramcsi.

Anfang der Nullerjahre traten unter dem Label »Bloc identitaire« militant agierende muslim- und flüchtlingsfeindliche Gruppen auf. Sie inspirierten in rechten Milieus Ende 2012 in Deutschland und Österreich die Gründung der »Identitären Bewegung«. In Deutschland spielte dabei der Verleger Götz Kubitschek die Schlüsselrolle, der seit 2015 auch die völkisch-autoritär ausgerichtete Radikalisierung der AfD maßgeblich prägt, ohne selbst Parteimitglied zu sein »Ich selber ordne mich der volkskonservativen Richtung zu, aber mit starken Anteilen – auch stärker werdenden Anteilen im nationalrevolutionären Bereich, weil ich der Auflösung und Zerstörung unseres Landes nicht mehr zusehen möchte«, erklärte er mir im Sommer 2016. »Ich glaube nicht, dass das mit simplen Reformen wieder gerichtet werden kann, sondern wir brauchen einen echten geistigen Aufstand. Und das ganze eben immer unter dem Gesichtspunkt einer identitären Prägung.«

Kubitschek riet den Aktivisten der »Identitären Bewegung Deutschland«, Abstand von Kreisen zu halten, die er das »verbrannte altrechte Milieu« nannte. Stattdessen gab er ihnen die Aufgabe, eine langfristige politisch-philosophische Vorarbeit für eine radikale gesellschaftliche und politische Veränderung zu leisten. Aber er verheizte seine Jungs für etwas anderes – sie hatten vor allem Propagandaarbeit zu leisten und bei jeder Gelegenheit die rechts-radikale Verschwörungslegende vom »Großen Austausch« zu verbreiten. Kreiert hat sie der französische Schriftsteller Renaud Camus. Er phantasierte in seiner Hetzschrift davon, dass »globalistische Eliten« mit Plan kulturfremde Einwanderer nach Europa holten, um die Identität der Völker in Europa zu zerstören.

Die »lautstärkeren Anwälte« dieses Projekts sind für Camus Juden. Sie wollten den »Großen Austausch« vor allem aus dem Wunsch heraus, »nicht die einzige Minderheit unter autochthonen Christen oder Nachfahren von Christen auf nationalem Boden zu sein« (Camus 2017, 62).

Die deutsche Übersetzung hatte Götz Kubitschek in seinem Verlag Antaios herausgebracht. Am 15. März 2019 berief sich dann der rechtsextreme Australier Brenton Tarrant auf den »Großen Austausch«, als er in Christchurch/Neuseeland in zwei Moscheen 51 Menschen erschoss. Dann wurde öffentlich, dass Tarrant an die »Identitäre Bewegung« in Österreich Geld gespendet hatte und mit Martin Sellner, dem Chef der Truppe und Vertrauten von Götz Kubitschek, in Kontakt stand. Dem Strategen des völkisch-radikalen »Flügels« in der AfD und Nestor der Identitären in Deutschland, Götz Kubitschek, wurde die Sache zu heiß. Zum Ende des Jahres 2019 erklärte er, dass die »Identitäre Bewegung« in der jetzigen Form erledigt sei – sie müsse sich neu aufstellen. Eines hatte der Strippenzieher Götz Kubitschek allerdings erreicht: für ein paar Jahre die Marke »Identitäre Bewegung in Deutschland e.V.« als neurechte Jugendbewegung zu inszenieren, obwohl es sich dabei nur um eine kleine Gruppe – zeitweilig maximal 300 vor allem jüngere Männer – handelte. Medientheoretiker nennen das auch Astroturfing.

Die Essentials der »Neuen Rechten«

Im Kern ist die »Neue Rechte« die alte Rechte geblieben – mit landesspezifischen Variationen bei den Ressentiments. Die Essentials sind jedoch in Europa überall gleich: ihre Ablehnung der Gleichwertigkeit der Menschen (deshalb ihre Verachtung für die Demokratie, ihr Hass auf Migrant*innen, Feminist*innen, LGBTC und Menschenrechtsaktivisten*innen), die »Furcht vor der Freiheit« (Erich Fromm) und der Antisemitismus – ob offen oder verbrämt. Zum Thema Antisemitismus eine kurze Anmerkung: Zwar wird Antisemitismus in Deutschland immer wieder öffentlich verurteilt. Paradoxerweise könnte gerade diese politisch-moralische Sanktionierung dazu beitragen, dass Antisemitismus beispielsweise an Schulen verharmlost wird. Schulleitungen könnten, da sie auch im Wettbewerb um neue Schüler stehen, vermeiden wollen, öffentlich negativ aufzufallen, wenn sie Antisemitismus unter Schülern und Lehrern couragiert thematisieren und bearbeiten.

Vor diesem Hintergrund ist es – zurückhaltend formuliert – irritierend für mich zu lesen, wenn Juliane Wetzel als Mitarbeiterin des Zentrums für Antisemitismusforschung an der Technischen Universität Berlin schreibt: »Das Schimpfwort ›Du Jude‹ kann, muss aber keine antisemitische Konnotation haben. Es kann als Provokation eingesetzt werden und/oder es wird synonym zu ›Du Opfer‹ verwendet« (Wetzel 2020, 61). Ihr Institutskollege Michael Kohlstruck flankiert diese den Antisemitismus an Schulen potentiell infrage stellende Einschätzung mit Blick über einen Fall von Antisemitismus an einer Berliner Schule 2017 und andere Fälle in Berlin. »Die Empörung über den historischen Völkermord als ein bestimmtes und besonderes antisemitisches Phänomen wird für alle anderen antisemitischen Phänomene beansprucht – ohne deren jeweiligen Kontext zu berücksichtigen«. Unter dem Dach des Allgemeinbegriffs ›Antisemitismus‹ werde »damit ein unausgewiesener Objektwechsel vom Makroverbrechen des Holocaust zu Vorfällen vorgenommen, die man ohne diese Bedeutungsrahmung der leichten Kriminalität zuordnen würde« (Kohlstruck 2020, 141-42). In Köln habe ich jüdische Schüler*innen im Alter zwischen zehn und 16 Jahren über ihre antisemitischen Anfeindungen an Schulen interviewt, die ihren Eltern erst nach Wochen über ihre schlimmen Erlebnisse erzählten, die dann die Lehrer*innen und Schulleitungen informierten – und teils zu hören bekamen, dass es sich um normale Frotzeleien unter Kindern handeln könnte. Immer wieder melden jüdische Eltern ihre Kinder von Schulen nach antisemitischen Erfahrungen von einer Schule ab, weil sie befürchten, mit ihren Berichten nicht ernst genommen zu werden. Es gibt möglicherweise immer wieder Missverständnisse im Diskurs über die Ursachen und Formen von Antisemitismus – auch langjährige Experten haben vielleicht noch einiges zu lernen von den jüdischen Opfern.

In rechten Milieus geht es um etwas fundamental anderes: um die Rationalisierung für Ressentiments und Hass. Der ehemalige Verfassungsschutzpräsident Hans Georg Maaßen stand auch noch ein Jahr nach den Vorfällen in Chemnitz hinter seiner Aussage, es hätte damals keine »Hetzjagd« gegeben. Für mich spricht so ein Demagoge.

Ich habe die letzten fünfzig Jahre nichts wirklich Neues erfahren, was mir nicht schon Grace Slick über den Ozean zusang – in die ich übrigens mit vierzehn verliebt war: Streite nicht mit einem Deutschen, wenn du müde bist, singt Grace in einem meiner Lieblingssongs: »You're only pretty as you feel/ Only pretty as you feel inside.« (Der Song »Pretty as you feel« ist ebenso wie der Song »Never Argue With A German If You're Tired, Or European Song« auf der Jefferson-Airplane-LP *Bark* von 1971 erschienen).

Literaturverzeichnis

Arendt, Hannah & Dolf Sternberger. 2019. *Ich bin Dir halt ein bisschen zu revolutionär*. Hamburg: Rowohlt.

Appadurai, Arjun. 2009. *Die Geographie des Zorns*. Frankfurt a.M.: Suhrkamp.

Camus, Renaud. 2017. *Revolte gegen den großen Austausch*. Schnellroda: Verlag Antaios.

Christadler, Marieluise. 1983. »Die Nouvelle Droite in Frankreich.« In *Neokonservative und ›Neue Rechte‹*, herausgegeben von Iring Fetscher, 163-216. München: C.H. Beck.

Die Zeit. 2010. »Sarrazins Provokationen: ›Alle Juden teilen ein bestimmtes Gen‹.« *Die Zeit*, 28.08.2010.

Dobrinski, Matthias. 2020. »Hass auf das bunte Leben.« *Süddeutsche Zeitung*, 20.08.2020.

Eichberg, Henning. 1979. »Wir sind eben doch Deutsche. Gespräch mit einem deutschen Nationalrevolutionär.« *Ästhetik und Kommunikation. Linker Konservatismus?*, 36 (10).

Hammelehle, Sebastian. 2018. »Interview mit Philosoph Rüdiger Safranski‹ ... wenn man ständig die Nazikeule schwingt‹.« *Der Spiegel*, 17.03.2018.

Herbert, Ulrich. 1996. *Best – Biographische Studien über Radikalismus, Weltanschauung und Vernunft 1903-1989*. Bonn: Dietz Verlag.

Kohlstruck, Michael. 2020. »Zur öffentlichen Thematisierung von Antisemitismus.« In *Streitfall Antisemitismus – Anspruch auf Deutungshoheit und politische Interessen*, herausgegeben von Wolfgang Benz, 119-48. Berlin: Metropol Verlag.

Meister, Andre, Anna Biselli & Markus Reuter. 2019. »Prüffall. Wir veröffentlichen das Verfassungsschutzgutachten zur AfD.« https://netzpolitik.org/2019/wir-veroeffentlichen-das-verfassungsschutz-gutachten-zur-afd/, zuletzt abgerufen am 31.08.2021.

Serres, Michel. 2019. *Was genau war früher besser – Ein optimistischer Wutanfall*. Frankfurt a.M.: Suhrkamp.

Streeck, Wolfgang. 2021: *Zwischen Globalismus und Demokratie – Politische Öko-nomie im ausgehenden Neoliberalismus*. Frankfurt: Surkamp Verlag

Wetzel, Juliane. 2020. »Kampagnen um die Deutungshoheit über Antisemi-tismus.« In: *Streitfall Antisemitismus – Anspruch auf Deutungshoheit und politi-sche Interessen*, herausgegeben von Wolfgang Benz, 61-81. Berlin: Metropol Verlag.

Welche Öffentlichkeit?
Von PC-Diskursen zur Cancel-Culture-Debatte

Sonja Eismann

In Debatten über Diskriminierung, öffentliche Meinung und Redefreiheit geht seit einigen Jahren ein nicht mehr ganz so neues Gespenst um: Die Angst vor der *Cancel Culture*. Also jener Strategie, Personen oder Organisationen, denen diskriminierendes, mitunter auch strafrechtlich relevantes Verhalten oder in ähnlicher Weise unliebsame Äußerungen zur Last gelegt werden, öffentlichkeitswirksam, meist durch Soziale Medien, im ersten Schritt zu beschämen und ihnen dann im zweiten Schritt die Aufmerksamkeit zu entziehen. Ziele dieser Kultur der massenhaften »Absage« sind meist Personen, die in der Wahrnehmung ihrer Kritiker*innen in irgendeiner Weise Dominanz ausüben – sei es als millionenschwere Stars mit vielen Fans, als Menschen in institutionellen Machtpositionen oder als solche, die aufgrund ihrer Hautfarbe, Klasse, Religion etc. von bestimmten Privilegien Gebrauch machen können.

In den USA wurden in den letzten Jahren, wenn man den Medienberichten Glauben schenken darf u.a. bereits Stars wie Taylor Swift, Nicki Minaj, Lana del Rey, R. Kelly, Ryan Adams und Woody Allen gecancelt, in UK – aufgrund als transfeindlicher bewerteter Aussagen – JK Rowling, in Deutschland Lisa Eckhart, Dieter Nuhr oder Bernd Lucke.

Befürworter*innen dieser Form von Protest weisen darauf hin, dass es durch die niederschwellige Nutzung von Sozialen Medien nun zum ersten Mal möglich sei, dass Menschen in marginalisierten Positionen ohne langwierige Partizipationsprozesse ihre Stimme erheben und mit ihrer Kritik an Ungerechtigkeiten breit gehört werden könnten. Und vor allem dabei auch einen Einfluss auf die Wahrnehmung von Persönlichkeiten hätten, die weitaus mehr symbolisches und ökonomisches Kapital besitzen als sie selbst. Jene, die *Cancel Culture* fürchten, schreiben ihr einen totalitaristischen Zug zu, der Meinungsfreiheit unterbinde, Sprech- und Denkverbote befördere und ein moralinsaures Klima von Angst und Tugendterror schaffe. Aber Moment, klingen diese Argumente und Vorwürfe nicht seltsam vertraut?

>»Interessanterweise wird gern die Zuschreibung ›Moral‹ benutzt, wenn es darum geht, Öffentlichkeit zurückzuweisen. Der Begriff wird einerseits benutzt, um einem politischen Einwand genau diese Dimension zu nehmen, zum anderen, um den politischen Gegner als von inneren, ›moralischen‹, aber privaten Zuständen her argumentierenden zu denunzieren – als weich und feminin, moralisch im Sinne von ›einen Moralischen haben‹, weinerlich und nicht männlich-pragmatisch-politisch. [...] [S]chließlich wird Moral so ganz grundsätzlich aus der politischen Theorie und Begriffsbildung verbannt. Das konnte in gewissen Grenzen auf linke Zustimmung rechnen: Moralismus als ideologische Kontrolle zu beschreiben ist eine bekannte linke Figur, und wenn die Rechte PC-Politik nun als rigiden Moralismus denunziert, partizipiert sie daran.« (Diederichsen 1996, 17-18)

So äußert sich Diedrich Diederichsen 1996 im Vorwort seines Buches »Politische Korrekturen« zu den damaligen »Gerüchten, Zuschreibungen und Projektionen« (ebd., 15) rund um vermeintliche »Killer-Gutmenschen« (ebd., 9) einer Political-Correctness-Fraktion, die, wie Diederichsen in seinem Buch so eindringlich zeigt, erst ex negativo, durch die »Mutigen PC-Gegner« (ebd., 7), überhaupt als solche konstruiert wurde. Viele der Schlagworte und Stereotypisierungen kommen uns heute noch bekannt vor, wenn es etwa um eine vermeintliche »linke Kulturhegemonie, die von rechts immer beklagt wird«, geht oder um Feministinnen als »hysterische Täterinnen, die jeden lächelnden Mann als Anmacher verfolgen« (ebd., 10-11).

So wie damals die wenigsten Aktivist*innen, die sich für einen diskriminierungsfreien Sprachgebrauch und eine gerechtere Repräsentation von Minoritäten stark machten, sich selbst als »Political Correctness Warriors« oder ähnliches identifizierten – und erst durch die Dämonisierung des Begriffs, wenn überhaupt, einen affirmativen Umgang mit ihm fanden –, so gibt es heute wohl auch kaum eine Person, die sich »Cancel-Culture-Agent*in« auf die Fahnen schreibt. Wie auch in den PC-Debatten der 1990er Jahre wurde der umkämpfte Begriff erst mit seiner negativen Aufladung im allgemeinen Bewusstsein implementiert. Dennoch gibt es viele Stimmen, die die positiven Potentiale des Cancelns betonen. In ihrem Artikel »DRAG THEM: A brief etymology of so-called ›cancel culture‹« geht die Medienwissenschaftlerin Meredith D. Clark auf die Wurzeln dieser Form der öffentlichen Kritik in schwarzen Communitys ein – dass der Begriff selbst aus der afro-amerikanischen Kultur kommt, ist mittlerweile unhinterfragt; als Beginn werden z.B. der Chic-Song »Your Love Is Cancelled« von 1981 genannt (Clark 2020) oder paradoxerweise eine sexistische Zeile aus dem Film »New Jack City« von 1991, in der Wesley Snipes einen Gangster spielt, der sich mit den Worten »Cancel that bitch« von seiner Freundin lossagt (Romano 2020).

Anlass ihres Textes war der öffentliche Brief an das US-amerikanische Harper Magazine, »A Letter on Justice and Open Debate« (o.A.) im Juli 2020, den mehr als 150 Prominente wie Margaret Atwood, Daniel Kehlmann oder Salman Rushdie unterschrieben hatten. In diesem beklagten die Unterzeichnenden »a new set of moral attitudes and political commitments that tend to weaken our norms of open debate and toleration of differences in favor of ideological conformity«. Clark hält dagegen, dass die Praxis des »Calling Out«, also des öffentlichen Zurechtweisens, Teil queerer PoC-Online-Gemeinschaften sei (von ihr und anderen mitunter als »Black Twitter« zusammengefasst), die sie wiederum von schwarzen Frauen übernommen hätten, die damit nicht individuelle Transgressionen, sondern systemische Ungerechtigkeiten anprangern und damit vulnerable Gemeindemitglieder schützen wollten. Sie weist unter Bezug auf Habermas darauf hin, dass das westliche Konzept von »Öffentlichkeit« ein höchst elitäres sei, das für viele Individuen gar nicht zugänglich sei, die daher andere Kanäle für ihren Dissenz schaffen müssten:

> »Cancel *culture*« is situated within the Habermasean concept of the public sphere which assumes public discourse is the realm of the elites. Earlier examples of discursive accountability practices, including reading, dragging, calling out, in and even canceling, are the creations of Black counterpublics that are conspicuously absent from the American public imaginary, which holds a lofty vision of newspaper op-ed pages, radio shows, town-hall meetings, and the like as forums of debate where a multiplicity of discursive publics are equally empowered to engage in debate and the free expression of ideas. This simply isn't so.« (Clark 2020)

Diese »Gegenöffentlichkeiten«, die eben nicht selbstverständlicher Teil der Mainstream-Debattenforen sind, finden in Zeiten von Social Media erstmals auf breiter Ebene Gehör und destabilisieren so die Dominanzverhältnisse in der Uniformität des (weißen) Medienestablishments, was zu Verunsicherungen und Ängsten vor Macht- und Einflussverlust führt.

Andere Stimmen plädieren dafür, statt primär Debatten im Internet eher real existierende Exklusionsmechanismen in den Blick zu nehmen. Wer wird tatsächlich wie »gecancelled«? Oft wird darauf hingewiesen, dass es in der

menschlichen Kulturgeschichte schon immer öffentliche Beschämungsritua-
le gegeben habe – von religiösen Bestrafungen wie in Nathaniel Hawthornes
»The Scarlet Letter«, wo die Ehebrecherin ein purpurnes A für Adulteress auf
der Brust tragen muss, über die öffentliche Tonsur von Französinnen, die Beziehungen zu deutschen Soldaten hatten bis zur Kritik und Selbstkritik im
Stalinismus –, bei denen allerdings, im Gegensatz zu den heutigen Angriffen auf Berühmte, Reiche und Mächtige, meist gesellschaftlich Schwache betroffen waren. Die kanadische Social-Justice-Autorin Furqan Mohamed weist
darüber hinaus jedoch auch auf ganz konkrete Ausschlüsse hin: Wer einmal
im Gefängnis eine Strafe abgesessen habe, egal, wie schwerwiegend die Tat
war, habe in vielen Ländern Probleme, danach wieder einen Job oder auch
nur eine Wohnung zu finden. Manchen werde sogar das Wahlrecht entzogen.
Mohamed bringt stattdessen das von Abolitionist*innen befürwortete Prinzip der »retributive justice« (oft auch als »transformative justice« bekannt)
ins Spiel, das nicht auf Rache und Bestrafung aus sei, sondern sich eher auf
den Akt selbst denn auf die Person und damit auf Reparatur und Versöhnung
konzentriere (vgl. Mohamed 2020).

Doch solange *Cancel Culture*-Mechanismen und die sie begleitenden Leit-
artikel, Kommentare und Glossen nach wie vor Clicks und Aufmerksamkeit
generieren, wird es keinen Übergang von der Beschämung zur gemeinsamen Aufarbeitung, wie ihn nicht nur Mohamed und Clark, sondern zahllose
Aktivist*innen fordern, geben. Zu lohnend ist das Aufregungskarussell aus
Äußerung, Shitstorm, Rechtfertigungen, Rücktrittsforderungen, Entschuldi-
gungen, Gegenbeschuldigungen etc. für große Adhoc-Meinungsplattformen
wie Twitter oder Instagram. Anders lässt es sich nicht erklären, warum Figuren wie der Grünen-Politiker Boris Palmer mit einer absichtlich missver-
ständlichen rassistischen Zitatwiedergabe zum Ex-Fußball-Profi Dennis Ao-
go, inklusive Verwendung des N-Worts, im Mai 2021 sehenden Auges in einen
Empörungssturm lief.

Die Frage ist vielmehr, wie effektiv *Cancel Culture*, wie auch immer man
zu ihr als Strategie stehen mag, sein kann. Ein Autor der feministischen US-
Plattform Jezebel kam zum ernüchternden Schluss: gar nicht. Bzw. bewir-
ke sie sogar oft ihr Gegenteil: Dass nämlich Produkte von Artists, die nach
Meinung vieler gecancelled werden sollten, durch die große öffentliche Aufmerksamkeit noch stärker konsumiert werden. Anhand der Analyse von Mu-
sikstreams fand Rich Juzwiak 2019 heraus, dass die Skandale rund um die
Ausstrahlung der Filmdokumentationen zu Michael Jackson (»Leaving Never-
land«) und R. Kelly (»Surviving R. Kelly«) nicht dazu führten, dass das Inter-

esse an der Musik der in den Dokus als Sexualstraftätern dargestellten Künstlern sank. Im Gegenteil: Am Tag der Ausstrahlung des dritten und letzten Teils von »Surviving R. Kelly« hatten sich dessen Streams mehr als verdoppelt, von 1,9 Millionen auf 4,3 Millionen. Auch die Stream-Entwicklung von Michael Jackson zeigte deutlich nach oben. Die Vorwürfe sexuellen Missbrauchs gegenüber Ryan Adams im Februar 2019 führten zwar zu keinem Anstieg seiner Streams, jedoch brachen diese auch nicht signifikant ein – sie verringerten sich von durchschnittlich 1,5 Millionen pro Woche im Jahr 2018 auf 1,3 Millionen im Folgejahr (vgl. Juzwiak 2019).

Damit zeigt sich auch eine der Problematiken der Cancelling-Strategie: Sie hantiert zwar mit politischen und auch idealistischen Begriffen, hat aber keine Möglichkeit, das ökonomische Terrain zu verlassen. Das liegt nicht nur daran, dass »Stummschalten-Kampagnen« fast ausschließlich auf großen kommerziellen Plattformen geführt werden, die eben davon finanziell profitieren, sondern auch, dass es außer einer finanziell ausgerichteten Handlungsoption keine weitere zu geben scheint. »De-platforming works«, sagt Kelly, ein*e transmasculine*r Podcast-Host, und: »Money is power in the world that we live in« (Fishbein 2020). Und die Journalistin Jessica Best setzt Musiker*innen in der Diskussion konkret mit Waren gleich, von denen man sich lossagen könne:

> »[C]ancelling‹ in the music world looks like recognising that artists are a commodity and their success ultimately lies within the support of the people. This means not buying their music or contributing to their success financially, not following them on social media and muting playlists on platforms such as Spotify.« (Best 2019)

Doch wie die Analyse auf Jezebel gezeigt hat, wird nicht nur die Celebrity und ihr Produkt im Kapitalismus zur Ware, sondern auch die Aufmerksamkeit, die rund um sie erzeugt wird. Und die Ware Aufmerksamkeit generiert mehr Aufmerksamkeit für die anderen Waren etc. pp. Auch die Debatten rund um Äußerungen von Bühnencharakteren wie Dieter Nuhr und Lisa Eckhart haben gezeigt, dass die Empörung über deren reaktionäre bis verhetzende Aussagen über Klimaschutz oder jüdische und muslimische Menschen mitnichten dazu geführt haben, dass sie gecancelled wurden. Beide treten nach wie vor in Fernsehprogrammen der öffentlich-rechtlichen Sender auf und werden vielfach für Auftritte eingeladen. Eckharts Buch »Omama« wurde in der Folge ihrer Ausladung vom Hamburger Harbourfront Literaturfestival sogar zum Bestseller.

Die Frage, wie politische Interventionen im kapitalistischen Realismus auch politische Veränderungen bringen können, bleibt also nach wie vor offen. Denn rechtspopulistische bis -extreme Akteur*innen, die *Cancel Culture* als Zensur verdammen und dabei selbst nicht zögerlich sind, ihre Gegner*innen zum Verstummen zu bringen, werden von diesen Strategien nicht gestürzt. Doch wenn wir zurück auf Diederichsens »Politische Korrekturen« blicken, lässt sich zwar eine durchaus ermüdende Wiederkehr der immergleichen Antagonismen erkennen, aber auch Effekte. Ende 1990, so Diederichsen, wurde in »der ersten prominenten Ridikülisierung« von Sprachbestrebungen der politisch Korrekten auf dem Titelbild des New-York-Magazine als Beispiel »lächerlicher Sprachregelungen« das Wort »Native American« genannt (Diederichsen 1996, 12). Das, was das Magazin dort stattdessen sehen wollte, möchte man heute auf gar keinen Fall mehr zu Papier bringen, so geoutet als kolonial-rassistischer Terminus ist es heute. Nun mag daraus jede und jeder machen, was er oder sie möchte.

Literaturverzeichnis

Best, Jessica. 2019. »Here's What You Need To Know About The Role Of Cancel Culture In Music Right Now.« *The urban list*, 05.04.2019. https://www.theurbanlist.com/a-list/cancel-culture-music, zuletzt abgerufen am 31.08.2021.

Clark, Meredith D. 2020. »DRAG THEM: A brief etymology of so-called ›cancel culture‹.« *The Washington Post*, 02. 04. 2021. https://www.washingtonpost.com/lifestyle/cancel-culture-background-black-culture-white-grievance/2021/04/01/2e42e4fe-8b24-11eb-aff6-4f720ca2d479_story.html, zuletzt abgerufen am 31.08.2021.

Diederichsen, Diedrich. 1996. *Politische Korrekturen*. Köln: KiWi.

Fishbein, Rebecca. 2020. »What to Do When Your Favorite Artist Has Been Canceled.« *Lifehacker*, 17.08.2020. https://lifehacker.com/what-to-do-when-your-favorite-artist-has-been-canceled-1844731557, zuletzt abgerufen am 31.08.2021.

o.A. 2020. »A Letter on Justice and Open Debate«. *Harper's Magazine*, 07.07.2020. https://harpers.org/a-letter-on-justice-and-open-debate/, zuletzt abgerufen am 31.08.2021.

Juzwiak, Rich. 2019. »These Musicians Were ›Canceled,‹ But People Kept Listening.« *Jezebel*, 12.11.2019. https://jezebel.com/these-musicians-wer

e-canceled-but-people-kept-listenin-1840150589, zuletzt abgerufen am 31.08.2021.

Mohamed, Furqan. 2020. »When We Say »Cancel Culture«, What Do We Mean?« *Maggie*, 27.09.2020. https://www.maggiezine.com/article/when-we-say-cancel-culture-what-do-we-mean, zuletzt abgerufen am 31.08.2021.

Romano, Ajo. 2020. »Why we can't stop fighting about cancel culture. Is cancel culture a mob mentality, or a long overdue way of speaking truth to power?« *Vox*, 25.08.2020. https://www.vox.com/culture/2019/12/30/20879720/what-is-cancel-culture-explained-history-debate, zuletzt abgerufen am 31.08.2021.

Amerikanische Nachtmeerfahrten
Eine kulturelle Erkenntnisreise
durch die Seelenlandschaft der Vereinigten Staaten

André Leipold

Imagination und Konstruktion

> »It's called the American Dream be-
> cause you have to be asleep to believe
> it.«
> *(George Carlin)*

Als der 2008 verstorbene, über Jahrzehnte hinweg einflussreiche US-
Comedian George Carlin sein vorletztes Stand-Up-Programm mit dem
vorangegangenen Satz enden ließ, ging es ihm um die schocklustige Ver-
treibung der hartnäckigsten aller Mythen, welche in den Seelen seiner
Zeitgenoss*innen noch immer ihr Unwesen trieben: Den *American Dream*,
wonach jede Person in *God's Own Country* aufsteigen und ihr jeweiliges Glück
finden könne, wollte er als eine generationsübergreifende Illusion entlarven,
implantiert von einem schon immer herrschenden Club der Reichen, um die
tatsächlichen Machtverhältnisse im Land zu verschleiern. Zu diesem Zweck
sei es auch immer schon deren althergebrachtes Interesse gewesen, eine gut
informierte Bürgerschaft zu verunmöglichen.

> »They don't give a fuck about you«, blaffte dieser inkarnierte Archetypus des
> politisch inkorrekten Sozialkritikers ins Publikum, »they don't care about
> you at all. And nobody seems to notice, nobody seems to care. That's what
> the owners count on — because the owners of this country know the truth:
> It's called the American Dream because you have to be asleep to believe it.«

In dieser popkulturellen Anekdote steckt aus meiner heutigen – digital ermöglichten – Sicht auf die Vereinigten Staaten so viel mehr Verdichtung und Prophezeiung als es die humoristische Perle eines legendären Vertreters der uramerikanischen Unterhaltungsprofession des Stand-Up-Comedians vermuten lässt. Carlins eigene Absichten zielten wohl ebenfalls nicht unbedingt in die geistigen Richtungen, in die es mich hier verschlägt. Er ist in diesem Fall nur Teil einer Momentaufnahme. Eine dünne Scheibe Kulturgeschichte, die ich auch aus vielen anderen Quellen im chaotischen Medienarchiv des Netzes hätte herausschneiden können.

Da ist zum einen das fast schon traditionelle Metier des Stand-Up-Comedians, welches in den folgenden Jahren durch Internet und Streamingdienste immer mehr Relevanz erhalten und an der Schnittstelle zwischen Unterhaltung, Politik, Poesie und Philosophie den Boden für die Früchte des amerikanischen und westlichen Kulturbetriebs von heute und morgen bereiten sollte. Zum anderen ist hier exemplarisch die Rede von amerikanischen Mythen und Archetypen, von kollektiven Träumen, die sich durch die relativ kurze Geschichte der USA trugen – und im Schicksalsjahr 2020 an einem Punkt der Transformation ankommen sollten. Außerdem geht es unterschwellig noch um Unterdrücker*innen, Unterdrückte, Demokratie, verschleierte Interessen, Manipulation und Information.

Somit sind die wichtigsten Stationen benannt, um eine kleine Erkenntnisreise durch die amerikanische Seelenlandschaft zu unternehmen. Es ist eine ziemlich holprige Fahrt durch kulturelles Unterholz, und sie führt nur mit Hilfe emsigster Imagination und Konstruktion an einen ideellen Ort der Klarheit – von dem aus ich mir dann ein paar prophetische Anmerkungen erlauben möchte. Meine Arbeit im *Zentrum für Politische Schönheit* ist hierfür unter anderem deswegen von Bedeutung, als dass auch unsere spezielle Form politischer Aktionskunst aus der Sprengung und freimütigen Neuerrichtung von Grenzen zwischen Kategorien und Disziplinen entsteht. Zusätzlich ist mir auch der Versuch der Mustererkennung anhand einer aus massenkulturellen Erscheinungen und Phänomenen zusammengesetzten Karte kollektiver Traumlandschaften nicht ganz fremd – obwohl es sich hier um eine sonderbar metaphysische Tätigkeit zu handeln scheint, die nur auf einem äußerst brüchigen wissenschaftlichen Fundament fußt. Das aber ist nur teilweise richtig.

Licht und Schatten

Gesellschaftliche, politische, kulturelle und mediale Prozesse laufen in den USA seit letztem Jahr mit krisenhaften Phänomenen internationaler wie nationaler Natur zusammen; woraus sich ein Konglomerat zusammenballte, von dem gleichzeitig mehrere Druckwellen kreisförmig ausgingen und immer noch ausgehen. In unterschiedlichen Gesellschaftsbereichen wurden parallel Verdichtungen und Transformationen ausgelöst, deren Wirkmächte schon jetzt – sowohl im Einzelnen als auch in Kombination – Geschichte schreiben. Die politische Polarisierung, die in den letzten vier Jahren einen kollektiv-psychotischen Charakter angenommen hat, kollidiert nun mit teils neuartigen kulturellen, medialen und politischen Dynamiken. Daraus entstehen Licht und Schatten, in hoher Frequenz, ein irrsinniges Flackern der Massen. Die Corona-Pandemie und ihre mannigfaltigen Auswirkungen, höhere Todeszahlen als in den beiden Weltkriegen und Vietnam zusammen, der Mord an George Floyd und die hieraus erstarkten Protestbewegungen, der Klimawandel, das Voranschreiten der nicht nur politischen Polarisierung, das korruptignorante und gewaltbereite Manövrieren der Trump-Regierung am autokratischen Abgrund – dies sind nur die augenfälligsten Umwälzungen der letzten Monate.

Die Vereinigten Staaten bewiesen sich in dieser Zeit auch als Produzent von Nachrichtenbildern, die sich zu mehrdeutigen Ikonen verdichteten. Im Sinne der Ereignisse handelte es sich hier meist um Albtraumbilder, deren Drastik dadurch erhöht wird, dass sie sich zu Bildern und Erzählungen gesellen, die mehr oder weniger aus Fiktion bestehen und in ihrer automatischen Funktion des Weitertreibens amerikanischer Mythen einen nebulösen Wohlfühlcharakter besitzen. Die neuen Ikonen aber schlagen mit atemberaubender Härte ein. Wenig überraschend kommt mir das Bild des Polizisten Derek Chauvin in den Sinn, der auf dem Genick des erstickenden George Floyd kniet. Nicht ganz so zwangsläufig erscheint mir immer wieder eines der ersten Bilder Joe Bidens mit schwarzer Schutzmaske. Als ich dies zum ersten Mal sah, assoziierte ich es augenblicklich mit Malereien von Francis Bacon. Die schwarze Schutzmaske reiste als grotesk aufgerissener Kiefer und stummer Schrei in meine Traumwelt ein.

Die Frage, welche dieser potentiellen Ikonen in ein kollektives Unterbewusstsein des Westens eingingen oder eingehen werden und welche sich nur in meiner individuellen Unterwelt wiederfinden, ist in etwa genauso wichtig wie ihre Beantwortung schwierig ist.

Das engagierte Individuum bekommt nur schwer seinen Kopf ums Große und Ganze und nur selten war die philosophische Urerkenntnis, nach der dieses chaotische und vibrierende Ganze mehr sei als die Summe seiner Teile, unmittelbarer und konkreter zu bezeugen. Die mentale und intellektuelle Herausforderung, hieraus eine konsistente Erzählung zu generieren, grenzt ans Unmögliche. Doch den Glücklichen winken viele neue Erkenntnisse bei dieser Pionierarbeit.

Die Rückschau vom jetzigen Zeitpunkt im Frühling 2021 ins letzte Jahr wirkt fast unwirklich – und dass, obwohl ich diese Zeit nur aus der Ferne verfolgte. Allerdings ist die Bandbreite aus hierfür zur Verfügung stehenden Informationsquellen mit keiner Situation aus der Vergangenheit zu vergleichen. Die globalen Informationswege ermöglichen eine Teilhabe am Geschehen, die keinem historischen Vergleich standhält.

Die neue Administration unter Joe Biden sowie verschiedene Akteure aus Politik, Kultur und Medien konnten aus den Turbulenzen des vergangenen Jahres jedenfalls schon transformative Schlüsse und Konsequenzen ziehen, die von tiefschürfenden Analysen zeugen. Dennoch bleibt unweigerlich kulturrevolutionäres Rohmaterial liegen und harrt seiner Entdeckung.

Die Zauberer von Oz

Die fiebrige Intensität der Druckwellen von der anderen Atlantikseite ist für mich fast körperlich spürbar. Obwohl sie nur aus dem digitalen Rauschen herausimaginiert zu sein schien, spürte ich seit Beginn letzten Jahres eine Berührung, die nicht allein dadurch zu erklären ist, dass ich in meiner Jugend viel Zeit in den USA verbrachte. Die Mythen-Maschinerie der amerikanischen Popkultur hat schon vorher eine tiefe Prägung bei bzw. in mir hinterlassen. Klassischer Weise und wie bei vielen anderen Menschen vor mir, belieferte Hollywood meinen inneren Sehnsuchtsort regelmäßig mit neuen Bildern und Geschichten. So wurde auch ich zu einem höchstens halbbewussten Mitglied einer unbestimmten Gemeinschaft von Heldenreisenden. Erst viel später wurde mir klar, dass ich nicht nur eine im Unterbewusstsein wirkende Welt aus Archetypen und Mythen bewohnte, sondern diese auch mit vielen Brüdern und Schwestern teilte. Weitere, zahllose Produkte der Massenkultur speisten sich in diese innere Welt ein – aus Funk, Fernsehen, Bild- und Tonträgern; später aus Streamingdiensten und Internet.

Die Wirkmacht der aktuellen, sich überlagernden Ereignisse und Prozesse scheint sich vor allem dann zu bestätigen, wenn sie den retrospektiven Blick auf die uramerikanische Historie des dramatischen Storytellings einfärbt. Die weit aufgerissenen, staunenden Augen der Figuren aus Spielberg-Filmen werden ihrer Unschuld beraubt, wenn sie uns zu den filmischen Wundern locken wollen. Aus ihnen scheint nicht mehr kindliche Naivität, sondern dümmliche Ignoranz zu sprechen. Die Figur des Lieutenants John Dunbar in *Der mit dem Wolf tanzt* führt uns nicht mehr in eine romantische Geschichte der Begegnung zweier Kulturen, sondern in ein Kartenhaus aus Lügen, das mittlerweile eingestürzt ist. Und so weiter und so fort.

Solche und andere Rückschauen verwandeln die gut schnurrende Traumproduktion in eine einzige, selbstreferentielle Schleife, als ob die Vereinigten Staaten immer wieder an die selben, ungelösten Knoten zurückkehren musste. 2020 hat zwar noch nicht die Knoten gelöst, aber die Stränge wurden freigelegt.

Die Demontage der Mythen geht indes weiter. Es ist noch nicht absehbar, wohin genau diese Entwicklung führt, ob sie irgendwann wieder zurück auf Anfang springt oder eben zu gänzlich neuen Ufern aufbricht. Bis auf Weiteres ist die dramatische Fiktion erstmal der Auseinandersetzungen mit der real existierenden Gegenwart untergeordnet. Die vormals überlebensgroßen Stars und Sternchen schalten sich ungeschminkt über Zoom ein – als auf Normalmaß geschrumpfte Bürger*innen, deren Ängste und Ungewissheiten die wohlige Illusion amerikanischer Selbstsicherheit, moralischer Klarheit und optimistischer Zukunftssicht abgelöst haben. Die durch die Pandemie aufgedeckten, unterschwellig aufgestauten Gewaltpotentiale innerhalb der US-Gesellschaft kommen schonungslos zum Vorschein und kratzen permanent an einem Nationalstolz, der nur noch innerhalb der jeweils bewohnten Echokammern Bestand zu haben scheint. Dies beschreibt eine Art Trauma in kollektiven Wahrnehmungssphären, ein Gefühl, das amerikatypisch und auffallend häufig mit der Szene aus dem Fantasy-Klassiker *Der Zauberer von Oz* verglichen wird, in der sich jenes allmächtige Magiewesen als gewöhnlicher, älterer Mann entpuppt, der hinter einem Vorhang die Illusion der Überlebensgröße aufrecht zu halten versucht.

Es ist also nicht die Zeit dramatischer Verfremdung, sondern die der realitätsnahen Nachrichten, Analysen und Debatten – deren tiefschürfendsten Momente zum Teil in der noch jungen Welt der Podcasts zu erleben sind.

Während die politische Berichterstattung der großen Fernsehkanäle häufig den kindischen Gesetzen des Tribalismus' unterliegt und *Fox News* sich komplett der konstruierten Wahrheit ihrer verirrten Klientel verschrieben hat, gibt es nur noch sehr wenige Foren eines gesamtgesellschaftlichen Diskurses. Im Gegensatz etwa zur deutschen finden in der amerikanischen Öffentlichkeit nur sehr selten moderierte Auseinandersetzungen zwischen Republikanern und Demokraten statt.

Deutlich mehr Inspiration und Innovation tummeln sich hingegen an den Grenzen zwischen Politik und Unterhaltung. Während die Stand-Up-Comedy sich aufgrund fehlender Veranstaltungen noch in der Paralyse befindet, konnten die Late-Night-Formate von Seth Meyers, Stephen Colbert, Jimmy Fallon und anderen gemeinsamen mit den verwanden Infotainment-Formaten von John Oliver, Bill Maher & Co an Relevanz gewinnen. Es sind also die neuartigen und/oder angestammte Kategorien sprengenden Formate, die sich mit der schnell verändernden gesellschaftlichen (Selbst-)Wahrnehmung bewegen und versuchen, Brücken zwischen immer hermetischer werdenden Realitätsblasen zu bauen.

Trampelpfade der Wahrheit

Was aber liegt unter den verschiedenen Realitäten? Sind die gemeinsamen Wahrheiten über das Wesen der Menschheit – zumindest in ihrer US-amerikanischen Ausprägung – in einem kollektiven Unterbewusstsein zu entdecken?

Leider ist es nicht so einfach, die gemeinsame Wahrheit liegt irgendwo zwischen den breitesten Trampelpfaden der nationalen Ideengeschichte. Zwischen den daraus hervorgegangenen Vorstellungswelten verschiedener Gesellschaftsgruppen muss sie wieder neu ausgehandelt werden. Der Weg zur neu gefundenen Gemeinschaft in der kollektiven Seelenlandschaft ist also noch lang. Oder es gibt ihn überhaupt nicht. Dann hieße es: »Der Weg ist das Ziel, aber das Ziel ist im Weg.« Jedenfalls sind wir noch nicht dort angekommen.

Zwar gibt es hierzu noch lange keine belastbare Empirie, da wir mitten in einem historischen Moment, also einem Transformationsprozess stecken. Dennoch lässt eine gewisse Mustererkennung den Schluss zu, dass die Popkulturschaffenden nicht nur durch Pandemiemaßnahmen blockiert, sondern obendrein von der Gravität und gleichsam biblischen Konsequenz der sozialen Ereignisse paralysiert wurden. Für den Moment. Das in uns allen schlummernde, legendäre Böse hat für ein paar Augenblicke seine real existierende

Gestalt gezeigt. Wir sind noch dabei, sie zu beschreiben. Die zeitgenössischen Mythengesänge können an diesem Punkt allerdings nicht einfach neu verwurstet werden. Es braucht eben einen neuen, kreativen Eingriff. Und hierfür braucht es wiederum neue Formen und Mittel.

Es sind epische Zeiten, denn die Möglichkeiten sind genauso vorhanden, wie die Gefahren. Wir wandeln am Abgrund entlang. Die redundanten, zunehmend spastischen Abfolgen immer gleicher öffentlicher Kulturkämpfe reduzieren sich auf Reiz-Reaktions-Mechanismen ohne gesellschaftlichen Nutzen – abgesehen von Befriedigungen relativ kurzfristiger, wirtschaftlicher und politischer Interessen.

Die Situation ruft also nach dringend nötigem, kommunikativem Fortschritt. Denn ich glaube, dass wir es mit einer schicksalhaften Phase der gesamten westlichen Zivilisation zu tun haben. Die USA spielen hierbei nur die machtvollste Rolle, in ihr spiegeln sich Phänomene und Prozesse des ganzen Westens – manchmal als Konzentrat, immer wieder auch als blutige Farce.

Manches muss und wird neu geträumt werden. Und ich möchte hier laut mitträumen – nicht nur, weil ich glaube, dass deutsche Kultureinheiten etwas beizutragen hätten.

Die noch nicht gänzlich fassbare Herausforderung besteht weniger darin, den Amis eine deutsche Blaupause zur Vergangenheitsbewältigung einzuverleiben. Das Problem ist weit übergeordneter.

In aller notwendigen Grobheit betrachtet, handelt es sich um die verlorene Vermittlung zwischen zwei Weltvorstellungen: Dem Rationalismus der Aufklärung und dem darwinistisch-biologistischen Modell, welches zivilisatorischen Fortschritt eher als vergeblichen Irrweg betrachtet, der nur Lebensenergie verschwendet und letztendlich von fest verankerten Traditionen und Hierarchien im Sinne natürlicher Determinanten überfahren wird.

Wir müssen uns noch ein wenig mehr philosophischen Lehren zuwenden, um diese interdisziplinäre Erkenntnisreise nutzbringend weiterzuführen.

Vernunft und Spiritualität

Die Entdeckung neuartiger kultureller und medialer Pfade, die sich durch die amerikanische Massenrezeption winden, kann die Lücken markieren, die sich in den neuen amerikanischen Landschaften zwischen Sendern und Empfängern aufgetan haben und nach kulturellen Disziplinen zu schreien scheinen, die in den USA – wenn überhaupt – kaum etabliert sind. So wäre die Einführung politischer Aktionskunst nach dem Vorbild des *Zentrums für Politische Schönheit* sicherlich ein wertvoller Beitrag. Jedoch käme eine solche Intervention in meinen Augen erst dann in Frage, wenn die beschriebene Vermittlung zwischen den auseinanderdriftenden Vorstellungswelten schon gefunden wurde. Ein schlichter Übertrag würde viel zu kurz springen.

Arthur Schopenhauer begann, die idealistische Philosophie Kants mit buddhistischen und hinduistischen Konzepten der Wahrnehmung und Realität zu verbinden. Seine pessimistische Sicht auf die Natur des Menschen als evolutionärer Fehler, die vor allem Leid erzeugt und verkörpert und dessen Bedürfnisse nie gestillt werden können, führte ihn zu einem Schluss: Die Vernunft muss mit der Spiritualität versöhnt werden. Schopenhauer schlug die Kunst (und Askese) vor, um den Abgrund zuzuschütten, der jedem Menschen innewohne. So solle der zerstörerische Wille des Menschen gebändigt werden. Über die Kreation, also auch über die Fiktion.

Die Kunst sollte also da Klarheit schaffen, wo der Blick auf die wahren Kerne des Menschseins nicht durch selbsttäuschende Konstruktionen verstellt wird. So bekommt die Kunst eine philosophische Wirkmacht.

Die Popkultur kann in diesem Kontext als Sphäre verstanden werden, in der künstlerische Intuition auf kollektive Träume trifft und massenhaft wahrnehmbare Manifestationen dieser Begegnungen produziert.

Tragischerweise ging durch Corona ausgerechnet mit der Freilegung der neuralgischen Punkte auch die Sperrung der physischen Kommunikations- und Erlebnisräume sowie der öffentlichen Begegnungsorte einher. Die Befriedigung der Bedürfnisse nach Spektakel und Gemeinschaftserfahrung wurde vorläufig verunmöglicht.

Im Umkehrschluss ist die Gleichzeitigkeit individuell erlebter Vereinsamung jedoch auch wieder eine – virtuell vermittelte – Gemeinschaftserfahrung. Wenn man will, kann man auch von einer metaphysischen Gemeinschaftserfahrung sprechen, deren unterbewusste Anteile nur in Bruchteilen ausgelotet sind. Wer oder was sollte dies denn auch bewerkstelligen?

Nachtmeerfahrt und Heldenreise

Auch die Suche nach den passenden Werkzeugen für die immer akuter werdende Erfahrung kommunikativer Fragmentierung vollzieht sich bei mir auf dialektische Weise. Es gilt, eine Synthese aus wissenschaftlichen und künstlerischen Zugängen zu finden. Überraschender Weise ist diese Synthese schon vor Jahrzehnten geschehen; auch wenn sie sich natürlich noch nicht auf die aktuelle Problematik bezog. Es handelt sich hierbei um die Psychoanalyse Carl Gustav Jungs. Hier wurde sich sogar schon mit konkreter Methodik in die Sphäre des kollektiv Unbewussten begeben.

Jung begriff die Reise nach innen, das Aufdecken verdrängter, aber wirkender Ängste, die Konfrontation mit persönlichen Schwächen oder das Wissen um die eigenen Schatten als eigentliche Heldenreise jedes Menschen. Auch wenn er sich ausgiebig mit der Kollektivierung jener Annahme beschäftigte und in zahllosen Studien zu verblüffenden Entdeckungen kam, machte er doch bis zu seinem Ende auf den unhaltbaren Umstand aufmerksam, dass das gesammelte Wissen über gemeinschaftliche, seelische Innenräume noch viel zu dünn sei. Das Wissen um diese psychologischen Wirkkräfte erscheint gegenwärtig aber akut relevant; und steht doch immer noch am Anfang. Zwar hat sich die Sozialpsychologie deutlich weiterentwickelt, doch seriöse und sichere Quellen, die aus dem aktuellen Stand kollektiver Traumwelten berichten, sind noch immer nicht auffindbar.

Nach Datenlage können wir uns vorerst nur an kulturellen Phänomenen entlanghangeln. Für den gewinnbringenden Abgleich individueller Analyse-Sitzungen ist das vorhandene Material immer noch viel zu dünn.

Jedoch haben wir auch die historischen Beispiele von Personen aus Kunst und Wissenschaft zur Verfügung, die über Einfühlung und/oder Mustererkennung konkrete Vorahnungen produzierten, welche sich bewahrheiten sollten. Friedrich Nietzsche sagte in der Mitte des 19. Jahrhunderts für das nächste voraus, dass der Kommunismus Millionen Opfer zeitigen würde. Und Jung las aus den Träumen seiner Probanden die kommende, faschistische Machtergreifung heraus.

Wir wissen um die Mythen und Archetypen, die sich durch unsere Unterwelten ranken. Es wäre jedoch sträflich unterkomplex, wenn man die inneren Heldenreisen der Gegenwart nur als weitere Inkarnationen ihrer Vorgängererzählungen betrachten würde, geschweige denn die Einflüsse auf das kollektive Unterbewusstsein ausschließlich aus jener Quelle der Urbilder kommen sähe. Es gibt auch in der Realität stattfindende, zusammen mit anderen Menschen erlebte Abenteuer, deren Essenz zum Ursprung neuer, geteilter Träume werden kann. Obendrein gingen und gehen die meisten Mythen durch die gestalterischen Eingriffe von schöpferischen Subjekten. Brauchen wir also eine weiterentwickelte Psychologie, um moralischen und zivilisatorischen Fortschritt zu generieren?

Über allem liegt eine innere Erzählerstimme. Manchmal klingt sie wie die eigene, manchmal scheint sie einer oder mehreren anderen Personen zu gehören.

Aus Schemen werden konkretere Bilder, sobald man sie in den Kontext ältester Menschheitserzählungen stellt. Solche Erzählungen können auch in Form komplexer Konzepte auftauchen. Die Politik kann etwa als ewiger Gesellschaftstanz um eine Ambivalenz erzählt werden, die von Beginn an in unserer Mitte wirkt. Einerseits die zivilisatorische Notwendigkeit einer auf Kompetenz bauenden Hierarchie, welche bestimmte Grundwerte absichert. Hier haben wir es mit der konservativen Grundströmung zu tun. Andererseits wäre da die humanistische Erkenntnis, wonach jede Hierarchie unvermeidlich Ungleichheit erzeugt. So grob, so gut.

Ich könnte hier noch lange all die Dualitäten aufzählen, die sowohl im Individuum als auch in der Gesellschaft unteilbar und unaufhaltsam vor sich hinwirken. Ob Menschsein in sich schon eine dialektische Disposition darstellt oder ob mein philosophischer Ansatz die Welt nur zwanghaft dialektisch interpretiert, soll hier aus Zeitgründen einfach mal offenbleiben.

Jedenfalls stellen sich mir die Geschehnisse und verschränkten Prozesse in den USA als atemberaubende Abfolge von Licht und Schatten dar, die zu einem permanenten Flackern wird, kaum mehr abschaltbar, aufrechterhalten durch Kraft und Gegenkraft, gefangen in permanenter Wiederholung ewig-gleicher Konflikte – ohne dialektische Auflösung in einer Synthese. Ein Art Perpetuum Mobile gesellschaftlicher Stasis.

Auch wenn das gegenwärtige Kapitel in der amerikanischen Erzählung noch weit vom vorläufigen Ende entfernt ist, so besteht doch gut begründete Hoffnung, dass die aus dieser Verhakelung unaufgelösten Großkonflikte einiges an Nutzwert für den zivilisatorischen Fortschritt des gesamten Westens herausspringt. Amerikas kollektive Heldenreise lässt sich ohne besondere Verrenkungen des Geistes auf eine persönliche Nachtmeerfahrt im Sinne Jungs herunterbrechen: Konfrontiere deine Schatten, stelle dich deinen Ängsten und du wirst Fortschritt machen.

Wie könnte dieser wohl aussehen? Wenn dieser sich an den Methoden und Werkzeugen festmacht, die einer wirklich kommunizierenden, sozialpsychologisch geschulten Gesellschaft zur Verfügung stünden, dann hätte man es wohl mit diesen oder ähnlichen neuartigen Entwicklungen zu tun:

a) Neben Therapie, Meditation und spiritueller Betätigung würde die ge-
   konnte und gezielte Einnahme psychoaktiver Substanzen eine selbstver-
   ständlichere Rolle einnehmen.

b) Die klassischen Kategorien innerhalb und zwischen Kunst, Politik und
   Wissenschaft würden sich weiter aufweichen.

c) Neuartige kulturelle Phänomene an interdisziplinären Schnittstellen würden schrittweise die bisherigen Institutionen gesellschaftlicher Kommunikation und Rückbestätigung ablösen.

Mit einem Bein in der beschränkten Realität, mit dem anderen in der Utopie.
An dieser Stelle befindet man sich, will man denn proaktiv auf die begründe-
ten Vorahnungen reagieren. Eine Kunstform wie die des *Zentrums für Politische
Schönheit* könnte hierfür Simulationen in die Welt setzen, um den Stein anzustoßen. Jedoch müsste sich vorher der Pioniergeist anderer Gesellschafts-
akteure ausleben – um den nötigen Resonanzraum für gemeinsame Heldenreisen der neuen Art zu schaffen.

Es bleibt spannend und vielversprechend, denn:

In den besten Momenten begaben sich unsere vergangenen Aktionen
in eine Art überzeitliche Korrespondenz, als übergeordnete, kategorie-,
disziplin- und mentalitätsübergreifende Unternehmung. Sie richteten sich
von vorneherein an eine etwas andere, ideell und spirituell erweiterte Öffentlichkeit aus Toten, Lebenden und Noch-Nichtgeborenen. Aus historischer
Recherche, poetischer Zeichensetzung und -lesung der Gegenwart sowie
politischer Handlungsgenerierung in die Zukunft hinein entstand so ein syn-
ergetisches Stoffgemisch, das erwiesenermaßen und immer wieder seiner
jeweiligen Zeit voraus war. Die Dichte der Elemente und die Kombinato-
rik ließen etwas Besonderes entstehen: keine Magie, sondern Gravitation.
Manche Momente könnten im Nachhinein als manifestierte Prophezeiungen
benannt werden – mal dunkle, mal helle.

Hoffnungsvoll malen wir uns aus, wie sie sich in 50 Jahren wohl darstellen werden. Wir wissen es nicht. Wir sind uns aber ziemlich sicher, dass wir
einen Mehrwert geschaffen haben, auf dem wir weiter aufbauen wollen: Jemand spricht mit einer möglichen Zukunft, in der technischer Fortschritt von
moralischem und geistigem Fortschritt eingeholt wird. Eine Zukunft, in der
Menschenfeinde sehr einsam und abgeschnitten sind. Zeichen und Wunder
geschehen nicht, sie werden gemacht.

I warmly smile (or breathe) under this mask

Bianca Hauda

Die Silhouette einer aschblonden Surfermatte, vermutlich blaue Augen, den Dreitagebart hat man ein wenig gesehen – am Rande der Maske. Die eigene Vorstellungskraft meldet: so muss er wohl aussehen. Lambert, die klavierspielende Antilope aus Berlin, ein wahrscheinlich hübscher Typ – zumindest in meinem Kopf. Seine Musik klingt verträumt, melodisch und weich. Sie passe nicht zu seinem Gesicht, hat Lambert selber mal gesagt, und es wäre wahnsinnig langweilig, wer hinter der Maske steckt. Oft wurde spekuliert, es wäre Jaques Palminger. Der wiederum wäre etwas älter als der Lambert, den ich mir vorstelle, aber überhaupt nicht langweilig. In unser Tierreich getreten ist die Antilope 2014 mit ihrem Album Re-Works, gemischt und gemastert vom Löwen der Szene, von Nils Frahm. Natürlich gab es den verdienten Erfolg und eben eine Menge Gespräche mit nicht maskierten Musikjournalist*innen wie mir. Lambert und ich haben uns zur c/o pop 2015 getroffen. Wir haben damals für meine EINSFESTIVAL-Sendung EINSWEITERgefragt mit ihm gedreht. Er und ich im Foyer vorm kleinen Sendesaal im WDR-Funkhaus. Es ging ums Übliche, darunter auch das Mysterium Maske. Detailliert erinnern konnte ich mich mehr ganz und habe mir deshalb das Interview nochmal angesehen. Ich wollte wissen, wie es sich als Zuschauer anfühlt, wenn man jemanden beobachtet, der ein Interview mit einem maskierten Musiker führt. Ebenfalls wollte ich mich selbst beim Führen des Gesprächs beobachten und rekapitulieren, wie es sich für mich angefühlt haben muss, einem Kopf ohne Mimik gegenüberzusitzen, einem sardischen Schutzschild. Völlig ungewohnt. Man versucht zu lesen, jede kleine Bewegung. Ich habe mich dabei beobachtet, beim Beobachten. Ich habe versucht, die Augenlöcher Lamberts Maske ganz genau zu inspizieren, probiert, um die Ecke zu gucken, das Dunkle mit einem Lichteinfall zu füllen. Wo hört die Augenbraue auf? Welche Nase und welcher Mund könnten passen? Und so habe ich mir während des Interviews meinen ganz persönlichen Lambert gebaut, eben als wäre er Protagonist eines Romans, den man sich selbst erschaffen darf.

Was will er mit seiner Maske, dem Gesicht aus Leder mit den Hörnern, beim Publikum erreichen? Ich frage, obwohl mir die Antwort schon klar war. Sich maskieren, um abzulenken. Lambert will eine Bilderwelt erschaffen, die nicht über einen Personenkult stattfindet. Antilope und Naturkulissen anstatt die eines Egos, das spiegelbildlich gehyped wird. Diese Art des Auftritts konnte er sich für die echte Person, die hinter dem Pseudonym Lambert steckt, nicht vorstellen. Die lederne Antilope und das Verstecken dahinter geben ihm Sicherheit. »Lambert kann zum Beispiel in diesem Interview hier viel eloquenter antworten, als ich es könnte«, und selbst der erscheint mir eher etwas scheu. Es wäre spannend das gleiche Interview nochmal mit ihm zu führen – mit dem norddeutschen Musiker, ohne seinen sardischen Schutzschild. Ich glaube nämlich, die Antilope auf der Maske verbirgt sich nämlich in Wirklichkeit dahinter.

Der Sog nach Anonymität, sein Gesicht zu verbergen, sich zu verfremden, sich selber die Mimik zu nehmen und eben nicht der zu sein, den die engsten Freunde kennen, zieht sich durch alle Genres der Musikwelt. Das landesweit bekannteste Versteck fürs eigene Gesicht befindet sich hinter einer Pandamaske aus Plastik. Es ist DAS bestgehütete, zumindest visuelle, Geheimnis der deutschen Musikszene: Das Gesicht von Carlo Waibel, den die meisten von uns als Cro kennen. Mit seiner Maskierung war er zwei Jahre früher dran als Lambert. Beide mit der gleichen Idee. Der Wunsch, die Aufmerksamkeit auf die Musik, statt auf die eigene Person zu lenken. 2012 kam sein Debut »Raop« raus – Rap und Popmusik, das macht er bis heute. Die Pandamaske war von Beginn an sein Markenzeichen und Verbündeter. Und eigentlich hat er durch den Panda nur sein schon existierendes Pseudonym sichtbar gemacht. Denn auch vor Cro war Cro schon Cro, beziehungsweise hat er sich da noch Lyrıc genannt. Als dieser hat er nämlich auf der Internetplattform Reimliga Battle Arena seine ersten Mixtapes veröffentlicht. Die Persona Lyrıc hat er dann gegen Cro getauscht und die schwarz-weiße Panda-Maske später dann gegen den ausschließlich weißen Panda. Kurz nach dem Wechsel der Masken 2017 und zum neuen Album »tru.« habe ich mit ihm gesprochen. Ich habe das Foto rausgekramt.

Eine Stahltreppe im Globe Theater in Neuss, schummriges Licht, links im Bild Cro, selbstbewusst hockend mit Maske und grauer Hoodie-Kapuze über dem Kopf. Eine Stufe höher, rechts hinter ihm sitze ich – mit einem Blick, den ich nicht mag. Auch das machen Masken, sich auf Fotos besser fühlen, der Blick bleibt eben stets der Gleiche.

Es ist 2017, 1LIVE Oktoberfestival. Carlo Waibel und ich treffen uns in diesem Treppenhaus zum Liveinterview nach seinem Auftritt, weniger intim und ruhig als zwei Jahre zuvor mit Lambert. Es ging ums Jetzt, ums Album, ums Aktuelle, sicher ging es auch um die neue Maske. Ich habe das meiste dieses Interviews vergessen. Vielleicht weil ich kein Gesicht vor Augen hatte und nur eine Stimme im Kopf. Aber was ist schon eine nette Stimme ohne Mimik? Vielleicht eine, die man zurecht vergisst und die darüber teilweise gar nicht böse wäre, weil eben doch nur ihre Musik zählt?

Zuletzt hat Cro seine Pandamaske auf Fotos immer mal wieder gegen ein echtes Tier eingetauscht, das er sich vors Gesicht hält. Zum Beispiel gegen einen weißen Mischling. Angefangen hat er damit aber schon vor zwei Jahren. Da hat er sich mit einer echten Katze anstelle der Panda-Maske getarnt. Die Cro-Fans sind natürlich ausgerastet und haben in den Kommentaren die Glaubwürdigkeit des Fotos diskutiert. Die Katze selbst sah übrigens so aus, als hätte sie gern eine Maske getragen – zum Schutz vor Gesichtsverlust. Erschrocken und mit von der Kamera angeblitzten Laser-Augen.

Neuerdings wird spekuliert, Cro würde man zukünftig komplett ohne Maske sehen. Den weißen Panda hat er nämlich in einem Instagram-Video begraben. Oder bedeutet das die Ankündigung des Karriereendes? Hoffentlich nicht, aber es wäre ein würdiger Wechsel in die echte Welt des Carlo Waibels.

Anonymität ist eine Sache, warum man sich als Künstler*in zur Maske hingezogen fühlen kann. Die Privatperson verbergen und damit in den Köpfen der Fans Phantasie erzeugen. Sich selber unangreifbar zu machen, während man beispielsweise dicht an dicht in der Pariser Metro steht, auf dem Weg zum Tonstudio. Wie wahnsinnig befreiend muss das sein, wenn man dich nur mit Maske kennt und du niemals so richtig beim Schwarzfahren erwischt werden kannst, egal ob du Cro oder Daft Punk bist. Ohne Roboterhelm oder Plastikpanda bist du ein ganz normaler Bahnfahrer, du hast kein Ticket gekauft und wirst erwischt. Tant pis! Es kennt ja niemand dein Gesicht. Welch eine liberté! In unseren Köpfen sind Guy Manuel de Homem-Christo und Thomas Bangalter alias Daft Punk die perfekte Fusion aus R2D2, Vespa Fan Club und Robocop. Und Gestalten, die so aussehen, als wären sie eine Mischung aus Mensch und Maschine fahren eben keine U-Bahn. Logisch. Daft Punk haben sich ein zweites »Ich« fernab jeglicher Realität erschaffen und in diesem Universum können sie frei agieren. Laut Daft Punk ist es wie beim Lesen. Der

Autor: nicht wichtig, der Inhalt zählt! Fast so kitschig wie beim französischen Schriftsteller Antoine de Saint-Exupéry: »Man sieht nur mit dem Herzen gut. Das Wesentliche ist für die Augen unsichtbar.«

Es gibt Musiker*innen, die würden da so nicht zustimmen. Ich erinnere mich an ein Konzert von Marilyn Manson, das ich vor Jahren mal besuchen musste. Ich sage »musste«, weil es mir heute vorkommt wie eine Mutprobe, eine Mutprobe für eine Radioreportage. Mich hat weder Mansons Musik gekickt, noch hat mich sein Aussehen fasziniert. Ich war 22 und fand das ganze Paket Gruselkabinett eher unangenehm. Aber ich war gefangen in einer dieser Probewochen beim Radio. Also fuhr ich ins imaginäre Geisterschloss Mansons, zum Konzert in eine Location irgendwo in Frankfurt. Dort angekommen musste ich mir schnell eingestehen, dass ich mich hätte vorher unsichtbar schminken sollen. Unsichtbar meint in diesem Fall sichtbar. Sichtbar zu Marilyn Manson bekennend. Weißes Gesicht, schwarz schattierte Augen, perfekte bordeauxrot geschminkte Lippen. So nämlich geht man auf ein Marilyn Manson-Konzert. Aber echte Fans haben ja Codierungsmaterial dabei. Also war ich, die Radioreporterin mit dem Mikrofon in der Hand, nach kurzer Zeit geschminkt und somit integriert.

Bis heute habe ich über dieses Konzert nicht mehr nachgedacht, mir Manson selber auch nicht mehr bewusst angeschaut. Eben habe ich ihn gegoogelt, ihn in allen möglichen Schminkvarianten betrachtet, mit schwarzem Balken über den Augen, mit Filmblut, mit den unterschiedlichsten Kontaktlinsen und komplett ungeschminkt. Bürgerlich heißt er Brian Hugh Warner, kommt aus Ohio und ist ein nicht ganz so auffälliger Typ wie sein Alter Ego Marilyn Manson. Nach einer versoffenen Nacht in einer Bar in LA sieht Brian ohne Manson-Maskierung auf Paparazzi-Fotos eben auch ganz normal verkatert und versoffen aus wie wir.

Was hat diesen Mann aus der kleinen amerikanischen Stadt Canton dazu gebracht, sich sein ganzes Leben lang mit einer Maske zu schmücken? Sein natürliches Gesicht zu verbergen, es lange Zeit nur bestimmten Personen zugänglich zu machen? Bis heute weiß ich nicht viel über Marilyn Manson. Die Musik, die er macht, ist nicht meine und blutige Gesichter ebenso nicht. Aber was ich mir anlese, macht Sinn. Er war in seiner Jugend schon großer Fan von KISS und hat sich oft so geschminkt wie sein Vorbild und Gründungsmitglied der Band, Peter Criss. Und KISS wollten sich abgrenzen. Damals mit ihren schwarz-weiß geschminkten Gesichtern vom Großteil der Rockszene Mitte der 70er. Vielleicht war das auch die Idee von Marilyn Manson, das Herausstechen aus der Musikmasse, das Auffallen. Sich selbst als Außenseiter inszenieren und dadurch was Besonderes werden. Für eine Menge Skandale hat er immerhin über die Jahre gesorgt. Ich denke nach. Darüber, ob die Person hinter Manson, Brian Warner, auch so gehandelt hätte wie sein Alter Ego und ob er überhaupt ein rebellischer Mensch ist, ob er Blut vielleicht nicht sehen kann?! Und darüber, ob eben dieser Mann nicht auch total froh ist, komplett frei zu sein, frei von Marilyn Manson?! Vielleicht aber, andere Theorie, hat sich Brian als eben nur Brian Warner in seiner Haut nie wirklich wohl gefühlt und deshalb die Kunstfigur Marilyn Manson erschaffen. Schlaglichter und Küchenpsychologie in meinem Kopf.

KISS und Manson gibt es mittlerweile auch aus Plastik, als Masken. Das ist unsere Möglichkeit, sich im Karneval wie ein großer Künstler zu fühlen. Oder auf Konzerten. Nicht ganz man selbst sein, Rebellentum, ein ganz besonderer Moment.

Die Vielfalt der Musiker-Masken ist ähnlich groß wie die, die uns momentan vor dem Coronavirus schützen.

Seit Ende April befindet sich die Hälfte aller in Deutschland lebenden Gesichter unter Stoff, die Bundesregierung hat die Maskenpflicht eingeführt. In der Bahn, im Supermarkt, auf Wochenmärkten, in Bibliotheken und in Arztpraxen. Wie lang wir das tun werden, das weiß zum jetzigen Zeitpunkt niemand. Demnach ist die Maske ein täglicher Begleiter geworden. Ich selbst habe mittlerweile Masken wie Kaugummis in jeder Jackentasche. Auch im Auto habe ich vorsichtshalber ein Einwegmodell gebunkert. Man weiß ja nie, wie vergesslich man morgen sein wird. Und mit so nacktem Gesicht will ja keiner mehr dastehen. Trotzdem, im schlimmsten Fall, wenn man wirklich ganz dringend eine Schachtel Kippen vom Kiosk braucht, die Blicke der anderen ertragen kann, geht es auch mit hochgezogenem T-Shirt – über Mund und Nase natürlich. Selbstredend. Das aber fühlt sich in der Tat so mies an, als würde man im Jahr 2020 noch rauchen. Ja, 2020. Wir brauchen also Masken, die von anderen akzeptiert werden und mit denen wir uns auch selbst akzeptieren. Mal davon abgesehen, dass sie vor allem schützen sollen, spielt auch der Look mittlerweile eine Rolle. Die Maske ergänzt uns und unser tägliches Erscheinungsbild. Sie passt zum Outfit oder nicht, sie ist zu klein oder zu groß, hängt oder ist zu straff. Es gibt sie als Faltmodell bei der kleinen Schneiderei um die Ecke und als glattes, an die Gesichtsform Angepasstes. Manche tragen die Space-Variante, halbe oder gar ganze Plexiglasscheiben vorm Gesicht. Ich bevorzuge Stoff und besitze mittlerweile vier verschiedene Maskenmodelle. Eine pistaziengrüne, eine fliederfarbene – beides Faltmasken –, eine mit schwarz-weißen Vichy-Karos – enganliegend, und eine weiße Maske mit Statement.

»I warmly smile under this mask« steht auf dem weißen, nachhaltigen Modell. 10 Euro hat diese Maske gekostet, ein adäquater Preis für ein 25x15 cm großes Stück Stoff. Zwei Euro davon gehen an Ärzte ohne Grenzen. Das Ziel ist die Grenze von einer Million Euro zu knacken.

»I warmly smile under this mask«, in Zeiten von Corona zeigt man ebenso seinen Charakter. Ich spende und ich bin nett, steht doch auf meiner Maske. Das gute Gewissen mitten ins Gesicht geschrieben. Ich mag diese Maske tatsächlich sehr, aber so schön die unterschiedlichen Abdeckungen unserer Gesichter auch sind, so groß ist eben, wie Silke Hohmann schreibt, das »Materialangebot für die Suche nach einer individuellen Ausdrucksform«, so sehr verschleiern sie doch unsere Mimik und uniformieren uns.

Spannend ist aber, dass durch die Überdeckung der individuellen Mimik auch wieder Chancen der eigenen Neuerfindung entstehen. »Ein geheimbündlerisches Erkennungszeichen der Eingeweihten, bedeutungslos und unauffällig genug für den Nicht-Kenner – der Inbegriff der codierten Mode ...« Die »I warmly smile under this mask«-Masken sehe ich meist an modebewussten jungen Frauen aus Großstädten oder auf Instagram. Das mag an der Größe der Maske liegen, meinem Freund war sie leider zu klein, und auch am Interesse an nachhaltigen Themen und dem Engagement für Ärzte ohne Grenzen. Damit will ich nicht sagen, andere Zielgruppen wären nicht an Mode und umweltfreundlichen Erzeugnissen interessiert, ich vermute jedoch weniger als eben erwähnter Kreis. Kürzlich habe ich »meine« Maske an einer Autobahntankstelle bezahlen sehen. Eine Frau, um die Mitte 30, so alt wie ich also. Wir haben uns einen sanften Augenschlag zugeworfen, so wie sich Motorradfahrer auf der Landstraße unter ihren Helmen zunicken, weil sie beide eine Harley Davidson fahren. Die junge Frau von der Tankstelle und ich: ein Team! We warmly smile or breathe under our masks! Ich habe ihr Kennzeichen nicht mehr gesehen, ich musste bezahlen. Aber ich bin mir sicher, es fing mit K, D, HH oder B an, eben mit dem Anfangsbuchstaben einer Großstadt.

»You cannot not communicate«! Wie auch? Selbst eine einfache Sonnenbrille, die nur die Augen verdeckt, sendet eine Nachricht. Allein schon Form und Farbe, geschweige denn das Label selbst, vermitteln, in welchen Kreisen man sich gerade bewegt oder bewegen möchte. Liam Gallagher zum Beispiel, häufig zu sehen mit Sonnenbrille. Meist dunkel mit der unsichtbaren Aufschrift der Gefühlslage. I don't give a fuck! Das mag nicht ausschließlich am

Modell liegen, aber zumindest unterstützt diese Maskierung die unverwechselbare Gallagher-Aura. Das Schwierigste ist laut Silke Hohmann eben doch, modisch zu schweigen.

Die Produktionen der kleinen und großen Modelabels laufen auf Hochtouren, damit nicht jeder in der Öffentlichkeit mit dem blauen Einweglappen im Gesicht bestraft wird. Die begehrten Modelle waren wochenlang ausverkauft. Auf meine »I warmly smile under my mask«- Maske habe ich zwei Wochen gewartet. Aber seitdem gehöre ich dazu, wie die Frau an der Tankstelle. Mit dieser Maske traut man sich raus, man tut ja Gutes. Meine Masken haben mittlerweile ein eigenes Fach in meinem Kleiderschrank bekommen, so wie die Unterhosen. Sie gehören ja jetzt dazu. Alle vier Modelle tragen sich dem Rest der Gesellschaft gegenüber vertretbar und angenehm, keine hat über 15 Euro gekostet, die mit dem Karomuster hat eine Freundin genäht. Nicht jeder Maskenträger achtet auf Herkunft und Gesellschaftskompatibilität. Die momentan teuerste Maske ist aus 60 Gramm Gold. Sie kostet 4000 Dollar und klemmt in Form einer Nüsschenschale im Gesicht eines reichen indischen Geschäftsmannes. Der Mund ist gerade noch bedeckt, das Kinn kann atmen. Ob der Träger es kann, ist nicht überliefert. Es sind wohl Löcher drin. Ob das goldene Modell schützt? Das wisse der Geschäftsmann nicht, aber Selfies wollen alle mit ihm. Endlich fame, dank Corona!

Wir leben in einer bizarren Zeit, in einem Paralleluniversum, so wie in der dritten Staffel *Dark*. Ist es nicht seltsam, dass wir, die Gesellschaft, die sich mehr und mehr in den sozialen Netzwerken entblößt, nun verhüllt? Die, die vermeidlich schutzlos durchs Netz wabern, sich jetzt mit einer Maske schützen? Wir geben in den sozialen Netzwerken unsere Anonymität auf, laufen aber gleichzeitig total anonym und versteckt mit Maske durch die Welt.

Wir holen uns quasi unseren Instagram-Filter auf die Straße. Künstlerische Freiheit in der Fußgängerzone, dank Sommersprossen auf Stoff. Sie verdeckt mindestens die Hälfte des Gesichts. Dazu noch eine Sonnenbrille und Kopfhörer, schon sind wir unser eigener Avatar, gemeinsam wandelnd mit anderen Avataren auf Abstand im analogen Leben. Eine Masse an unerkennbarer Mimik, mit den Augen lächelnd, und der Privatsphäre hinter der eigenen Gesichtsgardine. Eine der wenigen Chancen auf Mimik-Austausch gibt es momentan an der Ampel. Im Auto sitzend, auf grün wartend und dann dem Golf links neben sich alles an Duckface geben, was man in den letzten Jahren auf Instagram gelernt hat. Was macht das mit uns, dieses sich Schützen im öffentlichen Raum? Mit uns, die ihr Gesicht, ihren Körper, ihren Beruf, ihre Berufung, ihr Wunschdenken so im Netz zur Schau stellen? Mit uns, die momentan freier in der eigenen Wohnung sind als draußen in der Welt? Wir haben online gelernt, uns zu offenbaren, beherrschen die Kommunikation im Netz, kennen die Codes und die Filter, um nicht unser Gesicht zu verlieren. Offline sind wir gerade unsicher und müssen mit einem Stück Stoff im Gesicht wieder neu lernen, uns auszudrücken, uns zu inszenieren, uns zu zeigen. Der starre Blick überm Stoffrand muss geschult werden, einige erlernen jetzt das Augenbrauenhochziehen neu. Ich bin froh, dass ich es seit Kindertagen kann, zwar nur mit links, aber auch das reicht für ein bisschen Ironie im Corona-Alltag. Manchen unter uns dient die analoge Maske aber auch als Schutz. Nicht als Schutz vor Krankheit, sondern als psychologischer Schutz. Als beruhigende Uniform, die alle gleich macht – jeden Mund, jede Nase, jede Hautoberfläche. Das warm-beatmete Muster im Inneren: dein öffentlicher Rückzugsort, den nur du allein kennst. Mit dem Weichzeichner auf Instagram ist es ähnlich. Das Original-Selfie mit Narben, Pigmentflecken und Hautunreinheiten kennst nur du!

»Nach außen das Gesicht wahren«, eine Redewendung, die sowohl in Zeiten von Corona für uns alle an Bedeutung gewinnt und die vielleicht auch besser verstehen lässt, warum Künstler*innen Maske tragen. Das Gesicht, ein Symbol des Sichtbaren und des Ausdrucks innerer Zustände. Das Nachaußenkehren der Persönlichkeit eines Menschen. Darauf die Maske, dahinter ein Kunstraum mit unendlicher Freiheit. Sie nimmt Ängste und gibt Selbstvertrauen. Sie zeigt Anderen Distanz – zumindest einen Abstand von mindestens 1,5 Metern. Ob Toten- oder Pandakopf, LED-Helm oder aufwendig geschminkt im Bowie-Style, mit Filter oder per GIF aufgesetzter Sonnenbrille: Jede Maske gibt uns ein klein wenig mehr Kontrolle, Kontrolle über die Person, die wir wirklich sind. Lambert hat sich zum Beispiel einige Male nach seinen Konzerten an die Bar unter Leute gemischt und sich ein Bild über sich selbst gemacht. Maskiert als ganz normaler Konzertbesucher. Er ist dabei nicht aufgefallen. »Vielleicht, wenn ich irgendwann singen sollte, nehme ich auch die Maske ab, der Lambert darf das nämlich alles«. Cro auch. Wir dürfen gespannt sein, was sein Pandamaskenbegräbnis bedeutet.

»Künstler arbeiten am authentischsten, wenn sie so weit wie möglich im Verborgenen bleiben – mit einem Minimum an Resonanz von jedweder Art von Publikum«, sagen The Residents, amerikanische Avantgarde-Band aus San Francisco und Rekordmaskenträger seit 42 Jahren. Nicht ein einziges Mal haben sie sich in dieser Zeit enthüllt, nicht einmal dazu Anlass gegeben zu erraten, wer sie sind, eben um die eigene kreative Freiheit zu wahren und auch den Mythos. In den 70ern wurde zeitweise gemunkelt, hinter den Residents würden sich die Beatles verstecken. Ich glaube das zwar nicht, aber ob das so war, das wissen nur die Residents selber.

Ist das nicht auch irgendwie das Spannende am Künstlerdasein?! Das eigene »Ich« verschleiern, die Realität verzerren, sich selbst spielen aber nicht komplett man selbst sein. Das komplette Aufgehen in einem anderen Ich-Zustand auf der Bühne. Seine Anonymität auf der Bühne zu einer künstlerischen Philosophie erheben, zu einem Prinzip, ich bewundere das.

Es ist ein bisschen wie Satire, die darf ja bekanntlich auch alles. Musiker demnach auch. Aber eben nur dann, wenn sie auf der Bühne oder in Interviews ihre Maskierung tragen. Ohne treffen wir sie aktuell neben uns an der Kasse im Supermarkt, im Gesicht ein Mund-Nasen-Schutz aus Stoff.

Autor*innen

Jens Balzer lebt in Berlin und ist Autor im Feuilleton von DIE ZEIT. Seine jüngsten Bücher sind: »Pop. Ein Panorama der Gegenwart« (2016), »Pop und Populismus. Über Verantwortung in der Musik« (2019), »Das entfesselte Jahrzehnt. Sound und Geist der 70er« (2019), »Zahlen sind Waffen. Gespräche über die Zukunft mit Sibylle Berg und Dietmar Dath« (2021), »High Energy. Die Achtziger – das pulsierende Jahrzehnt« (2021), »Schmalz und Rebellion. Der deutsche Pop und seine Sprache« (2022) und »Ethik der Appropriation« (2022).

Sonja Eismann (*1973) lebt als Journalistin und Kulturwissenschaftlerin in Berlin. Studium der Vergleichenden Literaturwissenschaft, Anglistik und Romanistik an den Universitäten Wien, Mannheim, Dijon und Santa Cruz (Kalifornien). Mitbegründerin der Zeitschrift »nylon. KunstStoff zu Feminismus und Popkultur« 1999 in Wien. Arbeitete von 2002-2007 als Redakteurin beim Popkulturmagazin Intro und gab 2007 den Sammelband »Hot Topic. Popfeminismus heute« heraus. 2008 gründete sie mit Chris Köver und Stefanie Lohaus die Zeitschrift Missy Magazine. Journalistische Beiträge u.a. für Spex, konkret, Pop-Zeitschrift und Deutschlandfunk Kultur. Lehrtätigkeit an den Universitäten Paderborn, Basel, Hildesheim und Salzburg sowie der Akademie der Bildenden Künste Wien, der Kunstuni Linz/Modeschule Hetzendorf und der Hochschule für Künste Bremen. Sonja Eismann ist seit 2016 Mitglied des Beirats der Musikabteilung des Goethe-Instituts. Forschungsschwerpunkte: Repräsentation von Geschlecht in der Populärkultur, aktuelle feministische Diskurse sowie Modetheorie. Zuletzt erschienene Bücher: »Wie siehst du denn aus? Warum es normal nicht gibt« (2020), »Freie Stücke. 15 Geschichten über Selbstbestimmung (mit Anna Mayrhauser) (2019), »Ene Mene Missy. Die Superkräfte des Feminismus« (2017), »Fair für alle. Warum Nachhaltigkeit mehr ist als nur ›bio‹« (2016), »Hack's selbst. Digitales

Do-It-Yourself für Mädchen« (2015), »Glückwunsch, du bist ein Mädchen« (2013), »ShePop. Frauen Macht Musik« (gem. mit Christoph Jacke, Susanne Binas-Preisendörfer u.a.) (2013), »absolute fashion« (2012), »Mach's selbst. Do It Yourself für Mädchen« (2012), und »Craftista. Handarbeit als Aktivismus« (mit dem Critical Crafting Circle) (2011).

Beate Flath, Prof.[in] Dr.[in], ist seit 2021 Professorin für Eventmanagement mit den Schwerpunkten Popmusikkulturen und digitale Medienkulturen an der Universität Paderborn. Sie studierte Musikwissenschaft, Kunstgeschichte und Betriebswirtschaftslehre an der Karl-Franzens-Universität Graz und promovierte 2009 mit einer Arbeit über Sound-Design in der Fernsehwerbung. Von 2009 bis 2014 war sie als Post-Doc-Universitätsassistentin am Institut für Musikwissenschaft der Karl-Franzens-Universität Graz (2009-2013) sowie am Institut für Kulturmanagement und Gender Studies (IKM) der Universität für Musik und darstellende Kunst Wien (2014-2015) tätig. Von 2015 bis 2021 war sie Juniorprofessorin für Eventmanagement mit den Schwerpunkten Populäre Musik, Medien und Sport an der Universität Paderborn. Zu ihren Forschungsschwerpunkten zählen transdisziplinäre Eventforschung, gesellschafts- und kulturpolitische Dimensionen des Event- und Kulturmanagements, Co-Creation- und Partizipationsprozesse im Zusammenhang mit digitalen Netzwerkmedien sowie Musikwirtschaftsforschung als Musik(wirtschafts)kulturforschung. Weitere Informationen unter: www.beateflath.net

Ayla Güler Saied, Dr.[in], ist promovierte Sozialwissenschaftlerin. Sie ist derzeit wissenschaftliche Mitarbeiterin in dem vom Bildungsministerium für Bildung und Forschung geförderten Projekt Zukunftsstrategie Lehrer*innenbildung an der Universität zu Köln. Ihre Schwerpunkte in Lehre und Forschung sind: Migrations- und Stadtsoziologie, soziale Ungleichheit, Cultural Studies und Hip-Hop. Sie ist die Autorin von Rap in Deutschland. Musik als Interaktionsmedium zwischen Partykultur und urbanen Anerkennungskämpfen.

Bianca Hauda moderiert die deutsch/französische Kultursendung »culture@home« bei ARTE. Bekannt ist sie dem Musikpublikum aber auch durch ihre Tätigkeit im WDR Fernsehen und im Digitalkanal der ARD »ONE«. Dort hat sie einen wöchentlichen Talk, Live-Shows auf Festivals und von Veranstaltungen wie dem ECHO und dem ESC moderiert. Radiohörer kennen

Bianca auch aus dem WDR durch 1LIVE. Bis Juni 2019 hat sie dort 10 Jahre moderiert – zuletzt die Musiksendung 1LIVE Plan B und den 1LIVE Talk. Seit 2019 moderiert und produziert sie ihr eigenes Podcast-Format »Bestatten, Hauda«, mit dem sie kürzlich für den Deutschen Podcastpreis nominiert war. Ebenfalls hört man sie als Talkerin und Host im neuen Congstar-Podcast »FAIRsprochen«. Seit 2012 arbeitet Bianca außerdem als Sprecherin. Für ihren Einsatz im Hörspiel Hate Radio erhielt sie 2014 den Hörspielpreis der Kriegsblinden. Auf Bühnen steht Bianca vor allem für Film-, Kunst-, und Literaturfestivals wie der ART Düsseldorf, dem Filmfestival Cologne Conference, der Lit.COLOGNE und dem Reeperbahnfestival. Seit 2012 ist sie Jury-Mitglied des Popcamp vom Deutschen Musikrat, der Pop NRW Jury und beim Toys2Masters Wettbewerb und unterstützt mit ihrer Arbeit den musikalischen Nachwuchs in Deutschland. 2009 hat ihr das Deutsch-Französische Institut zusammen mit der Robert Bosch Stiftung ein Journalistenstipendium gegeben. Damit hat sie beim französischen öffentlich-rechtlichten Jugendsender Le Mouv‹ gearbeitet und kennt sich seitdem gut mit Rotweinen und dem savoir-vivre aus. Studiert hat Bianca was bilinguales mit Medien, »Literary, Cultural and Media Studies« an der Uni Siegen. Sie ist kurzsichtig und trägt es mit Fassung.

Ina Heinrich ist Absolventin des Studiengangs Populäre Musik und Medien der Universität Paderborn. Ihre Masterarbeit »Paderboring – Hartnäckiges Vorurteil oder wirklich nichts los hier« wurde mit dem Preis der Bremer AG für herausragende Abschlussarbeiten 2020 ausgezeichnet. Während ihres Studiums arbeitete sie als wissenschaftliche Hilfskraft im Forschungsbereich »Eventmanagement« im Fach Musik der Universität Paderborn (Prof.in Dr.in Beate Flath) sowie in diversen Clubs, Kneipen und auf Festivals. Zuvor war sie NRW-Nachwuchsstipendiatin Freie Kinder- und Jugendtheater am CO-MEDIA Theater Köln. Aktuell arbeitet sie als Eventmanagerin, moderiert Kulturveranstaltungen, organisiert Konzerte und strebt eine Freizeitkarriere als DJ unabhängiger Radiosender an.

Christoph Jacke, Prof. Dr., ist seit 2008 Professor für Theorie, Ästhetik und Geschichte der Populären Musik im Fach Musik der Universität Paderborn. Studiert hat Jacke Publizistik- und Kommunikationswissenschaft, Englische Philologie und Politikwissenschaft. Er ist Studiengangsleiter Populäre Musik und Medien BA/MA an der Universität Paderborn, Sprecher des Instituts für Kunst/Musik/Textil der Universität Paderborn (2018-2020, Stellv. 2020-

2022), Mitbegründer und Sprecher derAG Populärkultur und Medien in der Gesellschaft für Medienwissenschaft (GfM, 2008-2017), Mitglied in den wissenschaftlichen Beiräten der Gesellschaft für Popularmusikforschung (GfPM, 2011-2016), des Instituts für Pop-Musik der Folkwang Universität der Künste (seit 2013) und war Chair/Erster Vorsitzender der International Association for the Study of Popular Music IASPM D-A-CH (Branch Deutschland/Schweiz/ Österreich (2016-2021 bzw. Gründungsmitglied und Beirat 2012-2016 und seit 2021). Als Journalist war und ist Jacke tätig für u.a. Frankfurter Rundschau, Testcard, Spex, De:Bug, Kaput, Intro, Rolling Stone und Die Aufhebung. Mit Beate Flath, Charis Goer und Martin Zierold gibt Jacke die Reihe Transdisziplinäre Popkulturstudien/Transdisciplinary Studies in Popular Cultureheraus (transcript Verlag, seit 2020, ehemals 2009-2018 Populäre Kultur und Medien, LIT). Homepage inkl. Publikationslisten: www.christophjacke.de

Simone Jung, Dr.in, ist Soziologin und wissenschaftliche Mitarbeiterin am Institut für Geschichtswissenschaft und Literarische Kulturen der Fakultät Kulturwissenschaften und am College. Sie studierte Publizistik, Soziologie und Kunstgeschichte in Mainz, Bologna und Lüneburg und promovierte über das Politische im Feuilleton der Gegenwart an der Universität Hamburg im Fachbereich Allgemeine Soziologie. Sie war wissenschaftliche Mitarbeiterin im Studiengang Journalismus sowie Gastwissenschaftlerin am Zentrum für Kulturwissenschaften der Universität Graz. Außerdem lehrte sie an verschiedenen Universitäten u.a. an der Humboldt Universität zu Berlin und der Universität Paderborn im Fachbereich Kulturwissenschaft. Hospitanzen im Feuilleton der Frankfurter Allgemeinen Zeitung, der Tageszeitung und De:Bug, danach Journalistin in Berlin u.a. Missy Magazine. Neben ihrer universitären Tätigkeit schreibt sie weiterhin als freie Autorin und ist Mitglied der Redaktion des Debattenmagazins »Carta«. Zu ihren Forschungsinteressen in der Medien- und Kultursoziologie zählen politische Theorie und Affekttheorie, Öffentlichkeit und Kulturen der Kritik, Kulturtechniken des Schreibens sowie Transformationsprozesse von Hoch-, Populär- und Popkultur.

Heinrich Klingmann, Prof. Dr., ist seit 2015 Professor für Musikdidaktik mit besonderer Berücksichtigung von Inklusion an der Universität Paderborn. Im Jahr 1997 schloss er an der Hochschule für Musik in Mannheim einen Diplomstudiengang für Jazz und Popularmusik mit dem instrumentalen Hauptfach Percussion ab und erwarb, aufbauend auf das erste Staatsexamen an der Pädagogischen Hochschule Heidelberg aus dem Jahr 1993, im Jahr 1998 das zweite Staatsexamen als Lehrer an Grund- und Hauptschulen. Im Anschluss an seine Studienabschlüsse arbeitete er als freischaffender Musiker und Musikpädagoge und unterrichtete bis 2015 u.a. in Jazz- und Schulmusikstudiengängen an den Hochschulen für Musik in Mannheim, Würzburg und Nürnberg. Im Jahr 2009 promovierte er mit einer Arbeit zum pädagogischen Potential afroamerikanischer Rhythmik. Zu seinen Arbeitsschwerpunkten zählen Inklusion im Musikunterricht, Inter-/Transkulturelle Musikpädagogik, Rhythmus-/Grooveforschung und Pop-Didaktik. Prozesse musikalischer Bildung in einer Gesellschaft der Vielfalt aus einer praxistheoretischen Perspektive zu reflektieren, stellt ein Querschnittsthema seiner wissenschaftlichen Arbeit dar. Von 2017 bis 2019 war er 2. Sprecher der Konferenz Musikpädagogik an Wissenschaftlichen Hochschulen. Seit Januar 2020 ist er Sprecher des Fachs Musik an der Universität Paderborn.

André Leipold ist Geheimrat des Zentrums für Politische Schönheit. Das bedeutet Stoffentwicklung, Herstellung von Kohärenz, Rahmensetzung in allen Teilen der Produktion (durch Textgrundlagen, Inszenierungen und Außendarstellung), sowie die Koordination mit den beteiligten Künstlern. Leipold ist als Sänger (»Kreismal«) und Produzent auch in der Musik zu Hause.

Maryam Momen Pour Tafreshi, M.A., geboren am 22. April 1992 in Recklinghausen. Sie ist Absolventin des Master-Studiengangs »Populäre Musik und Medien« an der Universität Paderborn und ist Doktorandin im Fach Musik/Populäre Musik und Medien. Sie arbeitet als wissenschaftliche Mitarbeiterin im BMBF Projekt »kulturPreis – Steigerung der kulturellen Teilhabe mittels innovativer und ökonomisch nachhaltiger Preiskonzepte« im Fach Musik/Populäre Musik und Medien an der Universität Paderborn.

Onejiru, die in Nairobi geborene Sängerin und Songwriterin, ist in Wanne-Eickel aufgewachsen und lebt seit vielen Jahren in Hamburg. Sie tourte nicht nur in Europa, USA, Russland und Ostafrika und sang auf dieversen Alben, sondern ist darüber hinaus seit vielen Jahren Teil des Künstlerkollektivs Turtle Bay Country Club des Hamburger Musikproduzenten und Managers Matthias Arfmann. Neben ihrer Musikerinnen-Karriere engagiert sie sich sozial im Beirat der Viva con Agua Stiftung und dem von ihr mitgegründeten afrodeutschen Künstlerinnen Kollektive Sisters. Sisters ist geballte Kraft von Frauen, die sich zusammengeschlossen haben, um sich politisch und sozial

zu Themen wie Gender, Rassismus, Bildungs- und Umweltpolitik zu enga-
gieren. Sie ist außerdem Spokesperson von Music Hamburg Women, einem
Netzwerk für Frauen in der Musikwirtschaft. Onejiur ist Sängerin und Produzentin im Team von Ballet Jeunesse, das klassische Musik recomposed, um
diese einem jüngeren Publikum näher zu bringen. Ballet Jeunesse eröffnete
zusammen mit den Symphonikern Hamburg das Reeperbahn Festival 2016
und wurde im selben Jahr für den Musikpreis HANS in der Kategorie Album
des Jahres und Herausragende Produktion nominiert. Onejiru ist Initiatorin
von eeden, einem co-creation space, einem Denk- und Arbeitsraum für visio-
näre Frauen.

Tatjana Poloczek, 1988 in Köln geboren, absolvierte ihren Bachelor in Kunst
und Germanistik in Wuppertal, bevor sie 2018 ihre Schauspielausbildung in
Köln beendete. Seitdem ist sie als freie Schauspielerin, (Synchron-)Spreche-
rin und Kulturschaffende in NRW aktiv. Seit 2009 arbeitet sie außerdem in
freier Mitarbeit als Requisiteurin für den WDR. Neben ihren überregionalen
Bühnentätigkeiten (u.a. in Münster, Celle, Duisburg, Köln) verantwortet sie
seit 2020 eigene künstlerische Projekte. Zusammen mit Max Rohland gründete sie das Theater- und Kunstkollektiv Der kleine Container mit dem sie als
Projekt- und Produktionsleiterin (in Koproduktion mit boat people projekt)
das Stück »Arche Nova« in einem Holzcontainer zur Premiere brachte. Seitdem werden in und mit dem Container weitere Produktionen entwickelt, zuletzt die forensische Theaterexpedition »Folge Mir.« in Zusammenarbeit mit
Jens Heuwinkel. Seit 2020 ist sie außerdem als freie Dozentin tätig (Universität Paderborn, Universität Heidelberg). Aus ihrer Liebe zu Texten gründete
sie zusammen mit Lina Maria Spieth 2015 das Leseduo »Hamletta Lametta«,
mit dem sie diverse Programme realisiert.

Birgitt Riegraf, Prof.[in] Dr.[in], ist seit 2009 Professorin für Allgemeine Sozio-
logie an der Fakultät für Kulturwissenschaften der Universität Paderborn.
Seit 2018 ist sie Präsidentin der Universität Paderborn. Sie promovierte
an der Freien Universität Berlin und habilitierte sich an der Universität
Bielefeld. Sie hatte verschiedene Gast- und Vertretungsprofessuren u.a.
Maria-Goeppert-Mayer Gastprofessuren für Internationale Frauen- und
Geschlechterforschung inne. Birgitt Riegraf arbeitet u.a. zu Fragen zum
Wandel des Wissenschaftssystems und der Hochschulorganisation, der
Restrukturierung des öffentlichen Sektors sowie zum Themenkomplex Care
beziehungsweise Care-Arbeit. Birgitt Riegraf war Mitglied im Vorstand des

NRW-Forschungskollegs ›Leicht – Effizient – Mobil‹ und ist im Vorstand der Digitalen Hochschule NRW. Außerdem ist sie Mitglied der Redaktion der Feministischen Studien sowie Mitherausgeberin der Reihen ›Arbeitsgesellschaft im Wandel‹ sowie ›Geschlechter und Gesellschaft‹. Sie ist in verschiedenen Kommissionen als Gutachterin und Beraterin tätig. Sie ist regelmäßige Gutachterin vieler nennenswerter nationaler und internationaler Zeitschriften und Organisationen.

Melanie Schiller, Dr.^{in}, ist Assistant Professor für Medienwissenschaften und populäre Musik an der Universität Groningen (Niederlande) und Autorin von *Soundtracking Germany – Popular Music and National Identity* (Rowman & Littlefield Int. 2018 und 2020). Schiller ist Vorstandsmitglied und ›national representative‹ der International Association for the Study of Popular Music (IASPM) Benelux branch und war Mitglied des wissenschaftlichen Beirates der Gesellschaft für Popularmusikforschung (GfPM) (2017-2020). Schiller veröffentlicht sowohl wissenschaftlich als auch publizistisch auf Deutsch, Englisch und Niederländisch zu Themen wie deutscher nationaler Identität und populärer Musik, Deutsche Popmusik Geschichte, Kraftwerk, Krautrock, Rammstein und Schlager sowie Pop und Politik. Aktuell forscht Schiller zum Thema »Popular Music and the Rise of Populism in Europe« mit Schwerpunkt Schweden im gleichnamigen internationalen Forschungsprojekt (Volkswagen Stiftung, 2019-2022).

Sookee ist Musikerin, Antifaschistin und Mutter. Sie hat mit ihrer langjährigen Erfahrung in diskriminierungssensiblen und machtkritischen Diskursen begriffen, dass das Monothematische dem Multiperspektivischen Platz machen muss, wenn gesellschaftliche Veränderung das Vorzeichen unserer Handlungen sein soll. So ist sie Gastgeberin der intergenerationalen Gesprächsreihe »Abends warm« und schreibt Kolumnen für das »Veto-Magazin« und »Links bewegt«. Sie ist seit über 15 Jahren in der Rap-Szene aktiv und beendete im März 2020 nach nunmehr 6 Alben, zahlreichen Kollaborationen und unzähligen Auftritten offiziell ihre Rap-Karriere. Als »Sukini« ist sie musikalisch 2019 in kinderkulturelle Sphären gewechselt und macht seither Lieder, die sich große und kleine Leute gemeinsam erschließen und genießen können. Sookee ist Preisträgerin des Louise-Otto-Peters-Preises und des Clara-Zetkin-Preises. Im Herbst 2021 erschien der Sammelband »Awesome HipHop Humans – Queerfeministischer Rap im deutschsprachigen Raum«, den sie zusammen mit Gazal Köpf herausgab.

Robert Teufel studierte Theater-, Politik- sowie Allgemeine und Vergleichen-
de Literaturwissenschaft an der Johannes Gutenberg-Universität Mainz. Er
assistierte am Nationaltheater Mannheim und am Schauspiel Frankfurt. Von
2014-2021 arbeitete Robert Teufel als freier Regisseur u.a. am Theater in Os-
nabrück, Münster, Bamberg, Paderborn, Regensburg und Freiburg sowie am
Nationaltheater Mannheim, dem Staatstheater Karlsruhe, dem Schauspiel
Frankfurt, dem Stadttheater Bremerhaven und am Landestheater Schwaben.
Er ist Stipendiat des Deutschen Bühnenvereins bei der Weiterbildung Thea-
ter-und Musikmanagement an der LMU. Seit 2021 ist er Oberspielleiter an
der Landesbühne Niedersachsen Nord.

Ingo Zander, geboren 1956, aufgewachsen in einer Arbeiterfamilie, Diplom-
Sozialwissenschaftler, Fachrichtung Politische Wissenschaften, Studium an
der Universität Duisburg. Freier Autor seit dreißig Jahren – Beiträge vor allem
für den Öffentlich-rechtlichen Hörfunk. Zahlreiche Features zu gesellschaftlichen Themen: Antisemitismus, Rassismus, Politische Kultur, Alltagsprozesse
und Kultur, Arbeitsmarkt und Bildungsprozesse, Rechtsradikalisierung der
Gesellschaft. Ingo Zander verstarb völlig unerwartet im Oktober 2021.

Kulturwissenschaft

Michael Thompson
Mülltheorie
Über die Schaffung und Vernichtung von Werten

April 2021, 324 S.,
kart., Dispersionsbindung, 57 SW-Abbildungen
27,00 € (DE), 978-3-8376-5224-6
E-Book:
PDF: 23,99 € (DE), ISBN 978-3-8394-5224-0
EPUB: 23,99 € (DE), ISBN 978-3-7328-5224-6

Erika Fischer-Lichte
Performativität
Eine kulturwissenschaftliche Einführung

April 2021, 274 S., kart., 3 SW-Abbildungen
22,00 € (DE), 978-3-8376-5377-9
E-Book:
PDF: 20,99 € (DE), ISBN 978-3-8394-5377-3

Stephan Günzel
Raum
Eine kulturwissenschaftliche Einführung

2020, 192 S., kart.
20,00 € (DE), 978-3-8376-5217-8
E-Book:
PDF: 17,99 € (DE), ISBN 978-3-8394-5217-2

**Leseproben, weitere Informationen und Bestellmöglichkeiten
finden Sie unter www.transcript-verlag.de**

Kulturwissenschaft

María do Mar Castro Varela, Nikita Dhawan
Postkoloniale Theorie
Eine kritische Einführung

2020, 384 S., kart.
25,00 € (DE), 978-3-8376-5218-5
E-Book:
PDF: 22,99 € (DE), ISBN 978-3-8394-5218-9

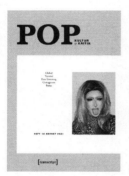

Thomas Hecken, Moritz Baßler, Elena Beregow,
Robin Curtis, Heinz Drügh, Mascha Jacobs,
Annekathrin Kohout, Nicolas Pethes, Miriam Zeh (Hg.)
POP
Kultur und Kritik (Jg. 10, 2/2021)

September 2021, 176 S., kart.
16,80 € (DE), 978-3-8376-5394-6
E-Book:
PDF: 16,80 € (DE), ISBN 978-3-8394-5394-0

Marcus Hahn, Frederic Ponten (Hg.)
Deutschland-Analysen
Zeitschrift für Kulturwissenschaften, Heft 2/2020

2020, 240 S., kart., Dispersionsbindung, 23 Farbabbildungen
14,99 € (DE), 978-3-8376-4954-3
E-Book:
PDF: 14,99 € (DE), ISBN 978-3-8394-4954-7